JOÃO VICTOR
ROZATTI LONGHI

AURINEY
BRITO

MATTHÄUS MARÇAL
PAVANINI CARDOSO

SAMUEL
FALAVINHA

20 24
SEGUNDA EDIÇÃO
PROPAGANDA ELEITORAL NA INTERNET

Dados Internacionais de Catalogação na Publicação (CIP) de acordo com ISBD

P965

    Propaganda eleitoral na internet / João Victor Rozatti Longhi ... [et al.]. – 2. ed. - Indaiatuba, SP : Editora Foco, 2024.

    216 p. ; 16cm x 23cm.

    Inclui bibliografia e índice.

    ISBN: 978-65-6120-100-1

    1. Direito eleitoral. 2. Eleições. 3. Propaganda eleitoral. 4. Internet. I. Longhi, João Victor Rozatti. II. Brito, Auriney. III. Cardoso, Matthäus Marçal Pavanini. IV. Falavinha, Samuel. V. Título.

2024-1182   CDD 342   CDU 342

Elaborado por Vagner Rodolfo da Silva - CRB-8/9410
Índices para Catálogo Sistemático:

        1. Direito eleitoral 342

        2. Direito eleitoral 342

JOÃO VICTOR
ROZATTI LONGHI

AURINEY
BRITO

MATTHÄUS MARÇAL
PAVANINI CARDOSO

SAMUEL
FALAVINHA

SEGUNDA
EDIÇÃO **PROPAGANDA
ELEITORAL
NAINTERNET**

2024 © Editora Foco

Autores: João Victor Rozatti Longhi, Auriney Brito, Matthäus Marçal Pavanini Cardoso e Samuel Falavinha
Diretor Acadêmico: Leonardo Pereira
Editor: Roberta Densa
Coordenadora Editorial: Paula Morishita
Revisora Sênior: Georgia Renata Dias
Capa Criação: Leonardo Hermano
Diagramação: Ladislau Lima e Aparecida Lima
Impressão miolo e capa: META BRASIL

DIREITOS AUTORAIS: É proibida a reprodução parcial ou total desta publicação, por qualquer forma ou meio, sem a prévia autorização da Editora FOCO, com exceção do teor das questões de concursos públicos que, por serem atos oficiais, não são protegidas como Direitos Autorais, na forma do Artigo 8º, IV, da Lei 9.610/1998. Referida vedação se estende às características gráficas da obra e sua editoração. A punição para a violação dos Direitos Autorais é crime previsto no Artigo 184 do Código Penal e as sanções civis às violações dos Direitos Autorais estão previstas nos Artigos 101 a 110 da Lei 9.610/1998. Os comentários das questões são de responsabilidade dos autores.

NOTAS DA EDITORA:

Atualizações e erratas: A presente obra é vendida como está, atualizada até a data do seu fechamento, informação que consta na página II do livro. Havendo a publicação de legislação de suma relevância, a editora, de forma discricionária, se empenhará em disponibilizar atualização futura.

Erratas: A Editora se compromete a disponibilizar no site www.editorafoco.com.br, na seção Atualizações, eventuais erratas por razões de erros técnicos ou de conteúdo. Solicitamos, outrossim, que o leitor faça a gentileza de colaborar com a perfeição da obra, comunicando eventual erro encontrado por meio de mensagem para contato@editorafoco.com.br. O acesso será disponibilizado durante a vigência da edição da obra.

Impresso no Brasil (5.2024) – Data de Fechamento (5.2024)

2024
Todos os direitos reservados à
Editora Foco Jurídico Ltda.
Rua Antonio Brunetti, 593 – Jd. Morada do Sol
CEP 13348-533 – Indaiatuba – SP

E-mail: contato@editorafoco.com.br
www.editorafoco.com.br

SUMÁRIO

INTRODUÇÃO XI

1. CONTEXTUALIZAÇÃO: INTERNET E REDES SOCIAIS SOB A ÓTICA RESPONSABILIDADE JURÍDICA 1

   1.1 A regulamentação jurídica da internet 2

      1.1.1 *Cyberanarchy* 3

      1.1.2 Espaço virtual e as estruturas da rede 4

      1.1.3 Direito Internacional 6

      1.1.4 Regulamentação estatal 8

      1.1.5 A opção legislativa brasileira: o Marco Civil da Internet em princípios, fundamentos e aspectos estruturais 12

      1.1.6 LGPD – A Lei Geral de Proteção de Dados Pessoais (Lei 13.709/2018) 23

   1.2 REDES SOCIAIS: *QUID JURIS?* 25

      1.2.1 Conceito e funcionamento 26

      1.2.2 Regime jurídico 30

      1.2.3 Responsabilidade civil nas redes sociais 34

      1.2.4 Perfis falsos e outros conteúdos tóxicos nas redes sociais 37

   1.3 Análise crítica do regime de responsabilidade civil por conteúdo inserido por terceiros no Marco Civil da Internet e uma sugestão para a ponderação entre liberdade de expressão e bens da personalidade 45

      1.3.1 Provedor de conexão à Internet 46

      1.3.2 Provedor de aplicações de Internet 48

           1.3.2.1 Notificação judicial 49

           1.3.2.2 Necessidade de indicação da URL para bloqueio do conteúdo 52

           1.3.2.3 Abuso e superproteção da liberdade de expressão: o caso do *hate speech* e outros conteúdos potencialmente perigosos... 53

		1.3.2.4	Regras distintas ao provedor que exerce atividade empresarial organizada..	59
1.4	Abordagem conclusiva...			62

2. PROPAGANDA ELEITORAL NA INTERNET 65

2.1 Conceitos 65

    2.1.1 Propaganda eleitoral.. 66

    2.1.2 Promoção pessoal *vs.* propaganda eleitoral.. 67

    2.1.3 Propaganda subliminar *vs.* propaganda eleitoral.................................... 68

    2.1.4 Programa partidário e promoção de candidato...................................... 69

    2.1.5 Propaganda Eleitoral extemporânea e antecipada.................................. 69

    2.1.6 Propaganda eleitoral negativa e direito de resposta 70

        2.1.6.1 Críticas ao sistema público de saúde em rede social: liberdade de expressão e poder de crítica 72

        2.1.6.2 Conteúdo controverso e a necessidade de que o conteúdo seja sabidamente inverídico 73

        2.1.6.3 Meme (montagem) contendo foto de candidato com frase "Mais quatro anos, ninguém aguenta!" 74

        2.1.6.4 Vídeo no Youtube e a liberdade de expressão 74

2.2 Propaganda eleitoral na internet na Lei 9.504/97 com alterações e Resolução TSE 23.610/2019 atualizada pela Resolução 23.723/2024 77

    2.2.1 Quadro comparativo Lei eleitoral *vs.* Resolução TSE 78

    2.2.2 Propaganda eleitoral antecipada na Internet (Art. 57-A)..................... 103

        2.2.2.1 Vídeo na Internet com participação em evento em que declara que "somente elegendo" determinado candidato 105

        2.2.2.2 Propaganda eleitoral antecipada negativa por meio de redes sociais 105

        2.2.2.3 Veiculação de vídeos com utilização de "palavras mágicas" 106

    2.2.3 Hipóteses legais que não configuram propaganda eleitoral antecipada (Art. 36-A).. 107

        2.2.3.1 Entrevistas, programas, encontros ou debates no rádio, na televisão e na Internet.. 107

        2.2.3.2 Envio de mensagens em datas comemorativas 109

        2.2.3.3 Propaganda na Internet antes das convenções partidárias... 110

    2.2.4 Formas autorizada de propaganda eleitoral na Internet (Art. 57-B) . 110

2.2.4.1 Propaganda no site do candidato, partido ou coligação (art. 57-B, I e II)... 110

2.2.4.2 Propaganda através de mensagens eletrônicas (Art. 57-B, III)..... 111

    2.2.4.2.1 Mensagens por SMS (*Short Message Service*) 112

2.2.4.3 Propaganda através de blogs, redes sociais, "chats" e outros (Art. 57-B, IV)... 113

    2.2.4.3.1 Propaganda antecipada no X................................ 114

    2.2.4.3.2 Mensagens em sites de redes sociais de eleitores elogiando o atual prefeito/chefe do executivo 115

2.2.5 Vedações legais expressas a determinadas formas de propaganda eleitoral na Internet (art. 57-C) 115

  2.2.5.1 Propaganda paga (art. 57-C, *caput*)... 116

  2.2.5.2 Propaganda paga por equiparação: veiculação onerosa ou gratuita à propaganda eleitoral na Internet (art. 57-C, § 1º) 119

    2.2.5.2.1 *Sites* de pessoas jurídicas, com ou sem fins lucrativos 120

        2.2.5.2.1.1 *Sites* de pessoas famosas...................... 122

    2.2.5.2.2 Propaganda em sites de pessoas jurídicas, oficiais ou da administração pública.................... 122

        2.2.5.2.2.1 Curtidas por conta pessoa jurídica em rede social ao perfil oficial do candidato... 124

        2.2.5.2.2.2 Impulsionamento por terceiro........... 125

2.2.6 Vedação ao anonimato (art. 57-D) 126

  2.2.6.1 Perfil falso criado e administrado do comitê de campanha da coligação adversária: IP do local da infração.................... 128

  2.2.6.2 Determinação de retirada do ar de perfil anônimo "Acorda, [cidade]"... 128

  2.2.6.3 Desnecessidade de esgotamento da via administrativa para a retirada de perfil falso do ar no X.. 129

  2.2.6.4 Legitimidade passiva da representação eleitoral para retirada de conteúdo: autor e responsável por manutenção do conteúdo indevido... 129

  2.2.6.5 Vídeos anônimos no Youtube... 130

  2.2.6.6 Vedação à interpretação analógica do art. 57-D a condutas que não se trate de anonimato... 132

2.2.7 Cadastros eletrônicos (art. 57-E) e o dever de propiciar o descadastramento do eleitor (art. 57-G) 133

2.2.8 Retirada de conteúdo na Lei Eleitoral (art. 57-F) 134

    2.2.8.1 Incidência de multa administrativa ao provedor. 135

    2.2.8.2 Retirada de conteúdo e indicação expressa da URL 136

2.2.9 Requerimento de suspensão dos *sites* por descumprimento da lei (art. 57-I) 137

2.2.10 Evolução tecnológica e a regulamentação direta pelo TSE (art. 57-J) 138

3. OUTROS TEMAS PROBLEMÁTICOS SOBRE DIREITO ELEITORAL E INTERNET 141

3.1 Disseminação de conteúdo falso por meio de redes sociais 141

3.2 Realização de *lives* com cunho eleitoreiro nas dependências de bens públicos e a desigualdade entre candidatos 142

3.3 Debates políticos através da internet 146

    3.3.1 Autorização e forma de realização 147

    3.3.2 Doações de campanha através da Internet 148

        3.3.2.1 Forma de realização e limites 150

    3.3.3 Autorização e forma de realização 152

    3.3.4 Candidato de partido sem representação na Câmara 153

    3.3.5 Tratamento diferenciado em debate 153

    3.3.6 Debates da Internet antes de 16 de agosto 154

3.4 Da reprodução virtual das páginas do jornal impresso 154

4. PERSPECTIVAS E REFLEXÕES PARA 2024 155

4.1 O uso de inteligência artificial 155

4.2 O uso de *bots* e a os disparos em massa 157

4.3 Resolução para as eleições de 2024 (Resolução 23.732/2024) 162

5. DAS POSSÍVEIS OCORRÊNCIAS CRIMINAIS NA PROPAGANDA ELEITORAL NA INTERNET 175

5.1 Introdução sobre possibilidade de enquadramento criminal da propaganda eleitoral na internet 175

5.2 Da necessidade de diferenciação entre infração eleitoral e crime eleitoral..... 177

5.3 Dos tipos penais em espécie e seu enquadramento quando cometidos durante a propaganda eleitoral na internet 179

    5.3.1 Divulgação de fato sabidamente inverídico 180

    5.3.2 Dos crimes contra a honra 182

        5.3.2.1 Da calúnia no âmbito eleitoral 182

        5.3.2.2 Da difamação no âmbito eleitoral 183

        5.3.2.3 Da injúria no âmbito eleitoral 184

    5.3.3 Do § 3º, do art. 326-A, do Código Eleitoral – Propagação de *fake news* 185

    5.3.4 Inutilizar propaganda eleitoral 186

    5.3.5 Dos agravamentos e aumentos de pena 186

5.4 Processo penal de ataque 187

    5.4.1 Representação eleitoral diretamente ao juízo. Art. 356, do Código Eleitoral 188

5.5 Outras peculiaridades procedimentais do processo penal eleitoral 189

REFERÊNCIAS 191

INTRODUÇÃO

A democracia contemporânea passa por uma fase sem paralelo histórico, e o principal fator de tamanha novidade é, sem dúvida alguma, a Internet. A popularização da *sociedade em rede*[1] reativou os ânimos e abriu os olhos da população mundial para os atos de gestão pública. A incorporação das novas tecnologias da comunicação, faz com que não haja uma só crise que passe desapercebida nas famosas redes sociais.

Ainda que existam vozes plantando dúvidas sobre o potencial da tecnologia como meio de fortalecimento da democracia (havendo inclusive quem sustente que a democracia digital é um verdadeiro mito),[2] parece certo de que pode influir diretamente no aprimoramento do atual sistema democrático. Conforme leciona Rubens Beçak é inegável que "a Internet e as redes sociais, [...] podem vir a desempenhar neste rumo".[3]

O segundo semestre do ano de 2013 foi marcado por manifestações que levaram multidões às ruas de grande parte do Brasil. Muitos encontros não tiveram um objetivo específico, reivindicava-se por tudo de errado que se extraía da gestão do país. Clamava-se por algumas questões específicas, mas em geral queria-se apenas uma mudança do rumo político que tomou a representatividade do povo brasileiro.

Mas se não tinham um foco, não tinham um líder, como então se organizaram? Através da internet. A redes sociais serviram de painel de convocação para que cada um soubesse o dia e hora dos encontros, e esses grandes movimentos sociais, só foram possíveis em razão da onda tecnológica provocada pela expansão da internet e das redes sociais.

A partir desse raciocínio, é possível estabelecer o grau de importância dessa tecnologia nas campanhas de promoção político-partidária das eleições. No entanto, além dessa contextualização sociológica, é imprescindível que todos

---

1. Menção, aqui, à expressão cunhada por Manuel Castells. Em obra recente o autor analisa desdobramentos do fenômeno no campo político (incluso no Brasil), concluindo pela sua consolidação. Nesse sentido, V. CASTELLS, Manuel. *Redes de indignação e esperança*. Rio de Janeiro: Zahar, 2013. passim.
2. CV. por todos HINDMAN, Matthew. *The myth of digital democracy*. Princeton: Princeton University Press, 2009. passim.
3. BEÇAK, Rubens. *Reflexões sobre o evolver democrático rumo à sua otimização*: a atualidade da "democracia deliberativa" e suporte teórico. Enfoque histórico-evolutivo. Contribuição à Teoria Geral do Estado. (Tese de livre docência). São Paulo: 2012. p. 109-110.

tomem conhecimento dos limites dessa propaganda eleitoral feita pela internet, especialmente os candidatos e assessores de campanha, que podem sem multados ou até mesmo cassados se abusarem dessa ferramenta.

Nas eleições de 2008 e 2010, as primeiras com essa possibilidade, a propaganda eleitoral na internet foi feita de forma muito tímida, assim como em 2012, que teve um aumento pouco expressivo nesse sentido. Vimos então desde 2014 um aumento da presença virtual de candidatos e eleitores.

Hoje, com a modernização e redução de custo das tecnologias de acesso móvel (através do celular e modem), o barateamento das mensalidades dos provedores e a expansão da internet banda larga, ultrapassamos o número de 156.000.000 (cento e cinquenta e seis milhões) de usuários conectados no Brasil, fez com que a internet se tornasse o grande campo de batalha durante as eleições.

Assim, a internet desempenhou um papel significativo nas eleições de 2018, 2020 e 2022 no Brasil, impactando diversos aspectos do processo eleitoral. A disseminação de informações, interação entre candidatos e eleitores, e a propagação de notícias falsas foram áreas em que a influência da internet foi evidente.

A internet proporcionou uma plataforma expandida para os candidatos divulgarem suas propostas e interagirem diretamente com os eleitores. Redes sociais, em particular, foram utilizadas de maneira intensiva para campanhas online, permitindo que os candidatos atingissem públicos específicos e mobilizassem apoiadores. Desse modo, proporcionou maior engajamento do eleitorado. Debates, discussões e análises políticas ganharam espaço em plataformas online, permitindo que os eleitores participassem ativamente do processo democrático. Além disso, o uso de memes e conteúdo viral se tornou uma forma peculiar de expressão política.

Por outro lado, um dos aspectos mais preocupantes, contudo, foi a disseminação de notícias falsas e desinformação. Plataformas online foram usadas para espalhar conteúdos enganosos, visando influenciar a opinião pública. Essa disseminação rápida e descontrolada de *fake news* destacou os desafios enfrentados no combate à desinformação durante o período eleitoral.

Há ainda preocupações com a segurança das eleições online. A ameaça de ataques cibernéticos e a possibilidade de interferência estrangeira, temas que são temas debatidos, destacando a necessidade de medidas robustas para proteger a integridade do processo eleitoral.

Um outro ponto importante são as ferramentas de análise de dados foram empregadas para compreender melhor o comportamento eleitoral. As campanhas utilizaram dados para direcionar estrategicamente suas mensagens, adaptando-as aos interesses e preocupações específicos de diferentes segmentos da sociedade.

Isso pôde e pode ser observado nas redes sociais, que se tornaram uma arena política importante, onde candidatos expressavam suas ideias, respondiam a críticas e tentavam influenciar a opinião pública. No entanto, isso também levantou questões sobre a responsabilidade das plataformas na moderação de conteúdo e na prevenção da propagação de desinformação.

Partindo disso, a ciência jurídica também se depara dia a dia com tais mudanças, havendo de enfrentar os novos problemas trazidos por esse ambiente. Dessa maneira, é comum se verificar que, nos diversos ramos do direito, sempre se acresça um capítulo ou outro às obras para a análise de novos problemas trazidos por tais tecnologias.

Não foi diferente com o regime jurídico da propaganda eleitoral, que também teve de se adaptar a essa profunda mudança, pois, além do ambiente físico com circulação de faixas, *outdoors,* muros e caras pintadas, agora temos um ambiente digital, muito mais amplo, com ações muito mais intensas e baratas, que precisa ter sua potencialidade controlada.

Não se pode redundar em "tecnofundamentalismo",[4] acreditando-se que a tecnologia é o fator decisivo para toda e qualquer fato político. Contudo, nos termos de Eli Pariser, blogueiro americano especialista em novas tecnologias, "[...] a liberdade de imprensa existia apenas para quem tivesse uma prensa. Agora, todos nós temos".[5]

Assim, o objetivo principal desta obra é a análise de formas adequadas de utilização das Tecnologias da Informação e Comunicação, especialmente as redes sociais, para o incremento da qualidade da democracia contemporânea em sede de propaganda eleitoral.

Para tal, abordamos alguns aspectos da legislação eleitoral, especialmente da lei 9.504/97, com as alterações trazidas pelas Leis 12.034/09 e 13.488/2017, e sua interpretação jurisprudencial no Brasil. Com enfoque essencialmente prático, busca-se munir todos os envolvidos na condução de uma campanha eleitoral de conhecimento específico sobre os parâmetros de um regime jurídico capaz

---

4. Expressão cunhada para identificar a crença irracional em que o uso da tecnologia possa ser a solução para os problemas práticos da civilização. Cf. VAIDHYANATHAN, Siva. *The googlization of everything (and why should we worry).* Berkeley: University of California Press, 2011. p. 50.
5. PARISER, Eli. O filtro invisível: o que a Internet está escondendo de você. Trad. Diego Alfaro. Rio de Janeiro: Zahar, 2012. p. 70. Para maiores aprofundamentos, V. BEÇAK, Rubens; LONGHI, João Victor Rozatti Longhi. *Democracia deliberativa e ciberdemocracia*: riscos e desafios para sua implementação. No Prelo. Enviado para publicação nos anais do "XXI Congresso Nacional do CONPEDI", realizado em novembro de 2013, em Niterói – RJ. "[...] A arquitetura do ciberespaço é poder. A política é como nós decidimos, como esse poder é exercido e por quem." LESSIG, Lawrence. *The Code 2.0.* New York: Penguin books, p. 93.

de propiciar um processo eleitoral justo e democrático se utilizando do grande potencial trazido pela utilização das tecnologias. E de seus riscos, também.

Assim, além dos conceitos legais e sua compreensão prática e jurisprudencial em direito eleitoral, também levanta problemas como o uso de perfis falsos, a responsabilidade dos provedores pelo conteúdo inserido por terceiros e alguns meios judiciais de tutela da imagem eleitoral, ainda sem resposta, mas cujo regime jurídico deve inegavelmente ser analisado à luz do Marco Civil da Internet e jurisprudência correlata sobre tema.

1
CONTEXTUALIZAÇÃO: INTERNET E REDES SOCIAIS SOB A ÓTICA RESPONSABILIDADE JURÍDICA

> *"Se a virtualização fosse apenas a passagem de uma realidade a um conjunto de possíveis, seria desrealizante. Mas ela implica a mesma quantidade de irreversibilidade de seus efeitos, de indeterminação em seu processo e de invenção em seu esforço quanto à atualização."*[1]

As palavras de Pierre Levy podem nos ajudar a compreender algumas das muitas transformações sociais ocasionadas pela popularização da Internet nos últimos anos.

Afinal, baseada em modelos privados de apropriação dos bens e gestão da informação, hoje, os agentes da Rede Mundial de Computadores vêm paulatinamente se pautando pelo desenvolvimento de tecnologias que facilitam a inserção cada vez mais maciça de dados por parte dos próprios usuários como um modelo de negócio.

Nesse contexto se insere o tema a ser abordado nesta obra. A popularização da Internet, especialmente das redes sociais, é uma realidade crescente em todo o mundo. Por conseguinte, os tribunais vêm se deparando cada vez mais com lides envolvendo ilícitos praticados em seu âmbito. E muitas vezes à míngua de legislação específica, como no caso brasileiro, ainda que haja dispositivos específicos na legislação eleitoral.

Cingindo-se à responsabilidade civil por conteúdo inserido por terceiros, questão que tangencia em vários momentos a problemática eleitoral, a casuística é farta e a falta de critérios sólidos na busca da justiça do caso concreto é patente. Ao mesmo passo, a doutrina tampouco é uníssona e as bases dogmáticas para a solução dos problemas práticos necessitam ser construídas. Dificuldade que se

---

1. LÉVY, Pierre. *O que é o virtual?* Trad. Paulo Neves. São Paulo: Ed. 34, 1996. p. 18.

somam ao vácuo legislativo sobre os direitos e deveres de provedores e usuários na Rede.

O tema se justifica por sua relevância social, bastando simples pesquisa junto à jurisprudência para o aumento recente do número de demandas sobre o tema. Além disso, porque as atuais ferramentas interativas de comunicação propiciam um ambiente fértil às novas experiências de expressão da democracia semiótica.[2] Por isso, a compreensão do fenômeno é de fundamental relevância para uma adequada tutela jurídica.

Por fim, sabe-se que, hoje, a ciência jurídica repensa seus dogmas. O direito, vem transmudando seu núcleo da proteção do patrimônio para a promoção da pessoa humana. Do *ter* para o *ser*, a repersonalização do direito se reflete no deslocamento de seu núcleo normativo: de um direito legislado, que almejava portar respostas prontas e acabadas com recurso a regras estanques, a um direito constitucionalizado, que dá ao intérprete a possibilidade de encontrar soluções aos casos concretos ao extrair das normas os valores que as orientam.

Logo, esse momento da presente obra tem como ponto de partida a complexidade do ordenamento. Se *ibi jus ibi societas*, são muitas as *jus* e muitas as *societas* a serem compreendidas pelo intérprete da norma.[3]

Assim, serão expostas propedeuticamente algumas noções básicas, como a de Internet, *site*, *sites* de redes sociais, demonstrando-se quem são os agentes atuantes sob a Internet e quais as relações jurídicas ali travadas.

1.1 A REGULAMENTAÇÃO JURÍDICA DA INTERNET

Após curto sobrevoo sobre a problemática da Internet, deve-se analisá-la sob o prisma das relações jurídicas. Por conta do pioneirismo tecnológico, o início dos estudos teve seus primeiros passos nos Estados Unidos e remonta à primeira metade dos anos 1990.

---

2. O termo foi cunhado por John Fiske na década de 1970 e diz respeito, em linhas gerais, aos potenciais do uso dos símbolos na sociedade midiática. É utilizada por William Fisher III quando estuda os problemas da superproteção da propriedade intelectual na Internet: *Semiotic Democracy. In an attractive society, all persons would be able to participate in the process of making cultural meaning. Instead of being merely passive consumers of images and artifacts produced by others, they would help shape the world of ideas and symbols in which they live.* FISHER, William. *Theories of intellectual property*. Disponível em: http://cyber.law.harvard.edu/people/tfisher/iptheory.pdf. Acesso em: 11: abr. 2014. Também usada por Lawrence Lessig, que dialoga com a obra de Fisher para buscar alternativas à questão da livre circulação de bens imateriais pela rede, muitas vezes ilegalmente sob a ótica dos direitos autorais. Nesse sentido., V. LESSIG, Lawrence. *Cultura Livre*. Como a mídia usa as tecnologias para barrar a criação intelectual e controlar a criatividade. Trad. Fábio Emílio Costa. Editora Trama Virtual. p. 269-270.
3. PERLINGIERI, Pietro. *O direito civil na legalidade constitucional*. Trad. Maria Cristina de Cicco. Rio de Janeiro: Renovar, 2008. p. 194.

1.1.1 *Cyberanarchy*

Inicialmente, a doutrina passou a levantar questões sobre territorialidade das normas em contraponto a uma realidade em que, paulatinamente, faziam-se irrelevantes os limites físicos.

Ante a nova ordem dos fatos, surge a primeira corrente, de cunho libertário, declarando independência total do espaço virtual.[4] É o que se extrai das assertivas de David R. Johnson e David G. Post, grandes expoentes de tal corrente doutrinária.

O espaço virtual ultrapassa radicalmente a relação entre realidade virtual e localização física. O crescimento de uma Rede global de computadores está destruindo a ligação entre localização geográfica e: (1) o poder dos governos locais de exercer controle sobre o comportamento *online*; (2) Os efeitos do comportamento online em indivíduos e bens; (3) a legitimidade de determinado poder soberano local para regulamentar uma realidade global; (4) a capacidade de qualquer entidade física de declarar quais regras devem ser aplicadas.[5]

Em síntese, esse quinhão de estudiosos apregoou a autogestão como solução dos entraves jurídicos decorrentes de sua utilização. Seria um Direito descentralizado, policêntrico, cuja eficiência faria desnecessário o uso do direito tradicional e o monopólio da força por parte do Estado.

Malgrado tenha ensejado por parte da crítica o estigma de "ciberanarquia" (*cyberanarchy*), foi diretamente responsável pela implementação de entidades cuja atuação se faz crucial ao funcionamento da Rede hoje, como a ICANN,[6]

---

4. À época da promulgação do *Communications Decency Act* nos EUA, em 1996, como forma de manifestar a opinião contrária à aplicação de leis concretas ao ciberespaço publicou-se uma espécie de manifesto sob condução de: BARLOW, John Perry. *A Declaration of the Independence of Cyberspace*. Davos, Switzerland, 8 feb. 1996. Disponível em: http://homes.eff.org/~barlow/Declaration-Final.html. Acesso em: 1º abr. 2014.
5. "*Cyberspace radically undermines the relationship between legally significant (online) phenomena and physical location. The rise of the global computer network is destroying the link between geographical location and: (1) the power of local governments to assert control over online behavior; (2) the effects of online behavior on individuals or things; (3) the legitimacy of the efforts of a local sovereign to enforce rules applicable to global phenomena; and (4) the ability of physical location to give notice of which sets of rules apply*". POST, David G.; JOHNSON, David R. Law and Borders: the rise of law in cyberspace. *Standford Law Review*, Buffalo, NY, v. 48, n. 5, p. 1367, may 1996. Disponível em: http://papers.ssrn.com/sol3/papers.cfm?abstract_id=535. Acesso em: 9 abr. 2014.
6. Sigla que significa, *Internet Corporation for Assigned Names and Numbers* (ICANN), que nos próprios dizeres da organização é uma "[...] parceria não lucrativa de pessoas de todas as partes do mundo dedicadas a manter a Internet segura, estável e operante. Isto tende a estimular a competição e desenvolver uma política única de identificação para a Internet". Tradução livre. INTERNET CORPORATION FOR ASSIGNED NAMES AND NUMBERS. Disponível em: http://www.icann.org. Acesso em: 30 mar. 2014.

que, conforme dito, cuida dos registros de Nomes de Domínio de *website* e da padronização dos protocolos IP, dentre outras atribuições.

Em âmbito nacional, ante a necessidade de regulamentação da Internet, concomitante à abertura da rede no país, a Portaria Interministerial dos Ministérios da Ciência e Tecnologia e da Comunicação 147, de 31 de maio de 1995, com o escopo de "[...] assegurar qualidade e eficiência dos serviços efetuados, justa e livre competição entre provedores, e manutenção de padrões de conduta de usuários e provedores [e ante] à necessidade de coordenar e integrar todas as iniciativas de serviços Internet",[7] cria o Comitê Gestor Internet no Brasil, órgão de natureza análoga entre nós, também filiado à entidade.

O item 7.2 da Nota Conjunta resume suas atribuições principais. Seriam elas:

a) fomentar o desenvolvimento de serviços Internet no Brasil; b) recomendar padrões e procedimentos técnicos e operacionais para a Internet no Brasil; c) coordenar a atribuição de endereços Internet, o registro de nomes de domínios, e a interconexão de espinhas dorsais; d) coletar, organizar e disseminar informações sobre os serviços Internet.[8]

O artigo 2º da mesma Portaria trata da composição do Comitê. É nítida a preocupação do poder público em não manipular a gestão da Rede. Assim, nota-se tanto a presença de representantes de diferentes vertentes do setor estatal, como aqueles oriundos entes privados ou até mesmo da comunidade acadêmica.

1.1.2 Espaço virtual e as estruturas da rede

Em posição diametralmente oposta, surge outra vertente. Capitaneada por Lawrence Lessig, apregoa que o espaço virtual é um âmbito de difícil regulamentação por qualquer meio atinente ao mundo externo à Rede. A obra que personifica esse conjunto de ideias é denominada *Code and other laws of Cyberspace*.[9]

Pode-se afirmar, em linhas gerais, que essa doutrina vê a necessidade de atuação estatal para determinar a natureza que deve ter o espaço virtual. A partir disso, seria criada uma norma baseada na tecnologia, no "código"[10] de um progra-

---

7. BRASIL. Ministério da Ciência e Tecnologia. Portaria MCT 147, de 31 de maio de 1995. Diário Oficial [da] República Federativa do Brasil, Brasília, DF, 1º jun. 1995. Disponível em: http://www.mct.gov.br. Acesso em: 9 abr. 2014.
8. COMITÊ GESTOR DA INTERNET NO BRASIL, 1995, op. cit., online.
9. A obra, originalmente publicada em 1999, foi reeditada e hoje se encontra em sua segunda edição. Code 2.0, pela velocidade com que a Rede se transformou desde então seria "uma tradução de um antigo texto", segundo o próprio autor. Cf. LESSIG, Lawrence. *Code 2.0*. 2. ed. Nova Iorque: Basic Books, 2006. p. IX.
10. Alerta-nos o Prof. Carlos Alberto Rohrmann que o vocábulo "código" deve ser entendido segundo o jargão informático. Trata-se de um programa de computador, composto pelo código-fonte, linguagem usada para demandar séries executáveis pelo computador, que seria seu código-objeto. Por isso, a teoria

ma de computador, que ditaria as regras de conduta. Tratar-se-ia da Constituição do ciberespaço, determinando sua arquitetura por meio da própria tecnologia. Uma verdadeira *Lex Informática*.[11]

Uma possibilidade de aplicação prática das ideias defendidas por essa escola teórica é a existência dos programas de filtragem, os quais são geralmente programados para limitarem o acesso a determinados *websites*, ou por palavras contidas em seu conteúdo, ou qualquer outra informação "indesejada". Porém, o próprio autor adverte acerca da superposição de poderes nas mãos daquele que administram o código fonte. "[...] mas a arquitetura do ciberespaço é poder nesse sentido. A política é como nós decidimos, como esse poder é exercido e por quem".[12]

Entretanto, nem só de regulamentação se faz a ingerência estatal na *net*. Muitos Estados, atualmente, mantêm sistemas de vigilância na rede cujo funcionamento se dá de forma tão agressiva às liberdades públicas, que alguns autores chegam a denominar tais práticas de "ciberespionagem".[13] O fato histórico que realmente tornou públicas as dimensões da invasão de privacidade cometida por alguns governos a indivíduos em todo o mundo foram os ataques terroristas de 11 de setembro de 2001, em Nova Iorque.[14]

São eles inúmeros, tais como o norte-americano *Echelon*, sistema de interceptação de mensagens via-satélite, ou o análogo europeu, chamado *Enfopol*, que já dispõe inclusive de legislação que obriga os provedores a facilitar a interceptação de seus clientes, caso a polícia o neces*site*.[15] Ainda, há aqueles desenvolvidos e utilizados no âmbito, do *Federal Bureau of Investigation* (FBI) como o *Carnivore* ou o *Digital*

---

tem grande número de adeptos, principalmente entre os profissionais da área da ciência da computação, dada a importância designada aos meios tecnológicos como formas eficiente de regulamentação do universo virtual. Cf. ROHRMANN, Carlos Alberto. *Curso...* cit., p. 23.

11. Esta é a denominação utilizada pelo Prof. Joel R. Reidenberg, adepto da mesma escola. Esmiúça o jurista norte-americano: "A Lex Informatica nos providencia ferramentas úteis para formular regras especiais em situações particulares. A Lex Informatica permite a coexistência de políticas de informação variáveis em um ambiente heterogêneo. A busca por regras tecnológicas que personifiquem fluxos flexíveis de informação maximiza as opções de políticas públicas e, ao mesmo tempo, a capacidade de embutir uma regra imutável em um sistema arquitetônico que permita a preservação dos valores de ordem pública". Tradução Livre. REIDENBERG, Joel R. Lex informatica: the formulation of information policy rules through technology. *Texas Law Review*, Austin, Tex., v. 76, p. 584, 1998.
12. "*But the architecture of cyberspace is power in this sense; how it is could be different. Politics is about how we decide, how that power is exercised, and by whom*". LESSIG, Lawrence. Op. cit., p. 93.
13. PEREIRA, Marcelo Cardoso. Op. cit., p. 170.
14. Cf. POSNER, Richard. *Privacy, surveillance, and law*. The University of Chicago Law Review, Chicago, Ill., v. 75, p. 253, winter 2008.
15. COX, P.; PEDERSEN, T. Diretiva 2002/58/CE do Parlamento Europeu e do Conselho. 12 jul. 2002. Disponível em: http://eur-lex.europa.eu/LexUriServ/LexUriServ.do?uri=OJ:L:2002:201:0037:0047:PT:PDF. Acesso em: 02 ago. 2010.

Storm, de cunho mais agressivo, que trabalham em convênio com os provedores interceptando mensagens através de mecanismos de busca que detectam palavras em tese "suspeitas", ou mesmo o *Magic Lantern*, que literalmente instalava um *software* vírus, da modalidade *trojan*, nos computadores dos cidadãos investigados. O sistema contava com o apoio das empresas fabricantes de antivírus que se obrigavam a fazer com que ele não fosse detectado por seus filtros.[16]

Ainda, outro país que se utiliza destes tipos de mecanismos para monitorar os cidadãos através da rede é a República Popular da China. Enquanto nos EUA ou na Europa os estados atuam com fulcro na segurança nacional e políticas de combate à criminalidade, naquele país as coisas são um pouco diferentes. É de conhecimento geral que a China é um país de vocação antidemocrática. Desse modo, o Estado chinês exerce verdadeira censura dos meios de comunicação no país, como forma de controle ideológico. Os métodos são, geralmente, o de controle de palavras-chave nos mecanismos virtuais de busca ou de bloqueio às agências de notícias que veiculem qualquer tipo de informação *non grata* ao Estado.[17]

Explica-nos Ronaldo Lemos que: "*A arquitetura afeta profundamente a internet e os canais digitais de comunicação. É valendo-se dela que se torna possível a construção de ferramentas e a implementação de mecanismos para o fechamento de conteúdo na rede*".[18] Dessa forma, o controle de conteúdo pode ser efetuado de forma maciça e eficaz. O que pode colidir frontalmente com valores tidos por fundamentais em países democráticos, já que são elaborados, no mais das vezes, às margens de qualquer processo transparente que os legitime.

Logo, pela clara nocividade dessa forma de gestão *per se*, esmiuçar-se-ão algumas críticas *a posteriori*. Os próprios fatos versam-se em contundentes argumentos contrários a se denegar completamente a meios tecnológicos a incumbência de regulamentar os comportamentos no âmbito virtual. Urge, assim, a análise de outro prisma teórico.

1.1.3 Direito Internacional

A primeira possível solução para a regulamentação de um ambiente que, conforme se viu, desconhece fronteiras físicas, seria a regulamentação por entidades de cunho supranacional.

---

16. Cf. PEREIRA, Marcelo Cardoso. Op. cit., p. 179.
17. Cf. CHINESE Human Rights Defenders. China: Journey to the heart of Internet censorship. Investigative Report. oct. 2007. Disponível em: http://www.rsf.org/IMG/pdf/Voyage_au_coeur_de_la_censure_GB.pdf. Acesso em: 31 mar. 2014.
18. LEMOS, Ronaldo. *Direito, Tecnologia e Sociedade*. Rio de Janeiro: Editora FGV, 2005. p. 24.

Viu-se que, desde seus primórdios, é inegável a vocação internacional da Rede. Posto isso, não raro se averigua a tentativa de celebração de tratados internacionais, seja entre Estados somente, seja com a participação de outros sujeitos de Direito Internacional Público. Há até aqueles que apregoam a transformação do espaço virtual, em uma área de jurisdição internacional, cuja regulação se daria de forma análoga ao Direito do Mar, ou do Direito Interespacial.[19]

Claras são, por exemplo, as preocupações com o tema pela Comunidade Internacional, ilustrada até mesmo pela agenda da Organização das Nações Unidas, principalmente no âmbito da ITU.[20]

Dessa estirpe são também os esforços da ONU com a *International Telecommunication Union*, uma espécie de agência internacional de telecomunicações. Ou mesmo a iniciativa da lei uniforme sobre comércio eletrônico, visando homogeneizar o tratamento acerca dos contratos eletrônicos, criptografia, dentre outros, concebida na seara da UNCITRAL.[21]

Desde alguns anos, estuda-se até mesmo a possibilidade de se transferir a gestão dos nomes de domínio e atribuição de IPs para a ONU, transformando a ICANN em uma espécie de agência da instituição. A própria internacionalização da linguagem referente aos nomes de domínio advém de um acordo entre UNESCO e ICANN, embora esta se posicione contrária a uma eventual transição.[22]

Para muitos, essa última seria a forma ideal de regulamentação. Entretanto, a corrente tradicional vem ganhando cada vez mais força, por acreditar que as peculiaridades culturais e regionais devem ser respeitadas ao se regulamentar a Rede por meio de normas jungidas à regra da soberania estatal.

Ou seja, os Estados, por meio de sua normativa interna, devem traçar da mesma forma as normas que regem os comportamentos na Rede.[23] Assim as diversas legislações sobre responsabilidade civil dos provedores de serviço de internet, proteção do *cyberconsumidor*, e tantos outros temas.

---

19. Cf. ROHRMANN, Carlos Alberto. *Curso...* cit., p. 40.
20. INTERNATIONAL TELECOMMUNICATION UNION. ITU: T in brief. [2208b]. Disponível em: http://www.itu.int/net/ITU-T/info/Default.aspx. Acesso em: 29 mar. 2014.
21. V. UNCITRAL. http://www.uncitral.org/uncitral/en/uncitral_texts/electronic_commerce.html. Acesso em: 30 mar 2014.
22. INTERNET CORPORATION FOR ASSIGNED NAMES AND NUMBERS. ICANN Signs Two Historic Agreements with UN Agencies. 11 December 2009. Disponível em: http://www.icann.org/en/announcements/announcement-2-11dec09-en.htm. Acesso em: 30 jan. 2011. Por outro lado, V. DZIADOSZ, Alexander (Reuters). Icann alerta contra interferência da ONU em gestão da Web. Disponível em: http://br.reuters.com/article/internetNews/idBRSPE64O09O20100525?sp=true. Acesso em: 31 mar. 2011.
23. Cf. ROHRMANN, Carlos A. *The dogmatic function of law as a legal regulation model for cyberspace*. The UCLA Online Institute for Cyberspace Law and Policy, Los Angeles, 2004. p. 23. Disponível em: http://www.gseis.ucla.edu/iclp/crohrmann.pdf. Acesso em: 28 mar. 2014.

1.1.4 Regulamentação estatal

Desta forma, por derradeiro, emerge a corrente que preconiza que as respectivas jurisdições nacionais é que devem regulamentar as relações jurídicas travadas no âmbito da Internet.

Antes de tudo, conforme se pôde verificar, atualmente, coexistem mutuamente as várias esferas de regulamentação. Assim, é premissa basilar, segundo Stuart Biegel, que a mística da ingovernabilidade da Internet, sob o ponto de vista jurídico e político, é uma imagem romântica, um "mito". À época de suas asseverações, havia poucos casos e existiam leis escassas sobre o assunto.

Por isso, concluiu que é muito importante que a comunidade jurídica procure identificar os indivíduos e grupos que, de algum modo, estariam "governando a Internet" para que fosse possível extrair as analogias e aplicá-las de acordo com o Direito atual.[24]

Com efeito, hoje é possível dizer que há certa regulamentação legal, em várias jurisdições, versando sobre diversos temas relacionados à Internet. Restringindo-nos à responsabilidade civil por lesões a bens da personalidade via Internet, algumas soluções já foram esboçadas no direito estrangeiro. Principalmente nos Estados Unidos e na União Europeia.

O sistema europeu se compõe principalmente das Diretivas, instrumento legislativo que "vincula o Estado-Membro destinatário quanto ao resultado a alcançar, deixando, no entanto, às instâncias nacionais a competência quanto à forma e aos meios".[25]

A Agência Europeia para a Segurança das Redes e da Informação, criada em 2004,[26] elenca as principais Diretivas referentes à segurança e ao uso saudável da Rede.

---

24. Cf. BIEGEL, Stuart. Estações espaciais: indivíduos e grupos que "controlam" a internet. Tradução (devidamente autorizada pelo autor) do original em inglês "*Space Stations: Persons and Groups that 'control' the Internet*". Trad. Carlos Alberto Rohrmann. Belo Horizonte: Instituto Online para o Direito Virtual, 1996. p. 1. Disponível em: http://www.direitodarede.com.br/EstacoesSB.pdf. Acesso em: 2 abr. 2014.
25. Art. 288º, Tratado da União Europeia (ex-249º, TCE). Disponível em: http://eur-lex.europa.eu/JOHtml.do?uri=OJ:C:2010:083:SOM:PT:HTML. Acesso em: 05 abr. 2014.
26. A Agência foi criada na Comunidade, pelo Regulamento n. 167 n. 460/2004/CE, de 10 de Março de 2004. Preceitua o item 1. Do caput do Art. 1º: "A fim de garantir na Comunidade um nível de segurança das redes e da informação elevado e eficaz e com vista a desenvolver uma cultura de segurança das redes e da informação em benefício dos cidadãos, dos consumidores, das empresas e das organizações do sector público da União Europeia, contribuindo assim para o normal funcionamento do mercado interno, é constituída a Agência Europeia para a Segurança das Redes e da Informação, a seguir designada 'Agência'". COX, P.; ROCHE, D. REGULAMENTO(CE) 460/2004 do Parlamento Europeu e do Conselho. 10 mar. 2004. Disponível em: http://eur-lex.europa.eu/LexUriServ/LexUriServ.do?uri=OJ:L:2004:077:0001:0011:PT:PDF. Acesso em: 30 out. 2023.

Exemplificativamente, citam-se: a) Diretiva 2002/21/CE, que estabelece deveres aos Estados membros (arts. 3º e ss.), incluindo algumas regras de proteção a dados pessoais e privacidade; b) Diretiva 2002/58/CE, relativa ao tratamento de dados pessoais e à proteção da privacidade no setor das comunicações eletrônicas;[27] c) Diretiva 2000/31/CE, que estabelece regras sobre responsabilização dos Prestadores de Serviços (Seção 4, arts. 12 a 14), bem como, no artigo 15, uma cláusula de exclusão da obrigação geral de vigilância do provedor para com seu usuário;[28] d)Ainda, as Diretivas 95/46/CE e 97/66/CE, que estabelecem regras gerais, sobre o tratamento de dados pessoais e de telecomunicações e, ainda que haja regras específicas à Internet, continuam aplicáveis.[29]

A União Europeia ainda conta, em matéria de Responsabilidade Civil, com um documento chamado "Princípios de direito europeu da Responsabilidade Civil". Não se trata propriamente de um conjunto de normas, mas é elaborado por um grupo de estudiosos da área desvinculados de quaisquer organismos oficiais ou de seus países de origem e sem caráter vinculante. Porém, teve grande repercussão entre a doutrina, refletindo também na jurisprudência e na legislação de muitos países ao redor de todo o mundo.[30]

Nos Estados Unidos, por seu turno, é durante os anos 1990 que duas leis são aprovadas pelo Congresso. No intento de responder aos problemas decorrentes da massificação do uso da Internet naquela época, surgem o Communications Decency Act, de 1996, e o Digital Millenium Copyright Act, de 1998.

O primeiro deles, também conhecido por *Telecommunications Act of 1996*, traz uma série de conceitos legais sobre Internet e estabelece severas sanções

---

27. Destaque para o art. 13º apartado 3, que veda uma das práticas mais comuns na violação de direitos da personalidade pela *net*, o envio de *spams*. "3. Em todas as circunstâncias, é proibida a prática do envio de correio eletrônico para fins de comercialização direta, dissimulando ou escondendo a identidade da pessoa em nome da qual é efetuada a comunicação, ou sem um endereço válido para o qual o destinatário possa enviar um pedido para pôr termo a essas comunicações".
28. 1. Os Estados Membro não imporão aos prestadores, para o fornecimento dos serviços mencionados nos artigos 12º, 13º e 14º, uma obrigação geral de vigilância sobre as informações que estes transmitam ou armazenem, ou uma obrigação geral de procurar ativamente fatos ou circunstâncias que indiciem ilicitudes.
29. Outras normativas, ainda que específicas, merecem destaque. É o caso da Diretiva 2001/29/CE, a qual trata da harmonização de certos aspectos do direito do autor na Internet. A diretiva prevê direitos (arts. 2º a 5º), obrigações (arts. 6º e 7º) e sanções (art. 8º), onde se dispõe sobre o direito a requerer ação de indenização em caso de sua violação no âmbito da rede; e da Diretiva 99/93/CE, a qual dispõe acerca das assinaturas eletrônicas, em cujo artigo 6º está a responsabilidade por danos e prejuízos caso o conteúdo do documento eletronicamente firmado não seja autêntico.
30. Cf. MARTÍN-CASALS, Miquel. Líneas generales de los "Principios de derecho europeo de la responsabilidad civil". Congreso Nacional Asociación Española de Abogados Especializados em Responsabilidad Civil y Seguro, 5. Pamplona, 2005. p. 2. Disponível em: http://www.asociacionabogadosrcs.org/congreso/5congreso/ponencias/MiquelMartinPrincipios.pdf. Acesso em: 31 mar. 2014.

para os responsáveis pela publicação através da Rede de conteúdo não somente ilícito, como moralmente reprovável.[31] O ato legislativo foi subitamente declarado inconstitucional ante a Suprema Corte, principalmente porque estabelecia tipos penais vagos, o que causou polêmica entre associações ligadas à defesa da liberdade de expressão.[32]

Apesar disso, o texto legal traz normas acerca da responsabilidade civil dos Provedores de Serviços de Internet, como aquela que os exime do dever de vigiar intensamente seus usuários,[33] futuramente chamado de obrigação geral de vigilância pelos europeus.[34]

O tema será retomado posteriormente, vez que, dada à falta de legislação específica em muitos países, vem sendo utilizado pela jurisprudência nacional para delimitar a responsabilidade dos provedores de hospedagem em *sites* de redes sociais. É o caso do Brasil, onde a legislação estrangeira vem sendo maciçamente importada à míngua de reflexões críticas e questionamentos de sua aplicabilidade frente à legalidade constitucional.

O *Digital Millenium Copyright Act*, por sua vez, emerge em meio a crescentes violações aos direitos autorais por meio da *web*. Fruto de embates entre entida-

---

31. *EC. 502. OBSCENE OR HARASSING USE OF TELECOMMUNICATIONS FACILITIES UNDER THE COMMUNICATIONS ACT OF 1934. Section 223 (47 U.S.C. 223) [...] (2) by adding at the end the following new subsections: (d) Whoever(1) in interstate or foreign communications knowingly (A) uses an interactive computer service to send to a specific person or persons under 18 years of age, or `(B) uses any interactive computer service to display in a manner available to a person under 18 years of age, any comment, request, suggestion, proposal, image, or other communication that, in context, depicts or describes, in terms patently offensive as measured by contemporary community standards, sexual or excretory activities or organs, regardless of whether the user of such service placed the call or initiated the communication; or `(2) knowingly permits any telecommunications facility under such person's control to be used for an activity prohibited by paragraph (1) with the intent that it be used for such activity, shall be fined under title 18, United States Code, or imprisoned not more than two years, or both.*" FEDERAL COMMUNICATIONS COMMISSION. Disponível em: http://www.fcc.gov/Reports/tcom1996.pdf. Acesso em: 04 abr. 2014.
32. Cf. CNN. *Judges rule against Internet indecency law. jun. 12, 1996.* Disponível em: http://www.cnn.com/US/9606/12/internet.indecency. Acesso em: 1º abr. 2014.
33. *SEC. 230. PROTECTION FOR PRIVATE BLOCKING AND SCREENING OF OFFENSIVE MATERIAL. [...] (1) TREATMENT OF PUBLISHER OR SPEAKER- No provider or user of an interactive computer service shall be treated as the publisher or speaker of any information provided by another information content provider. (2) CIVIL LIABILITY- No provider or user of an interactive computer service shall be held liable on account of (A) any action voluntarily taken in good faith to restrict access to or availability of material that the provider or user considers to be obscene, lewd, lascivious, filthy, excessively violent, harassing, or otherwise objectionable, whether or not such material is constitutionally protected; or (B) any action taken to enable or make available to information content providers or others the technical means to restrict access to material described in paragraph (1).* FEDERAL COMMUNICATIONS COMMISSION, op. cit., online.
34. Ver nota explicativa n. 14. FONTAINE, N.; D'Oliveira Martins, G. Diretiva 2002/31/CE do Parlamento Europeu e do Conselho. 8 jun. 2000. Disponível em: http://eur-lex.europa.eu/LexUriServ/LexUriServ.do?uri=CELEX:32000L0031:ES:HTML. Acesso em: 30 out. 2023.

des protetoras e detentoras de direitos autorais e, principalmente, Provedores de Serviços de Internet, a lei é aprovada. Em seu conteúdo, acaba por relegar a responsabilidade aos usuários infratores,[35] afastando-se da ideia inicial que era a de responsabilizar objetivamente os provedores pelos atos de seus clientes.[36]

O regime jurídico nos EUA conta com outra série de textos legais que acrescentam proteção a interesses personalíssimos de seus cidadãos frente às mazelas possivelmente causadas por meio da Internet.

Além disso, seu sistema federativo dá liberdade aos Estados de legislarem sobre o mesmo tema. Ademais, como se sabe, o sistema jurídico norte-americano é do tipo *common law*, ou direito consuetudinário, baseado no princípio do precedente vinculante (*binding precedent*), dando às decisões judiciais força de lei. Dessa forma, o país também apresenta muitas decisões que aplicam a legislação existente, com força de precedentes vinculantes.

O Brasil, por seu turno, segue sem legislação sobre a responsabilidade civil no âmbito da Internet. Não obstante, convergem-se os esforços da doutrina e da jurisprudência em se utilizar da legislação atual como forma de contínuo aperfeiçoamento das respostas dadas pelo Direito aos problemas em âmbito virtual.[37]

O que se pode considerar como legislação nacional acerca do tema seriam regras que se voltassem especificamente ao âmbito da Rede, regulamentando questões controvertidas em que a aplicação da normativa já existente. E, conforme mencionado, a falta de efetiva regulamentação no bojo da Internet é alvo de críticas de grande parte da doutrina.

---

35. Como, por exemplo, no dispositivo a seguir: "SEC. 201. SHORT TITLE. *This title may be cited as the 'Online Copyright Infringement Liability Limitation Act'. SEC. 202. LIMITATIONS ON LIABILITY FOR COPYRIGHT INFRINGEMENT. (a) IN GENERAL. Chapter 5 of title 17, United States Code, is amended by adding after section 511 the following new section:* § 512. *Limitations on liability relating to material online: [...].(b) SYSTEM CACHING.(1) LIMITATION ON LIABILITY.A service provider shall not be liable for monetary relief, or, except as provided in subsection (j), for injunctive or other equitable relief, for infringement of copyright by reason of the intermediate and temporary storage of material on a system or network controlled or operated by or for the service provider in a case in which (A) the material is made available online by a person other than the service provider,(B) the material is transmitted from the person described in subparagraph (A) through the system or network to a person other than the person described in subparagraph (A) at the direction of that other person, and (C) the storage is carried out through an automatic technical process for the purpose of making the material available to users of the system or network who, after the material is transmitted as described in subparagraph (B), request access to the material from the person described in subparagraph (A), [...]".* LIBRARY OF CONGRESS. Copyright: law and policy: the Digital Millennium Copyright Act of 1998. Disponível em: http://www.copyright.gov/. Acesso em: 30 out. 2023.
36. Cf. LEONARDI, Marcel. Responsabilidade... cit., p. 49.
37. Cf. LEMOS, Ronaldo. *Direito, tecnologia e cultura* cit., p. 63-64.

1.1.5 A opção legislativa brasileira: o Marco Civil da Internet em princípios, fundamentos e aspectos estruturais

Muitos esforços na esfera da regulamentação da Internet no Brasil vêm sendo feitos. Porém, enquanto a maioria dos projetos de lei inicia a regulamentação da Rede por estabelecer sanções criminais, no mais das vezes transformando em condutas típicas práticas comuns dos usuários da Rede,[38] uma recente iniciativa vem em sentido diametralmente oposto.

Trata-se do chamado Marco Regulatório Civil da Internet Brasileira ou simplesmente Marco Civil, uma forma colaborativa de construção de um projeto de lei, de iniciativa conjunta da Secretaria de Assuntos Legislativos do Ministério da Justiça (SAL/MJ), em parceria com a Escola de Direito do Rio de Janeiro da Fundação Getúlio Vargas (Direito Rio).

O marco civil, como popularmente conhecido, procurou construir soluções chamando às discussões os que se interessam pelo estabelecimento de uma justa governança dos usuários da *net*. Fato que dá vida a muitos dos postulados atinentes à democracia participativa e sua efetivação por meio da Internet.[39]

Antes de se adentrar especificamente no tema da responsabilização pelo conteúdo inserido por terceiros, devem ser destacados brevemente alguns aspectos pontuais do Marco Civil, a fim de se ilustrar seus alicerces axiológicos.

Primeiramente, o caráter principiológico e enunciativo de direitos civis é uma de suas principais características. O futuro texto legal enuncia como fundamentos: I – o reconhecimento da escala mundial da rede; II – os direitos humanos, o desenvolvimento da personalidade e o exercício da cidadania em meios digitais; III – a pluralidade e a diversidade; IV – a abertura e a colaboração; e V – a livre-iniciativa, a livre concorrência e a defesa do consumidor; e VI – finalidade social da rede (art. 2º).

---

38. Nesse sentido, *v.* LONGHI, João Victor Rozatti. A teoria dos sistemas dos sistemas de Niklas Luhmann e o direito à informação no direito brasileiro. O "furto" de camelos jurídicos reais na domesticação do direito da propriedade intelectual no âmbito da Internet. Artigo publicado no XVIII Congresso Nacional do CONPEDI. São Paulo, 2009. Disponível em em: http://www.publicadireito.com.br/conpedi/manaus/arquivos/Anais/sao_paulo/2233.pdf. Acesso em: 27 abr. 2014.
39. O processo ocorreu em duas fases. A primeira delas fora a de discussões em um canal em linguagem *blog* para a expressão dos diversos pontos de vista acerca de tópicos predeterminados: direitos individuais e coletivos (privacidade, liberdade de expressão e direito de acesso à *net*); responsabilidade civil de provedores e usuários na Internet; e as políticas públicas acerca da Internet. Ao final da primeira etapa, apresentou-se a proposta de anteprojeto de lei, sintetizando os debates realizados. A segunda fase ocorreu da mesma forma, desta vez tendo como base já a minuta do anteprojeto de lei apresentado na fase anterior. *V.* BEÇAK, Rubens; LONGHI, João Victor Rozatti. A democracia participativa e sua prospecção futura – perspectiva histórica e prospecção futura: o marco civil para a regulação da Internet no Brasil. In: SIMÃO FILHO, Adalber et alli. *Direito da Sociedade da informação*: Temas Jurídicos Relevantes. São Paulo Quartier Latin, 2012. p. 601-629.

No que concerne aos princípios, enumera-os em rol exemplificativo:[40] I – garantia da liberdade de expressão, comunicação e manifestação de pensamento, nos termos da Constituição; II – proteção da privacidade; III – proteção aos dados pessoais, na forma da lei; IV – preservação da garantia da neutralidade da rede; V – preservação da estabilidade, segurança e funcionalidade da rede, por meio de medidas técnicas compatíveis com os padrões internacionais e pelo estímulo ao uso de boas práticas; VI – responsabilização dos agentes de acordo com suas atividades, nos termos da lei; e VII – preservação da natureza participativa da rede; VIII – a liberdade dos modelos de negócios promovidos na Internet, desde que não conflitem com os demais princípios estabelecidos nesta Lei. (art. 3º).

Alguns pontos do texto merecem especial destaque, que serão analisados sem a pretensão de exaurir o tema.

Por exemplo, a inclusão, no primeiro substitutivo proposto pelo relator da Comissão Especial na Câmara dos Deputados, Deputado Federal Alessandro Molon (PT-RJ), ao desenvolvimento da personalidade e à finalidade social da rede nos respectivos rols, além de pontuais alterações que deixaram mais claros os aspectos funcionais de determinados dispositivos.

Após a intervenção, que sintetiza sugestões apresentadas durante os trabalhos da Comissão e a discussão pública pelo portal e-*democracia* da Câmara,[41] o texto legal parece se alicerçar sobre um tripé axiológico que dará o norte da Internet brasileira: neutralidade, privacidade e liberdade de expressão.

O primeiro diz respeito à proteção da neutralidade da rede. Acerca do tema, Tim Wu leciona que:

> [...] O ideal de neutralidade anuncia uma rede que trata da mesma forma tudo que transporta, indiferente a natureza do conteúdo ou a identidade do usuário. No mesmo espírito do princípio fim o princípio da neutralidade garante que é melhor deixar aos "fins" da rede as decisões quanto ao uso do meio, e não aos veículos de informação.[42]

---

40. Art. 3º ...omissis... Parágrafo único. Os princípios expressos nesta Lei não excluem outros previstos no ordenamento jurídico pátrio relacionados à matéria, ou nos tratados internacionais em que a República Federativa do Brasil seja parte.
41. O que pode representar a inauguração de experiências inovadoras no processo legislativo, produzido de maneira colaborativa. Nesse sentido, V. BEÇAK, Rubens; LONGHI, João Victor Rozatti. *Processo Legislativo Colaborativo*: a participatividade pela internet no trâmite do Projeto de Lei 2.126/2011 (Marco Civil da Internet). Publicado nos anais do "XXI Congresso Nacional do CONPEDI", realizado de 31 de outubro a 3 de novembro de 2012, em Niterói – RJ.
42. WU, Tim. Impérios da comunicação. Do telefone à internet, da AT&T ao Google. Tradução da obra *The master switch*: the rise and fall of information empires por Cláudio Carina. Rio de Janeiro: Zahar, 2012. p. 244.

Preconiza-se que a ausência de neutralidade na Rede traria seis grandes possíveis riscos: 1. Filtragem pelos provedores de qual conteúdo é ou não acessado aos usuários; 2. Formação de monopólios verticais entre provedores de conteúdo, acesso e hospedagem com sensível diminuição do poder de escolha dos consumidores acerca do que acessam; 3. Controle de preços e formação de carteis; 4. Diminuição do tempo médio de velocidade para o consumidor final; 5. Restrição à inovação tecnológica; 6. Diminuição das possibilidades de expressão política na Internet.[43]

De modo a operacionalizar o ideal de neutralidade, a atual redação do Marco Civil estabelece como princípio a neutralidade da rede. Entretanto, delega ao poder executivo a posterior regulamentação do tema, nos termos dos parágrafos 1º a 3º.[44] Ainda que procure restringir eventuais discriminações de informações a aspectos técnicos e determine que o provedor haja com proporcionalidade, transparência e isonomia ao assim proceder, é tímido quando dispõe sobre a

---

43. Cf. ZELNICK, Bob; ZELNICK, Eva. *The illusion onfnet neutrality: Political alarmism, Regulatory Creep and the real threat to Internet Freedom*. Sandford: Hoover Institution Press, 2013. As premissas, na própria obra mencionada, enfrentam duras críticas. Contudo, ainda que cause especial estranheza a adesão maciça por parte dos grandes provedores aos argumentos pró neutralidade, em especial com um aguerrido discurso pela liberdade de expressão que muito mais parece uma forma de manutenção de sua recém conquistada hegemonia empresarial, parece certo até o momento que a Internet "neutra" como princípio promova mais a inovação, a concorrência e a democracia participativa do que o contrário. Nesse sentido, LONGHI, João Victor Rozatti. *Privacidad, , democracia y redes sociales en Brasil: ¿Primavera o inverno?* Disponível em: http://www.medialaws.eu/privacidad-democracia-y-redes-sociales-en-brasil-primavera-o-inverno/. Acesso em: 29 mar. 2014.

44. Art. 9º O responsável pela transmissão, comutação ou roteamento tem o dever de tratar de forma isonômica quaisquer pacotes de dados, sem distinção por conteúdo, origem e destino, serviço, terminal ou aplicação.
    § 1º A discriminação ou degradação do tráfego será regulamentada nos termos das atribuições privativas do Presidente da República previstas no inciso IV do art. 84 da Constituição Federal, para a fiel execução desta Lei, ouvidos o Comitê Gestor da Internet e a Agência Nacional de Telecomunicações e somente poderá decorrer de:
    I – requisitos técnicos indispensáveis à prestação adequada dos serviços e aplicações; e
    II – priorização a serviços de emergência.
    § 2º Na hipótese de discriminação ou degradação do tráfego prevista no § 1º, o responsável mencionado no *caput* deve:
    I – abster-se de causar dano aos usuários, na forma do art. 927 do Código Civil;
    II – agir com proporcionalidade, transparência e isonomia;
    III – informar previamente de modo transparente, claro e suficientemente descritivo aos seus usuários sobre as práticas de gerenciamento e mitigação de tráfego adotadas, inclusive as relacionadas à segurança da rede; e
    IV– oferecer serviços em condições comerciais não discriminatórias e abster-se de praticar condutas anticoncorrenciais.
    § 3º Na provisão de conexão à Internet, onerosa ou gratuita, bem como na transmissão, comutação ou roteamento, é vedado bloquear, monitorar, filtrar ou analisar o conteúdo dos pacotes de dados, respeitado o disposto neste artigo.

responsabilização por discriminações de dados de caráter abusivo, haja vista que remete ao Código Civil (art. 927) e não ao Código de Defesa do Consumidor (art. 14), situação jurídica onde se situa a grande maioria das relações travadas entre provedores de conexão e usuários da rede. Uma incongruência com o próprio texto legal, que enuncia entre os direitos dos usuários a aplicação do CDC em sua proteção (art. 7º, XIII).

Outro aspecto importante, que inúmeras vezes aparece no bojo do projeto, é a necessidade de proteção da privacidade, talvez um dos princípios mais esmiuçados ao longo do texto legal.

Conforme se alerta, um dos maiores riscos contemporâneos trazidos pela popularização das TICs diz respeito à tutela da privacidade do usuário. É o que Zygmunt Bauman denomina de "danos colaterais da modernidade líquida", ao descrever os riscos da fusão entre espaços públicos e privados de maneira a arquitetar uma "sociedade confessional", com graves restrições à liberdade.[45] Neste sentido, também Daniel J. Solove:

> A internet está criando novos e atormentadores malefícios para a privacidade, uma vez que deu às pessoas uma possibilidade sem precedentes de disponibilizar e disseminar ao redor do mundo informação umas sobre as outras. Para enfrentar estes problemas, necessitamos repensar a privacidade para a era da Informação. Se falharmos, iremos nos deparar com severas limitações ao autodesenvolvimento agora e no futuro.[46]

Nesse diapasão, a privacidade é mais que um princípio enunciativo, mas uma garantia estruturante do texto legal. Em observância à Carta da República, é direito do usuário a inviolabilidade e sigilo de suas comunicações (art. 7º, I), ressaltando-se que privacidade e liberdade de são uma condição para o pleno exercício do direito de acesso à Internet (Art. 8º, *caput*).[47]

---

45. Cf. BAUMAN, Zygmunt. *Danos colaterais*: desigualdades sociais numa era global. Trad.: Carlos Alberto Medeiros. Rio de Janeiro: Zahar, 2013. p. 108.
46. SOLOVE, Daniel J. Speech, privacy and reputation on the Internet. In: LEVMORE, Saul; NUSSBAUM, Martha. *The offensive Internet*. Cambridge: Harvard University Press, 2010. p. 30. Tradução livre.
47. Art. 7º O acesso à Internet é essencial ao exercício da cidadania e ao usuário são assegurados os seguintes direitos:
    I – à inviolabilidade da intimidade e da vida privada, assegurado o direito à sua proteção e à indenização pelo dano material ou moral decorrente de sua violação;
    II – à inviolabilidade e ao sigilo do fluxo de suas comunicações pela Internet, salvo por ordem judicial, na forma da lei;
    III – à inviolabilidade e ao sigilo de suas comunicações privadas armazenadas, salvo por ordem judicial;
    IV – não suspensão da conexão à Internet, salvo por débito diretamente decorrente de sua utilização;
    V – à manutenção da qualidade contratada da conexão à Internet;
    VI – a informações claras e completas constantes dos contratos de prestação de serviços, com detalhamento sobre o regime de proteção aos registros de conexão e aos registros de acesso a aplicações de Internet, bem como sobre práticas de gerenciamento da rede que possam afetar sua qualidade; e

O Marco Civil procura também evitar as práticas de vigilância que hoje compõem a estrutura do modelo de negócios de muitos provedores (bem como de instituições públicas), disciplinando a questão do registro e disponibilização de dados referentes à conexão e acesso a aplicações da Internet.

Para tal, o art. 5º do Marco se vale dos conceitos que estruturam o funcionamento da Rede: Internet, terminal, administrador de sistema autônomo, endereço IP, conexão à internet, registro de conexão, aplicações de Internet e registro de acesso a aplicações de Internet.[48]

VII – ao não fornecimento a terceiros de seus dados pessoais, inclusive registros de conexão, e de acesso a aplicações de Internet, salvo mediante consentimento livre, expresso e informado ou nas hipóteses previstas em lei;

VIII – a informações claras e completas sobre a coleta, uso, armazenamento, tratamento e proteção de seus dados pessoais, que somente poderão ser utilizados para finalidades que:

a) justificaram sua coleta;

b) não sejam vedadas pela legislação; e

c) estejam especificadas nos contratos de prestação de serviços ou em termos de uso de aplicações de Internet.

IX – ao consentimento expresso sobre a coleta, uso, armazenamento e tratamento de dados pessoais, que deverá ocorrer de forma destacada das demais cláusulas contratuais;

X – à exclusão definitiva dos dados pessoais que tiver fornecido a determinada aplicação de Internet, a seu requerimento, ao término da relação entre as partes, ressalvadas as hipóteses de guarda obrigatória de registros previstas nesta Lei;

XI – à publicidade e clareza de eventuais políticas de uso dos provedores de conexão à Internet e de aplicações de Internet;

XII – à acessibilidade, consideradas as características físico-motoras, perceptivas, sensoriais, intelectuais e mentais do usuário, nos termos da Lei; e

XIII – à aplicação das normas de proteção e defesa do consumidor nas relações de consumo realizadas na Internet.

48. Art. 5º Para os efeitos desta Lei, considera-se:

I – Internet – o sistema constituído de conjunto de protocolos lógicos, estruturado em escala mundial para uso público e irrestrito, com a finalidade de possibilitar a comunicação de dados entre terminais por meio de diferentes redes;

II – terminal – computador ou qualquer dispositivo que se conecte à Internet;

III – administrador de sistema autônomo – pessoa física ou jurídica que administra blocos de endereço Internet Protocol – IP específicos e o respectivo sistema autônomo de roteamento, devidamente cadastrada no ente nacional responsável pelo registro e distribuição de endereços IP geograficamente referentes ao País;

IV – endereço IP – código atribuído a um terminal de uma rede para permitir sua identificação, definido segundo parâmetros internacionais;

V – conexão à Internet – habilitação de um terminal para envio e recebimento de pacotes de dados pela Internet, mediante a atribuição ou autenticação de um endereço IP;

VI – registro de conexão – conjunto de informações referentes à data e hora de início e término de uma conexão à Internet, sua duração e o endereço IP utilizado pelo terminal para o envio e recebimento de pacotes de dados;

VII – conjunto de funcionalidades que podem ser acessadas por meio de um terminal conectado à Internet

Outrossim, o parágrafo único do artigo 8º, reforça a garantia contratual contra cláusulas abusivas já prevista no Código de Defesa do Consumidor (art. 51), estabelecendo que "são nulas de pleno direito as cláusulas contratuais que violem o disposto no caput, tais como aquelas que: Parágrafo único. São nulas de pleno direito as cláusulas contratuais que violem o disposto no caput, tais como aquelas que: I – impliquem ofensa à inviolabilidade e ao sigilo das comunicações privadas pela Internet; ou II – em contrato de adesão, não ofereçam como alternativa ao contratante a adoção do foro brasileiro para solução de controvérsias decorrentes de serviços prestados no Brasil.

Além disso, procura regulamentar a atuação dos intermediários quanto à guarda de registros, dados pessoais e comunicações pessoais. A seção foi objeto de debates públicos principalmente após a divulgação das denúncias de espionagem maciça praticada por agências de inteligência estrangeiras (notadamente a norte-americana) dentro e fora dos Estados Unidos.[49]

Dentre elas, destaca-se a alteração de redação do art. 11, *caput* e parágrafos que traziam a obrigatoriedade aos provedores que realizam processamento de informações pessoais dos usuários de localizarem pelo menos um de seus terminais no Brasil.[50]

Conforme se sabe, a Internet surgiu como um meio de comunicação difuso, cujo princípio básico é o de que não importa por onde as informações trafeguem, mas sim de onde partem e para onde vão. Assim, por um lado, dispositivos como estes podem facilitar a execução de determinações judiciais de acesso a informa-

---

VIII – registros de acesso a aplicações de Internet-conjunto de informações referentes à data e hora de uso de uma determinada aplicação de Internet a partir de um determinado endereço IP.

49. Nesse sentido, V. THE GUARDIAN, Revealed: how US and UK spy agencies defeat internet privacy and security James Ball, Julian Borger and Glenn Greenwald – *Guardian Weekly*, Friday 6 September 2013. Disponível em: http://www.theguardian.com/world/2013/sep/05/nsa-gchq-encryption-codes--security. Acesso em: 09 jan. 2014.

50. Art. 11. Em qualquer operação de coleta, armazenamento, guarda e tratamento de registros, dados pessoais ou de comunicações por provedores de conexão e de aplicações de Internet em que pelo menos um desses atos ocorram em território nacional, deverá ser obrigatoriamente respeitada a legislação brasileira, os direitos à privacidade, à proteção dos dados pessoais e ao sigilo das comunicações privadas e dos registros.
§ 1º O disposto no caput se aplica aos dados coletados em território nacional e ao conteúdo das comunicações, nos quais pelo menos um dos terminais esteja localizado no Brasil.
§ 2º O disposto no caput se aplica mesmo que as atividades sejam realizadas por pessoa jurídica sediada no exterior, desde que oferte serviço ao público brasileiro ou pelo menos uma integrante do mesmo grupo econômico possua estabelecimento no Brasil.
§ 3º Os provedores de conexão e de aplicações de Internet deverão prestar, na forma da regulamentação, informações que permitam a verificação quanto ao cumprimento da legislação brasileira referente à coleta, guarda, armazenamento ou tratamento de dados, bem como quanto ao respeito à privacidade e ao sigilo de comunicações.
§ 4º Decreto regulamentará o procedimento para apuração de infrações ao disposto neste artigo.

ções relevantes, evitando casos em que há determinação judicial de quebra de sigilo de comunicações e o provedor estrangeiro se exime do cumprimento da obrigação amparado na legislação estrangeira.[51]

Não obstante, determinações nesse sentido são muito mais uma tentativa de resposta política à comunidade internacional do que uma medida prática e efetiva capaz de garantir a privacidade dos cidadãos. Pelo contrário, apenas aumentaria ainda mais a chance de interceptação das informações, desta vez aos auspícios de autoridades nacionais. Daí porque apenas a menção ao respeito à legislação nacional e à privacidade dos usuários.

Como consequência, o art. 12 do Marco Civil prevê sanções administrativas aos provedores que violarem a privacidade do consumidor sem prejuízo da responsabilidade civil, criminal e administrativa em outras esferas.[52] Decreto regulamentará o procedimento de apuração das infrações (art. 11, § 4º)

---

51. Foi o que ocorreu em decisão proferida pela Corte Especial do STJ, em que havia determinação judicial de quebra de sigilo de dados do e-mail de usuário investigado por crimes de corrupção ativa e passiva, fraude à licitação, dentre outros, e o Google Brasil se recusara a cumpri-la por afirmar que os dados s encontravam fisicamente nos EUA e a legislação daquele país não permite sua divulgação. Assim decidiu o STJ:
Corte Especial determina que Google entregue dados de e-mail armazenados nos EUA (05.06.2013 – 15h11).
A Corte Especial do Superior Tribunal de Justiça (STJ) determinou que a Google Brasil Internet Ltda. cumpra ordem judicial de quebra de sigilo das comunicações por e-mail, envolvendo, no caso, o Gmail. As comunicações foram feitas por investigado de crimes, entre eles os de formação de quadrilha, corrupção passiva e ativa, fraude à licitação, lavagem de dinheiro, advocacia administrativa e tráfico de influência. [...]
Legislação americana
A Google Brasil afirmava ser impossível cumprir a ordem de quebra de sigilo das comunicações porque os dados em questão estão armazenados nos Estados Unidos e, por isso, sujeitos à legislação daquele país, que considera ilícita a divulgação. [...]
Em seu voto, a ministra Laurita Vaz afirmou que o fato de estarem armazenados em qualquer outra parte do mundo não transforma esses dados em material de prova estrangeiro, a ensejar a necessidade da utilização de canais diplomáticos para sua transferência. [...]
E acrescentou: "Não se pode admitir que uma empresa se estabeleça no país, explore o lucrativo serviço de troca de mensagens por meio da internet – o que lhe é absolutamente lícito –, mas se esquive de cumprir as leis locais".
O colegiado, por maioria, acompanhou o entendimento da ministra Laurita Vaz, estabelecendo o prazo de dez dias para o cumprimento da ordem de quebra do sigilo, sob pena de multa diária no valor de R$ 50 mil.
O número deste processo não é divulgado em razão de sigilo judicial.
BRASIL, Superior Tribunal de Justiça. Notícias STJ. Disponível em: http://www.stj.jus.br/portal_stj/publicacao/engine.wsp?tmp.area=398&tmp.texto=109906. Acesso em: 9 jan. 2014.
52. Art. 12. Sem prejuízo das demais sanções cíveis, criminais ou administrativas, as infrações às normas previstas nos artigos 10 e 11 ficam sujeitas, conforme o caso, às seguintes sanções, aplicadas de forma isolada ou cumulativa:
I – advertência, com indicação de prazo para adoção de medidas corretivas;

Posteriormente, a lei dispõe sobre a guarda de registros de conexão e registros de acesso a aplicações de Internet na provisão de conexão e registros de acesso a aplicações de Internet na provisão de aplicações. Em linhas gerais, a lógica adotada é a da regra do sigilo, imputando-se o dever de guarda dos registros de conexão pelo prazo de um ano aos provedores de conexão.[53] Quanto aos registros de acesso a aplicações da Internet, o texto veda ao provedor de conexão que o faça.[54]

No tocante ao provedor de aplicações, atribui-se a o dever de armazenamento dos registros de acesso às aplicações que fornece o provedor quando exerce atividade de forma organizada, profissionalmente e com fins econômicos". Os parágrafos subsequentes dispõem sobre a necessidade de determinação judicial para o fornecimento de dados e a possibilidade de requisição por parte de autoridades policiais, administrativas e do Ministério Público que se guardem por mais tempo as informações sobre acesso a aplicações.[55]

O texto sugere que não faz parte do risco proveito decorrente de sua atividade a opção pelo não armazenamento.[56] O que pode a contrariar tendências juris-

---

II – multa de até dez por cento do faturamento do grupo econômico no Brasil no seu último exercício, excluídos os tributos, considerados a condição econômica do infrator e o princípio da proporcionalidade entre a gravidade da falta e a intensidade da sanção;

III – suspensão temporária das atividades que envolvam os atos previstos no artigo 11; ou IV – proibição de exercício das atividades que envolvam os atos previstos no artigo 11.

Parágrafo único. Tratando-se de empresa estrangeira, responde solidariamente pelo pagamento da multa de que trata o caput sua filial, sucursal, escritório ou estabelecimento situado no País.

53. Art. 13. Na provisão de conexão à Internet, cabe ao administrador de sistema autônomo respectivo o dever de manter os registros de conexão, sob sigilo, em ambiente controlado e de segurança, pelo prazo de um ano, nos termos do regulamento.

54. Art. 14. Na provisão de conexão, onerosa ou gratuita, é vedado guardar os registros de acesso a aplicações de Internet.

55. Art 15. O provedor de aplicações de Internet constituído na forma de pessoa jurídica, que exerça essa atividade de forma organizada, profissionalmente e com fins econômicos, deverá manter os respectivos registros de acesso a aplicações de internet, sob sigilo, em ambiente controlado e de segurança, pelo prazo de seis meses, nos termos do regulamento.

§ 1º Ordem judicial poderá obrigar, por tempo certo, os provedores de aplicações de Internet que não estão sujeitos ao disposto no caput a guardarem registros de acesso a aplicações de Internet, desde que se tratem de registros relativos a fatos específicos em período determinado.

§ 2º A autoridade policial ou administrativa ou o Ministério Público poderão requerer cautelarmente a qualquer provedor de aplicações de Internet que os registros de acesso a aplicações de Internet sejam guardados, inclusive por prazo superior ao previsto no caput, observado o disposto nos §§ 3º e 4º do art. 13.

§ 3º Em qualquer hipótese, a disponibilização ao requerente, dos registros de que trata este artigo, deverá ser precedida de autorização judicial, conforme disposto na Seção IV deste Capítulo.

§ 4º Na aplicação de sanções pelo descumprimento ao disposto neste artigo, serão considerados a natureza e a gravidade da infração, os danos dela resultantes, eventual vantagem auferida pelo infrator, as circunstâncias agravantes, os antecedentes do infrator e a reincidência.

56. Art. 17. Ressalvadas as hipóteses previstas nesta Lei, a opção por não guardar os registros de acesso a aplicações de Internet não implica responsabilidade sobre danos decorrentes do uso desses serviços por terceiros.

prudenciais que vinham se consolidando no país, causando um certo repensar sobre sua adequação no sistema jurídico.[57]

Salienta-se que, atendendo aos termos da Constituição da República, a regra é a da disponibilização dos registros mediante decisão judicial, tanto no que concerne a registros de conexão como os de acesso. O procedimento da requisição judicial é regulado também pelo projeto.[58]

---

57. V. g. "Agravo de instrumento. Cautelar de exibição de documentos. Simples alegação de impossibilidade técnica de cumprimento da decisão que não merece prosperar. Súmula 372 STJ. Aplicabilidade. Multa diária excluída. Parcial provimento do recurso. 1. No caso dos autos, alegando violação de sua conta de e-mail, o agravado quer que a agravante lhe forneça os dados necessários para identificação dos invasores de sua conta de e-mail. 2. Haja vista a fase embrionária jurídica em relação ao assunto, ainda não se concretizaram definitivamente as posições no tocante à matéria. 3. Contudo, ainda que existam muitos nichos desconhecidos em relação à internet, esse mesmo argumento não pode servir para justificar ou escusar a não aplicação da legislação que se tem à mão. 4. O Marco Civil da Internet no Brasil, submetido à segunda consulta pública, estabelece os direitos dos cidadãos brasileiros na internet. 5. Ponto muito importante e positivo do Marco Civil é a forma como propõe regular os direitos e deveres relativos aos vários dados gerados pelo usuário quando navega. 6. Os registros relativos à conexão (data e hora do início e término, duração e endereço IP vinculado ao terminal para recebimento dos pacotes) terão que ser armazenados pelo provedor de acesso à internet. 7. Em relação ao registro de acesso aos serviços de internet (e-mails, blogs, perfil nas redes sociais etc.), o provedor não tem obrigação de armazenar os dados. Mas, se o fizer, terá que informar o usuário, discriminando o tempo de armazenamento. 8. Assim, resta claro que a simples alegação de impossibilidade técnica de cumprimento à decisão, tendo em vista não mais possuir armazenados os logs de acesso com as informações das operações realizadas no mês de setembro de 2009 não tem o condão de afastar a determinação judicial concedida nos autos da Medida Cautelar. 9. Além disso, medida não trará nenhum prejuízo ao agravante já que este estará apenas fornecendo os dados necessários para identificar os possíveis violadores da conta de e-mail do autor da ação. 10. Por outro lado, em se tratando de ação de exibição de documentos, aplica-se ao caso a S. 372, STJ. 11. Mantém-se, contudo, a decisão recorrida que determinou o fornecimento dos nomes, endereços e todos os dados que a NET tiver em seus arquivos, relativos a seus contratantes que das 22:00 horas do dia 19.09.2009 às 00:44 horas do dia 20.09.2009, se utilizaram dos IPs indicados no item 1 da petição inicial (cf. fls. 60), especificando os horários de início e fim da utilização, bem como os sites na internet que foram acessados no curso da utilização. 12. Parcial provimento do agravo de instrumento para excluir a imposição da multa diária para caso de descumprimento". (TJRJ – 0013822-08.2010.8.19.0000 – Agravo de Instrumento Des. Leticia sardas – Julgamento: 30.06.2010 – Vigésima Câmara Cível).
58. Art. 22. A parte interessada poderá, com o propósito de formar conjunto probatório em processo judicial cível ou penal, em caráter incidental ou autônomo, requerer ao juiz que ordene ao responsável pela guarda o fornecimento de registros de conexão ou de registros de acesso a aplicações de Internet. Parágrafo único. Sem prejuízo dos demais requisitos legais, o requerimento deverá conter, sob pena de inadmissibilidade:
I – fundados indícios da ocorrência do ilícito;
II – justificativa motivada da utilidade dos registros solicitados para fins de investigação ou instrução probatória; e
III – período ao qual se referem os registros.
Art. 23. Cabe ao juiz tomar as providências necessárias à garantia do sigilo das informações recebidas e à preservação da intimidade, vida privada, honra e imagem do usuário, podendo determinar segredo de justiça, inclusive quanto aos pedidos de guarda de registro.

Por derradeiro, traz também as diretivas gerais para a atuação do poder público, além de atribuir à Internet a natureza transindividual.

Restringindo-se ao objeto deste trabalho, é necessário que se destaque a o regime jurídico dos "provedores de aplicações da Internet".

Conforme dito, texto conceitua aplicações da Internet como o "conjunto de funcionalidades que podem ser acessadas por meio de um terminal conectado à Internet" (art. 5º, VII). Assim, evita classificar de maneira estanque as espécies de provedores, diferenciando seu regime jurídico conforme o serviço prestado. Tal opção legislativa visa preservar a efetividade da norma, haja vista: a possibilidade de um único provedor prestar mais de um serviço (1); e grande probabilidade de surgirem outros serviços ao usuário, dada à rapidez com que novas tecnologias surgem no mercado (2).[59]

Valendo-se destas noções, trata nos artigos 18 a 20 da responsabilidade por danos decorrentes de conteúdo gerado por terceiros. Os dispositivos foram objeto de intenso debate antes e durante a tramitação do projeto. Tendo-se em vista a pertinência do debate ao tema deste trabalho, o teor específico dos dispositivos será objeto de análise posterior. Por ora, é certo afirmar que são de onde mais claramente se extrai a aparente preocupação do legislador em resguardar a liberdade de expressão, ainda que em sacrifício de outros direitos fundamentais não menos importantes.

De todo o exposto infere-se que as iniciativas legislativas em território nacional não ocultam uma preocupante realidade, a de que as tecnologias da informação e da comunicação, no Brasil, desenvolvem-se às margens de regras legais claras sobre o assunto.

Anderson Schreiber, ao aplicar a técnica da ponderação de interesses[60] à solução de casos concretos envolvendo responsabilidade civil, traz algumas

---

59. Porém, Segundo Gabriel Rocha Furtado, não resolve a questão de um mesmo conglomerado a cargo de provedores de acesso e de conteúdo, que se valeriam da lacuna no artigo 12 para guardar registro de acesso e conexão com vistas a violar a privacidade do usuário. Cf. FURTADO, Gabriel Rocha. O marco civil da internet: a construção da cidadania virtual. In: SCHREIBER, Anderson (Coord.). *Direito e mídia*. São Paulo: Atlas, 2013. p. 250.
60. A técnica da ponderação de interesses transcende os limites de estudo da responsabilidade civil. Tange à teoria dos direitos fundamentais como um todo. Em termos genéricos, a técnica da ponderação trata do sopesamento entre valores expressos por direitos fundamentais e elevados à condição de princípios, que permite que seja retirada da situação em concreto uma resposta válida apta a justificar a prevalência de um direito sobre outro. Cf. ALEXY, Robert. *Teoria dos direitos fundamentais*. Trad. de Virgílio Afonso da Silva. São Paulo: Malheiros, 2008. p. 173-174. Luís Roberto Barroso conceitua a ponderação de interesses como "uma técnica de decisão jurídica aplicável a casos difíceis, em relação aos quais a subsunção se mostrou insuficiente, sobretudo quando uma situação concreta dá ensejo à aplicação de normas de mesma hierarquia que indicam soluções diferenciadas". BARROSO, Luís Roberto. Liberdade de expressão *versus* direitos da personalidade.

premissas básicas para a solução de certos casos difíceis, para a aferição do real interesse merecedor de tutela lesado, no plano concreto, ocasionando um dano ressarcível. A primeira delas é a perquirição se há ou não norma jurídica vedando as condutas e, em caso positivo, se há ou não regra legal de prevalência entre os interesses envolvidos no caso.[61]

Em sede de relações de consumo, afirma-se que o princípio da harmonização de interesses (art. 4º, III, CDC) é o permissivo legal para a aplicação da técnica da ponderação de interesses em sede de relações de consumo. "harmonia esta não apenas fundada no tratamento das partes envolvidas [fornecedores e consumidores], como também na adoção de parâmetros de ordem prática".[62]

O artigo 4º do CDC, ademais, é considerado como uma espécie de "norma narrativa", uma vez que é aberta, sendo usada para interpretar e guiar, "iluminando" a aplicação das regras do diploma. Indicam um caminho a se seguir, servindo de inspiração, objetivo para a formulação da solução do caso concreto.[63]

Além disso, não somente o Código de Defesa do Consumidor contém regras jurídicas aplicáveis às relações jurídicas travadas por intermédio da Internet. O Código Civil, principalmente no que concerne a regras sobre responsabilidade civil e contratos, além daquelas na parte geral, capacidade, nulidades etc. também podem constituir subsídio para que se chegue à regra do caso concreto em conflitos de interesses no âmbito da net.

Ainda que haja divergências metodológicas quanto à sua operacionalização dentro do ordenamento, é inegável haver um diálogo entre leis como o Código

---

Colisão entre direitos fundamentais e critérios de ponderação. In: SARLET, Ingo Wolfgang (Org.). *Direitos fundamentais, informática e comunicação*: algumas aproximações. Porto Alegre: Livraria do advogado, 2007. p. 72. O princípio da ponderação extrai das normas constitucionais mandados de otimização através de três processos: adequação, necessidade e proporcionalidade *strictu sensu*. Nesse sentido, V. MOREIRA, Eduardo Ribeiro. *Neoconstitucionalismo*: a invasão da Constituição. São Paulo: Método, 2008. p. 102.
61. Cf. SCHREIBER, Anderson. *Novos paradigmas da responsabilidade civil*. Da erosão dos filtros de reparação à diluição dos danos. 2. ed. São Paulo: Atlas, 2009. p. 165.
62. FILOMENO, José Geraldo de Brito. Capítulo II – Da Política Nacional das Relações de Consumo. In: GRINOVER, Ada Pellegrini. *Código brasileiro de defesa do consumidor*: comentado pelos autores do anteprojeto. 8. ed. Rio de Janeiro: Forense Universitária, 2004. p. 68.
63. Cf. MARQUES, Claudia Lima. A Lei 8.078/90 e os direitos básicos do consumidor. In: BENJAMIN, Antonio Herman V.; MARQUES, Claudia Lima; BESSA, Leonardo Rocoe. *Manual de direito do consumidor*. 2. ed. rev., atual. e ampl. São Paulo: Ed. RT, 2009. p. 56-57. Explica, ainda, a autora que o conceito de "norma narrativa" se deve a Erik Jayme, a quem a noção de normas programáticas parece demasiado vaga, carecendo de eficácia prática. Cf. JAYME, Erik. Considerations hisorique et actuelles sur la codificacion Du droit internationel privé. *Recuel de cours de l'académie de la Haye*, n. 177, p. 23 e ss. Apud MARQUES, Claudia Lima. Ibidem. p. 56.

Civil e Código do Consumidor, ainda que guardem seu fundamento último na Constituição da República.[64]

Contudo, especificamente acerca da responsabilidade civil na Internet, conforme o exposto anteriormente, uma afirmação se impõe: muitas relações jurídicas se desenvolveram à míngua de regras legais que se atentem às peculiaridades da Rede.

Este é o desafio inicial, que somente pode ser transposto por uma abordagem interdisciplinar, que conglobe esforços doutrinários e jurisprudenciais em responder às demandas sociais apresentadas. A questão atinente ao regime de responsabilidade adotado pelo Marco civil será retomada em momento posterior.

1.1.6 LGPD – A Lei Geral de Proteção de Dados Pessoais (Lei 13.709/2018)

Além do Marco Civil, importa compreendermos de forma simplificada o impacto da LGPD no ordenamento brasileiro.

O Direito, diante da crescente presença virtual e produção massiva de dados, buscou regulamentar as relações no mundo digital. Vários países, inspirados pelo Regulamento Geral sobre a Proteção de Dados (RGPD) da União Europeia, legislaram sobre proteção de dados, incluindo o Privacy Act da Nova Zelândia, o PIPEDA do Canadá, a Ley de Protección de Los Datos Personales da Argentina, entre outros.

No Brasil, a Lei Geral de Proteção de Dados (LGPD), inspirada pelo RGPD, foi promulgada em 2018. Antes dela, normas esparsas tratavam da proteção de dados. A LGPD visa uniformizar a proteção de dados, evitando oscilações entre setores econômicos. Além disso, a legislação reflete a preocupação com a dimensão internacional do tratamento de dados, buscando evitar "zonas de não direito".

A LGPD protege dados pessoais nos ambientes físico e digital, sendo um marco normativo nacional. Destaca-se a tutela centrada na pessoa humana e a busca por assegurar direitos fundamentais, como liberdade e privacidade. A pro-

---

64. Há algumas controvérsias entre o chamado "Diálogo das fontes" e a aplicação direta dos princípios constitucionais às relações entre privados. V. MARQUES, Claudia Lima. Três tipos de diálogos entre o código de defesa do consumidor e o código civil de 2002: superação das antinomias pelo "diálogo das fontes". In: PFEIFER, Roberto A.C.; PASQUALOTTO, Adalberto. *Código de Defesa do Consumidor e o Código Civil de 2002*: convergências e assimetrias. São Paulo: Ed. RT, 2005. p. 11 e ss. O que parece certo é que a relação entre CC e CDC não é nem de exclusão nem de especialidade, mas apenas de complementaridade mútua. Ressalta-se que o CDC tem por escopo constitucional a tutela de bens jurídicos diversos do CC. Cf. TEPEDINO, Gustavo. *Temas de Direito Civil*. Rio de Janeiro: Renovar, 2006. p. 408. E, conforme se verá, as relações na Internet são, primordialmente, de natureza consumerista. Principalmente nos sites de redes sociais.

teção de dados visa impedir falhas de segurança que permitam a coleta indevida de informações pessoais.

Tal proteção se faz necessária, uma vez que a coleta massiva de dados é realizada, muitas vezes, sem o pleno conhecimento e consentimento dos usuários, levantando questões éticas e legais sobre a privacidade e o controle das informações pessoais.[65]

A lei enfatiza o direito à liberdade, considerando seus aspectos positivos e negativos. A liberdade positiva refere-se à autonomia do indivíduo para fazer escolhas sem orientação externa, enquanto a liberdade negativa assegura a ausência de coerção externa. A LGPD não especifica o tipo de liberdade, focando na defesa dos direitos fundamentais.

A privacidade, associada à proteção de dados, ganhou destaque com a LGPD, elevando-a a um patamar superior na legislação brasileira. O conceito de privacidade abrange a intimidade, vida privada, honra e imagem, além de ser uma garantia contra os efeitos do capitalismo de vigilância. Este modelo econômico, baseado na coleta massiva de dados para extração de valor, levanta questões éticas e legais sobre privacidade e controle de informações pessoais.

A LGPD, como resposta ao capitalismo de vigilância,[66] busca estabelecer um arcabouço legal que proteja a privacidade e os direitos dos usuários, garantindo transparência e controle sobre o uso de dados. Em meio aos desafios, a legislação emerge como um instrumento para frear e transformar as práticas do capitalismo de vigilância, protegendo os cidadãos contra a extração descontrolada de dados e suas implicações.

Longhi[67] afirma que não importa por onde as informações trafeguem, mas sim de onde partem e para onde vão, trabalhando-se, portanto, com a coleta, tratamento e fluxo de informações. Assim, importa pensarmos que o destino dos dados pode ser uma base de dados utilizada para fins eleitorais, como o

---

65. RODRIGUES, Gustavo Alarcon; CARDOSO, Matthäus Marçal Pavanini; MARCHETTO, Patrícia Borba. Algoritmos regulatórios enquanto ferramentas biopolíticas. In: MARCHETTO, Patricia Borba et al. *Temas fundamentais de direito e bioética*. São Paulo: Cultura Acadêmica, 2021, v. 2, p. 11-23.
66. Segundo Zuboff (2021) O capitalismo de vigilância representa uma modalidade sem fronteiras que transcende distinções tradicionais entre mercado e sociedade, mercado e mundo, ou mercado e indivíduo. Essa forma econômica visa o lucro, onde a produção está subordinada à extração. Os capitalistas de vigilância buscam o controle unilateral sobre territórios humanos, sociais e políticos, ultrapassando as fronteiras institucionais convencionais de empresas privadas ou do mercado. ZUBOFF, Shoshana. *A era do capitalismo de vigilância* – A luta por um futuro humano na nova fronteira do poder. Rio de Janeiro: Intrínseca. 2021. E-Book.
67. LONGHI, João Victor Rozatti. Os perfis falsos em redes e a responsabilidade civil dos provedores de aplicação. In: FALEIROS JÚNIOR, José Luiz de Moura; LONGHI, João Victor Rozatti; GUGLIARA, Rodrigo (Org.). *Proteção de dados pessoais na sociedade da informação* – entre dados e danos. Indaiatuba, SP: Editora Foco, 2021. p. 175-190.

direcionamento de conteúdo potencialmente falso acerca de temas ligados às eleições. Nesse sentido, como veremos mais à frente, as Resoluções mais recentes do TSE visam reforçar as noções da LGPD com escopo específico das eleições e da propaganda eleitoral.

1.2 REDES SOCIAIS: *QUID JURIS*?

A compreensão exata acerca do conceito e abrangência de rede social foge ao escopo maior deste trabalho. Entretanto, tem-se que, na década de 90, um conceito bastante difundido para ilustrar e, principalmente, atrair investimentos em ferramentas interativas de comunicação foi o de capital social.[68] Advinda principalmente da economia, a noção de capital social sugere que as relações entre os indivíduos em determinado grupo social têm, por si só, um grande valor a ser mensurado e, satisfeitas determinadas condições, paulatinamente aumentado.

Raquel Recuero[69] nos explica que as ferramentas de comunicação mediada pelo computador geram determinadas formas de expressão que auxiliam a individualizar os atores que tomarão parte na interação. Essas formas de expressão constituem os nós dessas redes sociais e as interações desse sistema são o substrato dos laços que se formam na Rede, podendo ser fortes ou fracos. A intensidade das trocas denota a qualidade dos laços. Essas interações são o que constitui o capital social, o qual, negociado entre os atores, permite o aprofundamento dos laços e, portanto, a sedimentação dos grupos.

A formulação não está imune a críticas,[70] mas é certo que, para muitos, a possibilidade de conexão e comunicação entre as pessoas a partir do desenvolvi-

---

68. Segundo Francis Fukuyama: "Social capital is important to the efficient functioning of modern economies, and is the sine qua non of stable liberal democracy. It constitutes the cultural component of modern societies, which in other respects have been organized since the Enlightenment on the basis of formal institutions, the rule of law and rationality. Building social capital has typically been seen as a task for 'second generation' economic reform; but unlike economic policies or even economic institutions, social capital cannot be so easily created or shaped by public policy. This paper will define social capital, explore its economic and political functions, as well as its origins, and make some suggestions for how it can be cultivated. FUKUYAMA, Francis. Social capital, civil society and Development". *Third World Quarterly*, v. 22, n. 1, p. 7-20, 2001. Disponível em: http://home.ku.edu.tr/~dyukseker/fukuyama-socialcapital.pdf. Acesso em: 08 abr. 2014.
69. Cf. RECUERO, Raquel. *Redes sociais na Internet*. Porto Alegre: Sulina, 2009. p. 55.
70. Usar a expressão "capital social" é – como se diz na roça – "bater na canga pro boi ouvir" (o boi, no caso, são os *policymakers* que tiveram suas cabeças feitas pelos economistas ou, então, aqueles sociólogos cujo maior desejo é serem levados a sério pelos economistas). Dizer que aquela externalidade que é conotada pela expressão "capital social" é um capital – em sentido metafórico – significa chamar a atenção das pessoas para o fato de que se está diante de um recurso para o desenvolvimento tão importante como se fosse o capital (propriamente dito, físico ou financeiro). FRANCO, Augusto de. *Escola de Redes*: Novas visões sobre a sociedade, o desenvolvimento, a Internet, a política e o mundo globalizado. Domínio Público: Augusto de Franco para Escola-de-Redes, 2008. p. 160.

mento tecnológico abriu portas à consecução de um novo paradigma relacional, o de uma sociedade cujos confins geográficos já não se podem determinar, ao passo que as conexões desconhecem fronteiras físicas.

Assim, a grande riqueza das redes virtuais é a possibilidade de fortalecimento dos laços entre os atores e o exercício dessas interações de forma jamais pensada anteriormente. Segundo Yochai Benkler, a economia das redes aumenta a capacidade dos indivíduos de fazer mais para si e por si sós, superando os limites das estruturas sociais hierarquicamente estratificadas, além de fazê-los atuar em organizações que não somente são movidas por regras de mercado.[71]

Portanto, o desenvolvimento de ferramentas que possibilitem que mais e mais pessoas se agreguem pelos seus interesses comuns é, antes de tudo, um negócio lucrativo. E, conforme se verá a seguir, a proliferação dessas tecnologias é, hoje, uma realidade em todo o mundo, razão pela qual é objeto de discussões em inúmeros campos do conhecimento, dentre os quais o Direito.

1.2.1 Conceito e funcionamento

> "Assim, numa tese de filosofia, decerto não será necessário começar por explicar o que é a filosofia, nem numa tese de vulcanologia o que são os vulcões, mas imediatamente abaixo deste nível de evidência, será sempre conveniente fornecer ao leitor todas as informações necessárias."[72]

As lições de Umberto Eco ilustram bem a dificuldade de se conceituar preliminarmente algo com certo grau de generalidade e abstração, sob pena de se pecar pela redundância. Entretanto, como introito, faz-se por bem aclarar o significado de site. Segundo Guilherme Magalhães Martins:

> Site é uma localidade, localização, ou seja, qualquer endereço na Internet. É constituído de um conjunto de páginas web, reciprocamente ligadas entre si por meio de *hyperlinks* e somente acessíveis por intermédio de uma página inicial (*home page*). Logo, trata-se, literalmente de um "lugar" virtual, situado em algum endereço eletrônico da *World Wide Web*.[73]

---

71. In Verbis: "The networked information economy improves the practical capacities of individuals along three dimensions: (1) it improves their capacity to do more for and by themselves; (2) it enhances their capacity to do more in loose commonality with others, without being constrained to organize their relationship through a price system or in traditional hierarchical models of social and economic organization; and (3) it improves the capacity of individuals to do more in formal organizations that operate outside the market sphere". BENKLER, Yochai. *The wealth of networks*: how social production transforms markets and freedom. New Heaven/London: Yale University Press, 2006. p. 7.
72. ECO, UMBERTO. *Como se faz uma tese em ciências humanas*. 13. ed. Trad. Ana Falcão Bastos e Luis Leitão. Queluz de Baixo: Editora Presença. p. 162.
73. MARTINS, Guilherme Magalhães. *Responsabilidade Civil por Acidentes de Consumo na Internet*. São Paulo: Ed. RT, 2008. p. 392.

Para que se chegue ao *site*, ao local na rede, é necessário que o usuário saiba "aonde quer ir". Os computadores se comunicam por linguagem binária e seus protocolos numéricos podem ser criptografados de inúmeras formas.

Nos anos 60 do século anterior, uma equipe de engenheiros[74] tinha a missão de criar um *standard* único para que os computadores pudessem se comunicar entre si. Surge, assim, o protocolo TCP/IP[75] que determina onde os dados desfragmentados pudessem se encontrar.

Para facilitar a compreensão do homem, foi desenvolvido o sistema dos nomes de domínios, ou seja, uma correspondente combinação entre nomes e números mais fácil de ser concebida pelos seres humanos e com maior apelo comercial.[76]

Sucede que apenas um único nome é capaz de levar a uma determinada combinação, tornando aquele específico conjunto de algoritmos um bem suscetível de apropriação.[77] No Brasil, o órgão responsável pela gestão da atribuição de registro de nomes de domínio é o Núcleo de Informação e Coordenação do ponto BR (NIC.br), ligado ao Comitê Gestor da Internet no Brasil.[78]

---

74. *International Engeneering Task Force* Disponível em: www.ietf.org. Acesso em: 08 abr. 2014.
75. Sigla que significa *Transfer Control Protocol* e *Internet Protocol*, respectivamente.
76. Nesse sentido, Carlos Affonso Pereira de Souza e Bruno Magrani: "Antes do uso dos nomes de domínio – tais como *www.fgv.br* –, apenas números eram utilizados. Por meio deles, um computador encontrava outro na rede. Esses números têm uma forma parecida com 200.180.162.107, ou ainda 68.8.19.117. Eles desempenham a mesma função que os nomes de domínio, qual seja, permitir que um computador encontre outro na rede. Por motivos óbvios, os nomes de domínio surgiram como um mecanismo para facilitar a memorização e a utilização dos endereços na Internet, já que é muito mais fácil lembrar e utilizar um endereço como www.msn.com do que digitar um número como 207.68.176.250.47". SOUZA, Carlos Affonso Pereira de; MAGRANI, Bruno. Nomes de domínio. In: LEMOS, Ronaldo. *Propriedade intelectual*. Roteiro de curso 2010.1 Rio de Janeiro: FGV, 2010. p. 146-147.
77. Bens susceptíveis de apropriação são uma noção da economia diametralmente oposta àqueles bens livres, *res comune*, cujo uso de um não exclui o uso por outro e qualquer um pode dele tirar proveito simultaneamente. Exemplo recorrente na doutrina são os bens intelectuais, como a teoria da relatividade de Einstein. São chamados pela doutrina norte-americana de *commons*. Acerca, Lawrence Lessig: "*Einstein's theory of relativity is a commons. It is a resource – a way of understanding the nature of the universe – that is open and free for anyone to take. Access to this resource is not auctioned off to the highest bidder; the right to use the theory is not allocated to a single organization*". LESSIG, Lawrence. *The future of ideas*: the fate of the commons in a connected world. New York: Random House, 2001. p. 20. Sendo assim, um bem que pode ser controlado, reduzido a valores proprietários, o é porque seu uso invariavelmente exclui o uso de outro, tal como o suporte físico de uma obra intelectual, ou mesmo uma combinação de números que, traduzida por uma linguagem de criptografia, se transforma em uma combinação de letras, como os nomes de domínios.
78. "O Núcleo de Informação e Coordenação do Ponto BR é uma entidade civil, sem fins lucrativos, que desde dezembro de 2005 implementa as decisões e projetos do Comitê Gestor da Internet no Brasil, conforme explicitado no comunicado ao público e no estatuto do NIC.br". Cf. NÚCLEO DE INFORMAÇÃO E COORDENAÇÃO DO PONTO BR. Sobre o NIC.br. Disponível em: http://www.nic.br/sobre-nic/index.html. Acesso em: 20 mar. 2014. Para um apanhado histórico e crítico acerca tanto

Dessa maneira, os domínios da rede funcionam como meros recipientes do conteúdo que se visa neles hospedar. Consequentemente, aquele intermediário que oferece a seus usuários espaço em disco para que sejam disponibilizadas informações a serem acessadas por qualquer um ao se dirigir ao sítio virtual é denominado Provedor de Serviços de Hospedagem. Segundo Marcel Leonardi:

> O provedor de hospedagem é a pessoa jurídica que fornece o serviço de armazenamento de dados em servidores próprios de acesso remoto, possibilitando o acesso de terceiros a esses dados, de acordo com as condições estabelecidas para o contratante do serviço.[79]

Portanto, funcionam desta forma os *sites* de redes sociais. Através de um domínio, o provedor dá a possibilidade de criação e manutenção de uma conta de usuário, com senha própria. Ao acessá-la, tem a possibilidade de administrar as informações que por ele são inseridas e disponibilizadas de acordo com as regras de cada site, estendendo-se desde um nome, cidade onde supostamente vive, até imagens, vídeos etc.[80]

É o caso, por exemplo, das diversas redes sociais que se concretizaram como parte do cotidiano brasileiro na última década. Segundo estudo realizado pelas empresas de monitoramento de mídia online *We are social* e *Meltwater*,[81] o *Facebook*, por exemplo, é utilizado por mais de cinquenta por cento da população brasileira. O Estudo aponta ainda que outras redes, como o Instagram, o TikTok, o Youtube, o X[82] e o Linkedin apresentam, de igual maneira, parte considerável dos hábitos de navegação dos brasileiros.

Danah M. Boyd e Nicole B. Ellison apontam as características principais dos sites de redes sociais. São aqueles que permitem aos usuários: (1) a construção de um perfil público ou semipúblico em um sistema que os liga permanentemente de alguma maneira; (2) a articulação com muitos usuários, possibilitando-se a

---

do modelo *multistakeholder* como de suas raízes, no Brasil, V. LEMOS, Ronaldo. *Direito, Tecnologia e cultura*. Rio de Janeiro: Editora FGV, 2005. p. 105 e ss.

79. LEONARDI, Marcel. *Responsabilidade civil dos provedores de serviço de Internet*. São Paulo: Juarez de Oliveira, 2005. p. 27.
80. Corrobora conosco, Guilherme Magalhães Martins: "Os chamados *sites de relacionamento*, como Orkut, podem ser considerados provedores de hospedagem, assim como os *sites* voltados à divulgação de vídeos ou imagens, como *YouTube*, atuando o prestador de serviços, em ambos os casos, como intermediários entre o autor da informação e o público em geral". MARTINS, Guilherme Magalhães. Op. cit., p. 284.
81. O estudo completo analisa os números de usuários, bem como sua evolução nos últimos anos e pode ser consultado no https://datareportal.com/reports/digital-2023-brazil. Acesso em: 25 nov. 2023.
82. O X anteriormente era chamado de Twitter e por essa razão, por vezes será chamado assim, sobretudo quando analisamos jurisprudência.

comunicação entre eles (3) ver e compartilhar sua lista de contatos e a de outros usuários por meio do próprio sistema.[83]

Nesse diapasão, a principal consequência da manutenção e desenvolvimento de um *site* de rede social é a possibilidade de exploração do capital social a ele inerente. Entretanto, adverte Raquel Recuero que o capital social desses sítios, por si só, não é apto a estreitar os laços entre os indivíduos. Dessa maneira, seria necessário um "maior investimento" por parte dos atores dessas redes para que se aprofundem os laços, atingindo níveis mais satisfatórios de capital social.[84]

Atentos a esta realidade, os provedores desenvolvem diuturnamente novas ferramentas com o intuito de atrair usuários e mantê-los sempre conectados. Ademais, fomentam o desenvolvimento de tecnologias capazes de captar novos adeptos, valendo-se de sofisticadas técnicas de publicidade e marketing.

Uma vez que os usuários fiquem ligados ao site, a principal forma de se valer dos dados por eles fornecidos é através do chamado marketing dirigido, ou monitoramento comportamental. Este tipo de prática, ora velada, ora explícita, vem sendo objeto de questionamentos ao redor do mundo.

A título de exemplo, o relatório da Autoridade Canadense para a proteção da Privacidade (*Office of the Privacy Commissioner of Canada – OPC*) acerca da política de privacidade praticada pelo provedor administrado pelo site *Facebook. com*. Iniciadas no ano de 2008, as investigações foram cruciais para a alteração de muitas das regras de uso do site no país, o que, posteriormente, tomou amplitude internacional.[85]

As noções até então expostas advêm majoritariamente de estudos desenvolvidos pela teoria da comunicação, sociologia, economia, dentre outras disciplinas que se ocupam do fenômeno dos sites de redes sociais há mais tempo. Entretanto, a compreensão dessas novas formas de exteriorização das relações sociais é de

---

83. Cf. BOYD, Dannah M.; ELLISON, Nicole B. Social network sites: Definition, history, and scholarship. *Journal of Computer-Mediated Communication*, 13 (1), article 11. 2007. Disponível em: http://jcmc.indiana.edu/vol13/issue1/boyd.ellison.html. Acesso em: 21 abr. 2014. No original: "*We define social network sites as web-based services that allow individuals to (1) construct a public or semi-public profile within a bounded system, (2) articulate a list of other users with whom they share a connection, and (3) view and traverse their list of connections and those made by others within the system. The nature and nomenclature of these connections may vary from site to site*".
84. Cf. RECUERO, Raquel. Op. cit., p. 115.
85. "*Facebook has changed its policies on advertising since our report [...]. In general, the findings of the OPC investigations may be divided into two main categories: some Facebook practices had to change and some practices needed to be better explained. The latter applied to targeted and behavioral online advertising*". BERNIER, Chantal. *Online Behavioral Advertising and Canada's Investigation on Facebook. Speech – 6th July, 2010*. Disponível em: http://www.priv.gc.ca/speech/2010/sp-d_20100706_cb_e.cfm. Acesso em: 21 abr. 2014.

crucial importância para o delineamento de seu regime jurídico, conforme se verá a seguir.

1.2.2 Regime jurídico

Expostas as linhas mestras acerca do funcionamento dos sites de redes sociais, convém analisarmos seus desdobramentos quanto às situações jurídicas de usuários e provedores nas relações travadas entre eles. As asseverações anteriores refletem certos pontos nevrálgicos, cujas peculiaridades determinam qual o sistema de responsabilidade civil aplicável, tema ao qual este trabalho se adstringirá.

Sucede que muitas das pretensões buscadas pelos ofendidos exigem prestações específicas dos provedores de aplicação que administram as redes sociais. Retirada de conteúdo,[86] fornecimento de dados pessoais de usuários, dentre muitas outras.

Os provedores, em sua defesa, passaram a se apoiar em uma série de possíveis prerrogativas em seu favor.

A primeira delas, uma regra comumente presente em seus termos uso, em que se decide a lei de qual jurisdição se aplica em casos de conflitos de interesses.

---

86. Direito civil, infantojuvenil e telemático. Provedor de aplicação. Rede social. Danos morais e à imagem. Publicação ofensiva. Conteúdo envolvendo menor de idade. Retirada. Ordem judicial. Desnecessidade. Proteção integral. Dever de toda a sociedade. Omissão relevante. Responsabilidade civil configurada. 1. O Estatuto da Criança e do Adolescente (art. 18) e a Constituição Federal (art. 227) impõem, como dever de toda a sociedade, zelar pela dignidade da criança e do adolescente, colocando-os a salvo de toda forma de negligência, discriminação, exploração, violência, crueldade e opressão, com a finalidade, inclusive, de evitar qualquer tipo de tratamento vexatório ou constrangedor. 1.1. As leis protetivas do direito da infância e da adolescência possuem natureza especialíssima, pertencendo à categoria de diploma legal que se propaga por todas as demais normas, com a função de proteger sujeitos específicos, ainda que também estejam sob a tutela de outras leis especiais. 1.2. Para atender ao princípio da proteção integral consagrado no direito infantojuvenil, é dever do provedor de aplicação na rede mundial de computadores (Internet) proceder à retirada de conteúdo envolvendo menor de idade – relacionado à acusação de que seu genitor havia praticado crimes de natureza sexual – logo após ser formalmente comunicado da publicação ofensiva, independentemente de ordem judicial. 2. O provedor de aplicação que, após notificado, nega-se a excluir publicação ofensiva envolvendo menor de idade, deve ser responsabilizado civilmente, cabendo impor-lhe o pagamento de indenização pelos danos morais causados à vítima da ofensa. 2.1. A responsabilidade civil, em tal circunstância, deve ser analisada sob o enfoque da relevante omissão de sua conduta, pois deixou de adotar providências que, indubitavelmente sob seu alcance, minimizariam os efeitos do ato danoso praticado por terceiro, o que era seu dever. 2.2. Nesses termos, afigura-se insuficiente a aplicação isolada do art. 19 da Lei Federal 12.965/2014, o qual, interpretado à luz do art. 5º, X, da Constituição Federal, não impede a responsabilização do provedor de serviços por outras formas de atos ilícitos, que não se limitam ao descumprimento da ordem judicial a que se refere o dispositivo da lei especial. 3. Recurso especial a que se nega provimento. (REsp 1.783.269/MG, relator Ministro Antonio Carlos Ferreira, Quarta Turma, julgado em 14.12.2021, DJe de 18.02.2022.)

Entretanto, emerge de imediato a questão acerca do porquê de tal dispositivo obrigar o usuário, uma vez imposto unilateralmente pelo provedor. A resposta reside na natureza jurídica dos termos de uso do site.

Carlos Alberto Rohrmann nos explica que, com o desenvolvimento do comércio eletrônico, uma técnica passou a ser muito utilizada por fornecedores de produtos e serviços *online*. Trata-se da disponibilização de um texto contendo cláusulas de um contrato com a possibilidade de, ao final, o usuário assinalar a opção "li, entendi e concordo com todos os termos do contrato". São os chamados contratos por clique ou *clickwrap agreements*.[87]

Dessa maneira, malgrado ainda haja discussões sobre sua validade, é certo que os termos de uso de determinado sítio virtual são cláusulas às quais adere o contrato firmado entre o usuário e o provedor.[88] Cláusulas gerais de um contrato por adesão, portanto.

Posto isto, a cláusula contratual em que se anui qual a jurisdição aplicável é a chamada cláusula de eleição de foro. Segundo o artigo 63, *caput*, do Código de Processo Civil, "As partes podem modificar a competência em razão do valor e do território, elegendo foro onde será proposta ação oriunda de direitos e obrigações." Ou seja, as partes somente podem alterar de comum acordo as regras acerca da competência relativa,[89] de forma escrita e aludindo expressamente a determinado negócio jurídico (art. 63, § 1º, CPC).

Entretanto, com a massificação das relações contratuais e a crescente disparidade entre as partes, típica do momento histórico atual, é cada vez mais restrita a autonomia privada em objetos como estes. Por isso, o antigo CPC previa, em seu parágrafo único do artigo 112, a possibilidade de o juiz decretar de ofício a nulidade de tal cláusula, se celebrada em contrato de adesão. Tal previsão foi substituída

---

87. Cf. ROHRMANN, Carlos Alberto. *Curso de direito virtual*. Belo Horizonte: Del Rey, 2005. p. 60.
88. "Não se pode falar em adesão de contratante a condições gerais porque elas se aplicam independentemente de consentimento. O que adere – liga, une, cola – às condições gerais é o contrato individual quando se conclui (dito contrato de adesão). É o contrato que adere e não o contratante, pois sua adesão é irrelevante. O contrato de adesão não é geral, mas particular. Gerais são as condições predispostas às quais adere necessariamente". LÔBO, Paulo Luiz Netto. Condições gerais dos contratos e o novo código civil. AZEVEDO, Antonio Junqueira de; TÔRRES, Heleno Taveira; CARBONE, Paolo. *Princípios do novo código civil brasileiro e outros temas*. 2. ed. São Paulo: Quartier Latin, 2010. p. 553.
89. "Tratando-se de competência relativa, as partes podem alterá-la de comum acordo. É a chamada cláusula de eleição de foro (art. 111). Por exemplo: um litígio que surgisse de um contrato seria, pelas regras legais, de competência da comarca X ou Y. As partes podem, porém, prever no contrato apenas a comarca X como competente, ou, ainda, apenas a comarca Y, ou, mesmo, uma terceira, Z, que a princípio nem seria a competente". WAMBIER, Luiz Rodrigues; ALMEIDA, Flávio Renato Correia de; TALAMINI, Eduardo. *Curso avançado de processo civil*. 8. ed. atual., rev. e ampl. São Paulo: Ed. RT, 2007. 1º v. p. 96.

pelo art. 64, § 1º do CPC/2015, que prevê que "a incompetência absoluta pode ser alegada em qualquer tempo e grau de jurisdição e deve ser declarada de ofício".

Em se tratando de contratos firmados via Internet, o caso é ainda mais delicado. Afinal, uma de suas inegáveis características é o da chamada "desterritorialização" das relações humanas.[90] Logo, a cláusula de eleição de foro em contratos essencialmente díspares como aqueles entre provedor e usuário da Internet deve ser considerada nula pela sua abusividade, "pois não seria viável, por exemplo, propor-se uma ação de responsabilidade civil nos EUA,"[91] caso haja um usuário brasileiro sofra um dano moral.

Nesse diapasão, a jurisprudência nacional se consolidou nesse sentido, declarando competente o judiciário brasileiro para julgar lides envolvendo relações jurídicas entre usuários brasileiros e provedores estrangeiros. Assim se se solidificou a jurisprudência do STJ:

> Empresas que prestam serviços de aplicação na internet em território brasileiro devem se submeter ao ordenamento jurídico pátrio independentemente da circunstância de possuírem filiais no Brasil ou de realizarem armazenamento de dados em nuvem.[92]

Compreendendo mais adequadamente o problema, a doutrina brasileira passou a considerar a possibilidade de caracterizar a relação entre provedor de hospedagem e usuário como uma relação de consumo. E seus reflexos na práxis são claros. O principal fundamento aponta para a existência de remuneração

---

90. "A maior tendência da Internet é para a globalização, justamente, porque, no meio eletrônico, desaparecem os limites (*borders*) estatais e territoriais. O mundo eletrônico (*cyberworld*) teve como efeito a desterritorialização ou, para muitos, a desnacionalização dos negócios jurídicos. No *cyberspace*, a noção de soberania clássica estatal (estatal-jurídica ou política), isto é, fazer leis, impor leis e julgar as condutas, rendendo efetivas as leis postas pelo Estado (*enforceability*) diminui sua força (ou mesmo desaparece, para alguns). É bastante difícil tornar efetiva a regulamentação estatal ou assegurar competência das jurisdições estatais na Internet". MARQUES, Claudia Lima. *Confiança no comércio eletrônico e a proteção do consumidor (um estudo dos negócios jurídicos de consumo no comércio eletrônico)*. São Paulo: Ed. RT, 2004. p. 89.
91. MULHOLLAND, Caitlin. *Internet e contratação*: panorama das relações contratuais eletrônicas de consumo. Rio de Janeiro: Renovar, 2006. p. 138.
92. Art. 11 do Marco Civil da Internet Julgados: RMS 66392/RS, Rel. Ministro João Otávio De Noronha, Quinta Turma, julgado em 16.08.2022, DJe 19.08.2022; AgRg no RMS 65097/RS, Rel. Ministro Antonio Saldanha Palheiro, Sexta Turma, julgado em 10.08.2021, DJe 16.08.2021; REsp 1776418/SP, Rel. Ministra Nancy Andrighi, Terceira Turma, julgado em 03.11.2020, DJe 19.11.2020; RHC 88142/DF, Rel. Ministro Rogerio Schietti Cruz, Sexta Turma, julgado em 22.10.2019, DJe 29.10.2019; RMS 53213/RS, Rel. Ministro Ribeiro Dantas, Quinta Turma, julgado em 07.05.2019, DJe 13.05.2019; AgRg no REsp 1667283/PR, Rel. Ministro Felix Fischer, Quinta Turma, julgado em 04.12.2018, DJe 12.12.2018. (Vide Informativo de Jurisprudência n. 750).
BRASIL, Superior Tribunal de Justiça. Jurisprudência em teses n. 222. Disponível em: https://www.stj.jus.br/docs_internet/jurisprudencia/jurisprudenciaemteses/Jurisprudencia%20em%20Teses%20222%20-%20Marco%20Civil%20da%20Internet%20-%20Lei%20N%2012%20965%202014.pdf. Acesso em: 24 jan. 2024.

indireta do provedor de hospedagem, ao se valer dos dados inseridos pelos usuários para lhes oferecer publicidade.

Sabe-se que a constatação de que determinada relação é de consumo passa por inúmeros passos. O artigo 2º do Código de Proteção e Defesa do Consumidor conceitua consumidor como todo aquele que "adquire ou utiliza produto ou serviço como destinatário final". Por seu turno, no que concerne ao conceito de fornecedor, especificamente o de serviços, art. 3º, § 2º, a pedra angular está no conceito de "remuneração".

Entretanto, Claudia Lima Marques assevera que distinguir as relações de consumo das demais é um desafio, uma vez que "o direito do Consumidor é um direito para os desiguais, forte, protetor, e assim tem um campo de aplicação subjetivamente especial".[93] Por isso, a doutrina aponta inúmeros traços típicos para que determinada relação jurídica possa caracterizar uma relação de consumo, invocando-se a tutela especial do CDC.

Primeiramente, ao interpretar a expressão "destinatário final", cindem-se duas correntes: finalista e maximalista. Para aqueles, a expressão deve ser compreendida como destinatário final e econômico dos bens e serviços fornecidos pelos fornecedores. Já para estes, o consumidor seria apenas o fornecedor não profissional, ou seja, aquele que não tem por fim o lucro em sua atividade corriqueira.

O que se salienta é que para os finalistas, a vulnerabilidade deverá ser constatada em concreto e para os maximalistas a vulnerabilidade deve ser compreendida em abstrato. No STJ, tem prevalecido o finalismo, desenvolvendo-se a ideia do finalismo aprofundado, cujo nódulo reside na constatação da vulnerabilidade de uma das partes para que se invoque a tutela consumerista.[94]

---

93. MARQUES, Claudia Lima; BENJAMIN, Antonio Herman V.; BESSA, Leonardo Roscoe. *Manual de direito do consumidor*. 2. ed. rev., atual e ampl. São Paulo: Ed. RT, 2009. p. 69.
94. Agravo regimental. Agravo em recurso especial. Responsabilidade civil. Venda pela internet. Cartão de crédito clonado.
    Inaplicabilidade do Código Consumerista. Interpretação de cláusula contratual e reexame de provas. Descabimento. Súmulas STJ/5 e 7.
    Decisão agravada mantida. Improvimento.
    1. A jurisprudência desta Corte tem mitigado a teoria finalista para autorizar a incidência do Código de Defesa do Consumidor nas hipóteses em que a parte (pessoa física ou jurídica), embora não seja tecnicamente a destinatária final do produto ou serviço, se apresenta em situação de vulnerabilidade, hipótese não observada caso dos autos.
    2. No que tange ao dever de indenizar, ultrapassar e infirmar a conclusão alcançada pelo Acórdão recorrido – existência de relação jurídica entre as partes – demandaria o reexame do contrato, dos fatos e das provas presentes no processo, o que é incabível na estreita via especial. Incidem as Súmulas 5 e 7 desta Corte.
    3. Agravo Regimental improvido.

"Vulnerabilidade é uma situação permanente ou provisória, individual ou coletiva, que fragiliza enfraquece o sujeito de direitos, desequilibrando a relação de consumo. Vulnerabilidade é uma característica, um estado do sujeito mais fraco, um sinal de necessidade de proteção".[95] Enumeram-se, ademais, quatro espécies de vulnerabilidade: técnica, jurídica, econômica e informacional. A última toca especialmente à Internet.

Com efeito, a traça-se a distinção entre remuneração direta, aproximando-se aos moldes do negócio jurídico oneroso do direito civil, e remuneração indireta, geralmente quando há gratuidade aparente, mas há oferecimento de publicidade, ou algum outro ônus implícito ao consumidor. Antes, o fato era apenas baseado na possibilidade de acesso a empresas ao banco de dados do provedor. Entretanto, hoje, a exploração da publicidade nos sites de relacionamento é clara, não havendo, em tese, porque negá-la.

Entretanto, como se verá, ainda que ontologicamente dentro da lógica da relação de consumo, as relações entre provedores e usuários de aplicações de internet – com enfoque nas redes sociais, parece atender a lógica própria, especialmente pelo já citado Marco Civil da Internet.

1.2.3 Responsabilidade civil nas redes sociais

Configurada a relação de consumo nos sites de relacionamento, quem trava relações de hospedagem de conteúdo dos dados fornecidos pelo consumidor, seja em forma de palavras, imagens e assim por diante, submeter-se-ia em tese ao regime de responsabilidade civil por acidentes de consumo presente no CPDC.

Afirma Bruno Miragem que os regimes de responsabilidade dos provedores de Internet, embora possam variar quanto à norma aplicável, assemelham-se quanto às consequências. Assim, ainda que se entenda pela aplicação do Código Civil, em muitos casos, a atividade habitualmente desenvolvida é capaz por si só de ocasionar a responsabilidade por risco da atividade, nos termos do parágrafo único do art. 927 do Código Civil. Logo, dão causa a risco de danos a terceiros, aproximando-se "sensivelmente do regime de responsabilidade por danos imposto aos fornecedores de serviço do Código de Defesa do Consumidor".[96]

AgRg no AREsp 328.043/GO, Rel. Ministro Sidnei Beneti, Terceira Turma, julgado em 27.08.2013, DJe 05.09.2013.
95. MARQUES, Claudia Lima; BENJAMIN, Antonio Herman V.; BESSA, Leonardo Roscoe. *Manual...* cit., p. 73.
96. Cf. MIRAGEM, Bruno. Responsabilidade por danos na sociedade da informação e proteção do consumidor: defesas atuais da regulação jurídica da Internet. *Revista de Direito do Consumidor*. São Paulo: Ed. RT, ano 18. n. 70. p. 51. abr./jun. 2009.

Por seu turno, parte da doutrina posiciona-se de forma diversa, com certo respaldo jurisprudencial. Apoiam-se na ausência do chamado dever geral de vigilância pelo provedor de serviço de Internet.

Em primeiro lugar, na legislação estrangeira, o artigo 15, apartado primeiro, da Diretiva 2000/31 da Comunidade Europeia, conjunto de normas que trata das relações de mercado ligadas à Internet, prevê uma cláusula de exclusão da obrigação geral de vigilância por parte do provedor para com seus usuários.[97] Apesar de certa alteração sobre moderação de conteúdo em prol de maiores deveres para fins de mitigar riscos dos chamados conteúdos tóxicos na Internet, a mais recente normativa *Digital Services Act* não altera sensivelmente a regra geral na Europa.[98]

Além disso, também nos Estados Unidos, a legislação que traz uma série de conceitos legais sobre Internet e estabelece severas sanções para os responsáveis pela publicação através da Rede de conteúdo não somente ilícito, como moralmente reprovável. O texto legal da Seção 530 do US Code enuncia normas que os exime os provedores de "dever de vigiar intensamente seus usuários",[99] futuramente chamado de "obrigação geral de vigilância" pelos europeus.

Dessa maneira, o provedor de hospedagem somente seria responsabilizado se, uma vez notificado da presença de material ilícito no site, cuja demora excessiva acarretaria sua culpa e, portanto, responsabilidade solidária em conjunto com o ofensor. Nesse sentido, afirma Marcel Leonardi:

> Nota-se, portanto, que a responsabilidade dos provedores de hospedagem por atos ilícitos é subjetiva, advindo apenas de eventual conduta omissiva, de negligência ou imprudência, tendo aplicação o art. 186 do Código Civil. A responsabilidade somente poderá ser invocada

---

97. "1. Os Estados Membro não imporão aos prestadores, para o fornecimento dos serviços mencionados nos artigos 12º, 13º e 14º, uma obrigação geral de vigilância sobre as informações que estes transmitam ou armazenem, ou uma obrigação geral de procurar ativamente fatos ou circunstâncias que indiciem ilicitudes."
98. Cf. GRINGS, Maria Gabriela. O Digital Services Act e as novas regras para a moderação de conteúdo. 22 de fevereiro de 2023, 14h50. *Consultor Jurídico*. Disponível em: https://www.conjur.com.br/2023-fev-22/direito-digital-digital-services-act-novas-regras-moderacao-conteudo/. Acesso em: 25 jan. 2024.
99. SEC. 230. Protection for private blocking and screening of offensive material. [...] (1) Treatment of publisher or speaker – No provider or user of an interactive computer service shall be treated as the publisher or speaker of any information provided by another information content provider. (2) Civil liability – No provider or user of an interactive computer service shall be held liable on account of (A) any action voluntarily taken in good faith to restrict access to or availability of material that the provider or user considers to be obscene, lewd, lascivious, filthy, excessively violent, harassing, or otherwise objectionable, whether or not such material is constitutionally protected; or (B) any action taken to enable or make available to information content providers or others the technical means to restrict access to material described in paragraph (1). FEDERAL COMMUNICATIONS COMMISSION, op. cit., online.

caso o ISP e o *hosting service providers*, avisados sobre o conteúdo ilícito da página, insistirem em mantê-la.[100]

A excludente apoia-se no chamado princípio do *notice and takedown*, oriundo da sistemática legal norte-americana.

Não obstante, a adoção dessas premissas parece ir de encontro às novas tendências da responsabilidade civil atual, de abandono de enfoque acerca do dano causado em prol da reparação do dano sofrido, consequência natural da própria irradiação da tábua axiológica constitucional.[101]

Dessa forma, o detentor do *site* em que se encontram os *links* que levam a dados sensíveis dos usuários, por se utilizarem dessa maciça aglutinação de informações para obterem sua remuneração em grandes contratos de publicidade e, acima de tudo, por deterem os meios técnicos de se individualizar os reais causadores dos danos deverão, a princípio, responder objetivamente pelos fatos de serviço ocorridos em seu âmbito nos termos do artigo 14 do CDC, considerando-se consumidores *bystander* as vítimas do evento danoso.[102]

Em que pesem os argumentos em favor dos fornecedores, de impossibilidade técnica de manutenção de instrumentos aptos a se evitarem tais danos, essa não parece ser a principal *ratio* do problema. Isto porque, em uma sociedade de massa, cujos prejuízos são distribuídos entre os agentes por meio da gestão do risco decorrente (*risk management*) de suas atividades profissionais, nada mais justo que a pulverização dos eventuais custos no preço dos contratos de marketing.

Somente assim se vislumbrará, na seara do maior meio de comunicação da atualidade a transformação da Responsabilidade Civil em um Direito de Danos.[103] Nada mais coerente com a atual transformação da Responsabilidade Civil cuja

---

100. LEONARDI, Marcel. Responsabilidade civil dos provedores de serviço de Internet. São Paulo: Juarez de Oliveira, 2005. p. 176. No mesmo sentido, Sônia Aguiar do Amaral Vieira, para quem a responsabilidade dos *hosting service providers* será sempre subjetiva, sendo preciso se apurar a culpa. Cf. VIEIRA, Sonia Aguiar do Amaral. *Inviolabilidade da vida privada e da intimidade pelos meios eletrônicos*. São Paulo: Juarez de Oliveira, 2002. p. 145.
101. A partir do momento em que a preocupação central da responsabilidade civil vai deixando de ser a repressão ao comportamento indesejado, para concentrar-se sobre reparados danos causados em sociedade, as normas que tutelam interesses passam a contar com uma espécie de importância autônoma. A lesão a um interesse da vítima – o dano – passa a figurar, independentemente da conduta do ofensor, como objeto de preocupação judicial e como elemento primordial da responsabilidade civil". SCHREIBER, Anderson. *Novos paradigmas da responsabilidade civil. Da erosão dos filtros de reparação à diluição dos danos*. 2. ed. São Paulo: Atlas, 2009. p. 186. V. também MARTINS, Guilherme Magalhães. Op. cit., p. 306-307.
102. Cf. MIRAGEM, Bruno. Op. cit., p. 62.
103. Cf. SCHREIBER, Anderson. A responsabilidade civil como política pública. In: TEPEDINO, Gustavo e FACHIN, Luiz Edson (Coord.). *O direito e o tempo*: embates jurídicos e utopias contemporâneas – Estudos em homenagem ao Professor Ricardo Pereira Lira. Rio de Janeiro: Ed Renovar, 2008, p. 755.

alma incorpora a responsabilidade social corolário do princípio constitucional da Dignidade da pessoa humana.

Contudo, é certo que no STJ se consolidou entendimento no seguinte sentido:

> 9) A responsabilidade dos provedores de aplicação da internet por conteúdo gerado por terceiro é subjetiva e torna-se solidária quando, após notificação judicial, a retirada do material ofensivo é negada ou retardada.[104]

1.2.4 Perfis falsos e outros conteúdos tóxicos nas redes sociais

Expostas as linhas mestras acerca do funcionamento dos sites de redes sociais e o regime de responsabilidade civil aplicável, convém avançarmos na análise da responsabilidade civil pela manutenção de perfis falsos em sites de redes sociais.

Convém aqui uma importante ressalva. No estudo das obrigações atinentes ao instituto da responsabilidade civil, duas linhas mestras se colocam quando do problema relacionado à Internet. A primeira delas diz respeito ao dever de fazer cessar o dano, que desemboca na questão da retirada do conteúdo. A segunda, ao dever de repará-lo, seja com quantias pecuniárias diretamente à vítima (o que diz respeito mais ao direito privado) seja com prestações positivas como o direito de resposta e outros mecanismos diretamente relacionados com a questão eleitoral.

Conforme se verificou, os sites de redes sociais são, antes de tudo, um serviço posto à disposição do consumidor. Outrossim, viu-se que suas estratégias de negócios se baseiam no fomento à inserção de dados pelos próprios usuários como forma de robustecer o volume de informações disponíveis. Portanto, não somente candidatos e eleitores são atores neste cenário, mas também os provedores de aplicações de redes sociais.

Sabe-se que começo desta década, a Internet sofreu grande transformação. Com a vertiginosa queda das ações de corporações ligadas à tecnologia da informação, as chamadas *companies dot-com* tiveram de modificar radicalmente seu

---
104. Art. 19 da Lei 12.965/2014. Julgados: REsp 1980014/SP, Rel. Ministra Nancy Andrighi, Terceira Turma, julgado em 14.06.2022, DJe 21.06.2022; REsp 1593249/RJ, Rel. Ministro Ricardo Villas Bôas Cueva, Terceira Turma, julgado em 23.11.2021, DJe 09.12.2021; AgInt no AREsp 1575268/MG, Rel. Ministro Raul Araújo, Quarta Turma, julgado em 16.11.2020, DJe 14.12.2020; AgInt no AREsp 685720/SP, Rel. Ministro Marco Buzzi, Quarta Turma, julgado em 13.10.2020, DJe 16.10.2020; REsp 1738628/SE, Rel. Ministro Marco Aurélio Bellizze, Terceira Turma, julgado em 19.02.2019, DJe 26.02.2019 REsp 1719578/RJ (decisão monocrática), Rel. Ministro João Otávio De Noronha, Quarta Turma, julgado em 06.06.2023, publicado em 12.06.2023.
BRASIL, Superior Tribunal de Justiça. Jurisprudência em Teses n. 222. Disponível em: https://www.stj.jus.br/docs_internet/jurisprudencia/jurisprudenciaemteses/Jurisprudencia%20em%20Teses%20222%20-%20Marco%20Civil%20da%20Internet%20-%20Lei%20N%2012%20965%202014.pdf. Acesso em: 24 jan. 2024.

modelo de gestão corporativa para superar a crise de confiança dos investidores em relação à rentabilidade dos serviços oferecidos.

Trata-se da eclosão do movimento denominado *Web 2.0*. Uma dita segunda versão da *World Wide Web*, que em tese refundou a própria Rede Mundial de Computadores, transformando-a em uma espécie de plataforma movida pelo usuário, quem insere "voluntariamente" o conteúdo maciço que hoje circula na Internet.[105]

Dessa maneira, a multiplicação de perfis em sites de redes sociais e a própria proliferação dessas páginas insere-se neste contexto. Entretanto, com algumas peculiaridades.

A primeira delas trata da natureza das informações manejadas. Afinal, em geral, ao montar um perfil que o identifique, o usuário dispõe de informações referentes a seu nome, sobrenome, endereço, opções sexuais, religiosas, políticas e tantas outras. Dados pessoais, que trazem consigo aspectos intrinsecamente ligados à personalidade daqueles indivíduos.

Explica-nos Têmis Limberger que dados pessoais são informações que permitem identificar uma pessoa de maneira direta. Dessa forma, imperiosa sua especial proteção. Em outros termos, visa-se impedir que sirvam como instrumento apto a prejudicar as pessoas, o que deve ocorrer desde o momento de sua coleta e armazenamento, devendo ser utilizados apenas para os fins a que são captados.[106]

Assim, os provedores de hospedagem desses sítios virtuais detêm o controle de consideráveis bancos de dados. Muitos deles integram o rol dos chamados dados de caráter sensível ou simplesmente "dados sensíveis." São assim denominados pois seu uso, por si só, traz graves riscos à proteção da pessoa humana. Por essa razão carecem de tutela ainda mais diferenciada, constituindo um caso especial de manejo de dados pessoais.[107]

---

105. Segundo Tim O'Reilly, precursor da expressão, a *Web 2.0* seria ilustrada como um grande sistema solar, em que os serviços prestados são difusos, por meio de técnicas que incentivem condutas positivas dos próprios usuários. É o caso de veículos como a *Wikipedia*, uma enciclopédia colaborativa, em que os usuários inserem seu conteúdo. São muitos os exemplos: blogues, sites de redes sociais, troca de arquivos *P2P* e outros. Cf. O'RELLY. Tim. *O que é Web 2.0?* Padrões de design e modelos de negócios para a nova geração de software. Publicado em http://www.oreilly.com/. Trad. Miriam Medeiros. Revisão técnica: Julio Preuss. Novembro 2006 Disponível em: http://www.cipedya.com/web/FileDownload. aspx?IDFile=102010. Acesso em: 21 jan. 2024.
106. Cf. LIMBERGER, Têmis. *O Direito à intimidade na era da informática*. A necessidade de proteção dos dados pessoais. Porto Alegre: Livraria do Advogado, 2007. p. 62.
107. A Convenção 181 do Conselho da Europa sobre tratamento de dados pessoais, de 1981, pioneiramente, elenca dados que por si só careceriam de tutela especial (artigo 6º). Seriam aqueles de caráter pessoal que revelem a origem racial, opiniões políticas, convicções religiosas, além daqueles referentes à vida sexual ou a condenações criminais. Disponível em: http://conventions.coe.int/Treaty/en/Treaties/

Por outro lado, no que concerne à segunda peculiaridade dos sites de redes sociais, recorre-se às lições de Stefano Rodotà:

> Em uma dimensão que se torna cada vez mais diferenciada e complexa, a demanda por privacidade não se manifesta apenas na sua forma tradicional, como direito de impedir aos outros a coleta e a difusão de informações sobre o interessado. No âmbito da comunicação eletrônica, ela pode se exprimir, sobretudo como uma necessidade de anonimato, ou, melhor dizendo, como exigência de assumir a identidade preferida, apresentando-se como um nome, um sexo, uma idade que podem ser diferentes daqueles efetivamente correspondentes aos dados do indivíduo. Requer-se assim a tutela de uma identidade nova, de uma intimidade construída como condição necessária para desenvolver a própria personalidade, para alcançar plenamente a liberdade existencial.[108]

Conforme se pôde notar, a proliferação de ferramentas que dão ao consumidor a possibilidade de manejar as informações por ele inseridas desnuda, por via transversa, outra face da atual realidade. Ou seja, ao passo que o mercado se apropria de aspectos inegavelmente inerentes à pessoa humana, também possibilita novas formas de construção da subjetividade.

Afirma Paula Sibilia que "subjetividades são modos de ser e estar no mundo, formas flexíveis e abertas, cujo horizonte de possibilidades transmuta nas diversas tradições culturais".[109] Logo, sua premissa básica ao se debruçar sobre as profundas as mudanças introduzidas pela popularização das redes sociais virtuais na atualidade, é a de que não são simples bancos dados, mas sim instrumento a consecução de uma nova subjetividade. Ou seja, de uma nova forma de expressão do "*Eu*", da personalidade do indivíduo.

Por sua vez, Zygmunt Bauman descreve quanto os "rituais confessionais da Internet" esboçam perigosos laços entre consumo e exposição pública. E, de fato, a pessoa humana, hoje, é induzida a tratar a si mesma como um produto. Exibir-se desenfreadamente, onde o fetichismo da mercadoria é substituído

---

Html/108.htm. Acesso em: 21 abr. 2014. Entretanto, atualmente, o que se visa combater não é o manejo dos dados em si, mas a discriminação, a segregação social que pode provir de seu mau uso. Em suma, a proteção dos dados pessoais não deve ser pensada em abstrato, mas sim em concreto. Corrobora conosco Marcela I. Basterra: "Este conjunto de datos, denominados precisamente con ese calificativo, "sensibles", permitirían que se establezcan que aun que no fueran utilizados con fines discriminatorios. Sin embargo, se ha sostenido que no todos los datos sensibles tienen la misma importancia, ni su conocimiento puede producir el mismo daño o discriminación. *Es que lo discriminatorios a veces no son los datos que pueden obrar en un archivo, si no la discriminación parte precisamente de las actitudes que se tenga con relación a ellos*". BASTERRA, Marcela I. *Protección de datos personales*: la garantía del habeas data. Mexico: UNAM, 2008. p. 93. Grifos nossos.

108. RODOTÀ, Stefano. *A vida na sociedade da vigilância*: a privacidade hoje. Organização, seleção e apresentação de Maria Celina Bodin de Moraes. Trad. Danilo Doneda e Luciana Cabral Doneda. Rio de Janeiro: Renovar, 2008. p. 116.
109. SIBILIA, Paula. *O show do Eu*. A intimidade como espetáculo. Rio de Janeiro: Nova Fronteira, 2008. p. 91.

pelo da subjetividade e a "morte social" atinge aqueles que não têm um perfil no *Instagram, X, Facebook* etc.[110]

Portanto, "o que aparece é bom, o que é bom aparece", denunciou criticamente Guy Debord ao descrever como a "Sociedade do Espetáculo" contemporânea tende a consagrar o "monopólio da aparência".[111] Assim, esta espetacularização é o que impulsiona os indivíduos a gerirem a si mesmo como marcas, "um produto dos mais requeridos, [...], que é preciso colocar em circulação, comprar, vender, descartar e recriar seguindo os voláteis ritmos da moda".[112]

Só que todas estas considerações têm como premissa basilar a congruência entre as informações disponibilizadas pelo usuário e a identidade "real" dos administradores dos perfis. Entretanto, frente às inúmeras possibilidades de manipulação desses dados, surgem os perfis falsos ou *fakes*.

A questão dos perfis falsos é séria e traz questionamentos profundos acerca do alcance das cláusulas contratuais ditadas pelos provedores que administram tais sites, no que concerne ao dever de manter a identidade entre a parte contratada e o perfil criado. Cintia Dal Bello sintetiza a profundidade do problema:

> Pode-se pensar o fenômeno dos *fake profiles* como uma assustadora anomalia na plataforma que promete promover o contato entre pessoas reais, vivas, maiores de 18 anos e correspondentes à descrição verbo-imagética disposta no perfil. Pode-se considerá-lo, também, uma verdadeira epidemia: a expansão do universo fake põe sob suspeita a quantificação exata dos membros ativos.[113]

Com efeito, os provedores de hospedagem dos sites firmam um contrato baseado em cláusulas gerais previamente estipuladas, onde se obrigam a cumprir e a fazer com que sejam cumpridas suas próprias regras de uso.

---

110. "A 'subjetividade' numa sociedade de consumidores, assim como a 'mercadoria' numa sociedade de produtores é (para usar o oportuno conceito de Bruno Latour) um *fatishe* – um produto profundamente humano elevado à categoria de autoridade sobre-humana mediante o esquecimento ou a condenação à irrelevância de suas origens demasiado humanas, juntamente com o conjunto de ações humanas que levaram ao seu aparecimento e que foram condição *sine qua non* para que isso ocorresse". BAUMAN, Zygmunt. *Vida para o consumo*. Transformação das pessoas em mercadorias. Trad. Carlos Alberto Medeiros. Rio de Janeiro: Zahar, 2008. p. 23.
111. "O Espetáculo apresenta-se como algo grandioso, positivo, indiscutível e inacessível. Sua única mensagem é "o que aparece é bom, o que é bom aparece". A atitude que ele exige por princípio é aquela aceitação passiva que, na verdade, ele já obteve na medida em que aparece sem réplica, pelo seu monopólio da aparência". DEBORD, Guy. Sociedade do espetáculo. Trad. Raílton Souza Guedes. São Paulo: Ed. Ebooksbrasil.com, 2003. Disponível em: http://www.ebooksbrasil.org/adobeebook/socespetaculo.pdf. Acesso em: 25 abr. 2014. p. 17.
112. SIBILIA, Paula. Op. cit., p. 275.
113. DAL BELLO, Cintia. *Cultura e Subjetividade*: uma investigação sobre a identidade nas plataformas virtuais de hiper espetacularização do eu. Dissertação de mestrado. São Paulo: PUC, 2009. p. 103.

1 • CONTEXTUALIZAÇÃO: INTERNET E REDES SOCIAIS SOB A ÓTICA RESPONSABILIDADE JURÍDICA   41

Não obstante, a própria natureza das ferramentas postas à disposição do usuário propicia a possibilidade de serem adulteradas as informações declaradas, ocasionando que não condigam com a realidade. São os perfis falsos, ou simplesmente *fakes*[114] que, em linhas gerais, referem-se a perfis de usuários cujas características expostas não o identificam diretamente.

Explica-nos Pierre Levy que o virtual não se opõe diretamente ao real, mas sim ao atual. Ou seja, a qualquer momento em que algo perde seu caráter efêmero, transitório, ocorre uma virtualização. Logo, a escrita é uma forma de virtualização, tal como a pintura, a fotografia etc.[115]

A criação de uma nova conta de usuário em um site de relacionamento não parece ser diferente. Afinal, ao editar seu perfil, o usuário pode declarar qualquer tipo de informação, inserindo ainda imagens, sons e até mesmo vídeos. Dessa maneira, é instado a narrar algo a outrem, com a possibilidade de que reflita a si mesmo, seu suposto "verdadeiro 'eu'",[116] ou simplesmente criar um personagem que o identifique.

Por seu turno, as asseverações de Walter Benjamin, feitas há quase um século atrás, servem para ilustrar o paradoxo vivido pela maioria dos usuários desses sites. Afinal, desde a proliferação de técnicas de reprodução de sons e imagens, a narração torna-se cada vez mais escassa.

Hoje, com a popularização do cinema, da televisão e, mais recentemente, da Internet, a técnica da narração se torna algo cada vez mais desconhecido pelo grande público.[117] Ao mesmo passo, o indivíduo é obrigado narrar a si mesmo, ainda que sem saber ao certo como fazê-lo. São, assim, levados a utilizar tecnologias cujos potenciais riscos não necessariamente podem mensurar, ou ao menos não são adequadamente informados deles.[118]

---

114. Do inglês, *fake* significa falso, inverossímil.
115. "A palavra virtual vem do latim medieval *virtualis*, derivado por sua vez de *virtus*, força, potência. Na filosofia escolástica, é virtual o que existe em potência e não em ato. O virtual tende a atualizar-se sem ter passado no estante à concretização efetiva ou formal. A árvore está virtualmente presente na semente. Em termos rigorosamente filosóficos, o virtual não se opõe ao real, mas ao atual: virtualidade e atualidade são apenas duas maneiras de ser diferentes. [...] As coisas só têm limites claros no real. A virtualização, passagem à problemática, deslocamento do ser para a questão, é algo necessariamente põe em causa a identidade clássica, pensamento apoiado em definições, determinações, exclusões, inclusões e terceiros excluídos. Por isso a virtualização é sempre heterogênese, devir outro, processo de acolhimento da alteridade. Convém evidentemente não confundir a heterogênese com seu contrário próximo e ameaçador, sua pior alienação, que eu caracterizo como reificação, redução à coisa, ao 'real'". LEVY, Pierre. O que é o virtual... cit., p. 5-12.
116. Cf. SIBILIA, Paula. Op. cit., p. 50-51.
117. Cf. BENJAMIN, Walter. O narrador. *Obras escolhidas*: magia e técnica, arte e política. São Paulo: Brasiliense, 2004. v. 1. p. 197-221.
118. Foi nesse escopo que a Procuradoria Geral do Estado do Rio de Janeiro ingressou com Ação Civil Pública contra o provedor administrador do site de relacionamentos Orkut, a Google do Brasil S.A.

Porém, o que é certo é que cresce diuturnamente o número de adeptos às páginas virtuais de relacionamento. Em igual medida, multiplicam-se perfis com informações adulteradas, cujo uso, por si só, já causa danos à pessoa, usuários ou não destes respectivos serviços.

Por conseguinte, indaga-se se qualquer dado falso seria apto a configurar a existência de um perfil *fake* ou se haveria graus de inverossimilhança mínimos para a caracterização de um perfil falso. O que é certo é que uma resposta atenta às complexidades desta delicada realidade não deve se pautar por análises superficiais, genéricas e abstratas.

Há informações que, ainda que falsas, não descaracterizam a identidade perfil-usuário. Se um membro, por exemplo, apenas declara ser de país ou cidade diversa daquele que realmente é não se está diante de um perfil falso. Se um membro, ainda, insere como principal foto do perfil uma imagem que não diretamente o identifique, mas mantém seu nome e sobrenome, tampouco. Por isso, para que um perfil falso seja caracterizado como tal, há necessidade de um mínimo grau de inverossimilhança.

Geralmente, as regras sobre a falsidade de perfil e seu tratamento são estipuladas pelo provedor nos termos de uso do site. Logo, o consumidor, em tese, também concorda com elas ao firmar o contrato para se cadastrar na página e utilizar-se de seus respectivos serviços. No Facebook, por exemplo, não é diferente:

Dentre os pleitos, a implementação de medidas como: "Manter o IP de criação de qualquer comunidade ou perfil e manter registros periódicos de "log" das comunidades; Criar e manter sistemas aptos a identificar a existência de perfis, comunidades ou páginas dedicadas à pedofilia, interrompendo imediatamente seu funcionamento, comunicando tal fato imediatamente ao Estado e preservando, por um ano, os "logs" realizados até então; Criar e manter sistemas aptos a identificar (em especial por meio de ferramenta que busque palavras constantes de lista a ser fornecida e atualizada pelo Estado) a existência de perfis, comunidades ou páginas dedicadas à apologia ao crime, inclusive de marcação de brigas/rixa entre torcidas de agremiações esportivas rivais, comunicando a existência ou suspeita de existência imediatamente ao Estado, viabilizando ao Estado o acesso pleno ao respectivo conteúdo, preservando, por um ano, os "logs" realizados e interrompendo seu funcionamento ou limitando seu acesso, caso assim seja determinado pelo Estado; Criar e manter sistemas e canais de comunicação que permitam a qualquer usuário devidamente identificado, que tenha sido diretamente ofendido por conteúdo veiculado em perfis, páginas ou comunidades, requerer a supressão de tal conteúdo; Promover ampla campanha midiática, incluindo no mínimo jornais, rádio e televisão em "horário nobre", com o objetivo de alertar pais e responsáveis acerca dos riscos de utilização da rede mundial de computadores, e, em especial, do "Orkut" etc. Sua fundamentação jurídica, em linhas gerais, baseia-se na proteção aos consumidores, conforme estabelecido no Código de Proteção e Defesa do Consumidor, pois, embora aparentemente gratuito, o serviço prestado pelo Google por meio do Orkut gera lucros imensos, especialmente mediante a oferta de espaços publicitários virtuais". Legitimando-se "na tutela de grupos hipossuficientes como os consumidores e as crianças, assim como da própria sociedade civil fluminense". PROCURADORIA GERAL DO ESTADO DO RIO DE JANEIRO. Notícias. PGE-RJ ingressa com ação contra o Google. Disponível em: http://www.pge.rj.gov.br/detalhe_noticia.asp?ident=221. Acesso em: 21 abr. 2014.

Identidade e privacidade. No Facebook, as pessoas se conectam e compartilham usando seus nomes reais. Pedimos que você evite publicar as informações pessoais de outras pessoas sem o consentimento delas. Afirmar ser outra pessoa, criar uma presença falsa para uma organização ou criar várias contas não está em conformidade e viola os termos do Facebook.[119]

No mesmo sentido quando unilateralmente ditam as regras acerca da idade mínima para contratar,[120] podendo ser a conta de usuário excluída caso informações "sexuais" sejam enviadas a menores. A aparente rigidez técnica das disposições contratuais parece esmorecer quando contrastada com os fatos.

Primeiro, porque a jurisprudência nacional é farta em demandas ajuizadas contra o provedor administrador do site para que retire do ar páginas desse gênero, uma vez que, mesmo notificado, o provedor manteve-se inerte, corroborando ainda mais para a perpetuação do dano moral sofrido pelas vítimas.[121]

---

119. Disponível em: https://www.facebook.com/communitystandards. Acesso em: 12 abr. 2014.
120. "Registro e segurança da conta. Os usuários do Facebook fornecem seus nomes e informações reais, e precisamos da sua ajuda para que isso continue assim. Estes são alguns compromissos que você firma conosco em relação ao registro e à manutenção da segurança de sua conta:
    Você não irá fornecer qualquer informação pessoal falsa no Facebook, nem criar uma conta para ninguém além de si mesmo sem permissão.
    Você não deve criar mais de uma conta pessoal.
    Se desativarmos sua conta, você não deverá criar outra sem nossa permissão.
    Você não deve usar sua linha do tempo pessoal para seu próprio ganho comercial. Para tais fins, use as Páginas do Facebook.
    Você não deve usar o Facebook se for menor de 13 anos.
    Você não deve usar o Facebook se for um criminoso sexual condenado.
    Você deve manter suas informações de contato precisas e atualizadas.
    Você não deve compartilhar sua senha (ou, no caso de desenvolvedores, sua chave secreta), deixar alguém acessar sua conta ou fazer qualquer outra coisa que possa comprometer a segurança de sua conta.
    Você não deve transferir sua conta (incluindo qualquer página ou aplicativo administrado por você) para ninguém sem primeiro obter nossa permissão por escrito.
    Se você selecionar um nome de usuário ou identificador similar para sua conta ou página, nós nos reservaremos o direito de remover ou recuperá-lo se considerarmos adequado (por exemplo, quando um proprietário de uma marca comercial reclamar de um nome de usuário que não tem qualquer relação com o nome real do usuário)". Disponível em: https://www.facebook.com/legal/terms. Acesso em: 12 abr. 2012.
121. Ementa: Obrigação de fazer, c.c. indenização por danos morais. Revelia. Decreto afastado. Defesa protocolizada no prazo legal. Juntada tardia pela serventia. Prejuízo que não pode ser atribuído ao réu. Criação de perfil falso no "site" de relacionamento Facebook, que é responsável pela mera hospedagem de páginas pessoais de usuários, sem que se possa a ele atribuir a obrigação de fiscalizar os dados armazenados. Omissão em não suspender a divulgação. A luz do disposto no artigo 186 do Código Civil a omissão do demandado em remover de pronto o conteúdo de fls. 31/45, consolida o ato ilícito. Dano moral caracterizado. Indenização devida. Valor adequado. Sentença reformada em parte. Recurso improvido da autora e provido em parte o do réu, com observação. (TJSP – 0173842-95.2012.8.26.0100 Apelação – Relator(a): Beretta da Silveira Comarca: São Paulo Órgão julgador: 3ª Câmara de Direito Privado – Data do julgamento: 21.01.2014 – Data de registro: 22.01.2014 – Outros números: 1738429520128260100).

Em segundo lugar, pela falta de clareza dos termos de uso do site, que mais se aproximam de uma tradução mecânica do original, baseado na legislação californiana e de pouca ou nenhuma validade perante a legislação nacional.[122] Ilustrativamente, as cláusulas de limitação ou exclusão de responsabilidade, nulas nos termos do art. 51, I do CDC.[123]

Portanto, conclui Cintia Dal Belo, ao analisar o primeiro site de relacionamento a ser popularizado no Brasil, conclui que os "perfis *fake* são aqueles que descumprem as regras de identidade do Orkut." Porém, o conceito aplica-se a todos os sites dessa natureza.

Por derradeiro, enumera os casos de perfis falso mais comumente encontrados no site da seguinte maneira: a) perfis de bebês e crianças; b) crianças e adolescentes menores de 18 anos; c) perfis de animais reais vivos, domésticos e de animais personagens; d) os personagens de ficção; e) empresas, marcas, produtos e mascotes; f) personalidades históricas, celebridades e pessoas comuns, podendo caracterizar "roubo de identidade"; g) perfis de pessoas falecidas.[124]

Acerca do regime de responsabilidade civil dos provedores de hospedagem que administram os sites de redes sociais por danos perpetrados pelos perfis falsos, conclui Anderson Schreiber que "a controvérsia segue em aberto." Todavia, o autor faz alusão ao projeto de lei chamado "marco civil da internet", afirmando que "terá a oportunidade de encerrar o debate, trazendo mais segurança ao exercício dos direitos no ambiente virtual.[125]

---

122. Ao menos nesse sentido, os termos contratuais do site twitter.com parecem ser mais condizentes com a natureza desterritorializada da Internet. *In verbis*: "C. Limitation of Liability to the maximum extent permitted by applicable law, the twitter entities shall not be liable for any indirect, incidental, special, consequential or punitive damages, or any loss of profits or revenues, whether incurred directly or indirectly, or any loss of data, use, good-will, or other intangible losses, resulting from (i) your access to or use of or inability to access or use the services; (ii) any conduct or content of any third party on the services, including without limitation, any defamatory, offensive or illegal conduct of other users or third parties; (iii) any content obtained from the services; or (iv) unauthorized access, use or alteration of your transmissions or content. in no event shall the aggregate liability of the twitter entities exceed the greater of one hundred u.s. dollars (u.s. $100.00) or the amount you paid twitter, if any, in the past six months for the services giving rise to the claim. the limitations of this subsection shall apply to any theory of liability, whether based on warranty, contract, statute, tort (including negligence) or otherwise, and whether or not the twitter entities have been informed of the possibility of any such damage, and even if a remedy set forth herein is found to have failed of its essential purpose".
Disponível em: http://twitter.com/tos. Acesso em: 12 abr. 2014. Grifamos.
123. Art. 51. São nulas de pleno direito, entre outras, as cláusulas contratuais relativas ao fornecimento de produtos e serviços que: I – impossibilitem, exonerem ou atenuem a responsabilidade do fornecedor por vícios de qualquer natureza dos produtos e serviços ou impliquem renúncia ou disposição de direitos. Nas relações de consumo entre o fornecedor e o consumidor pessoa jurídica, a indenização poderá ser limitada, em situações justificáveis.
124. Cf. DAL BELLO, Cíntia. Op. cit., p. 103 e ss.
125. SCHREIBER, Anderson. *Direitos da personalidade*. São Paulo: Atlas, 2011. p. 209-210.

Portanto, injuriar, humilhar, denegrir, disseminar ódio e mentiras, especialmente por perfis *fake* que prestigiam o anonimato e cada dia mais parecem agir de modo a induzir um ambiente hostil de ignorância estrutural induzida apenas evidenciam os riscos da atividade dos provedores de aplicação. Algo precisa ser feito e a iniciativa legislativa avançaria nesse sentido.[126]

1.3 ANÁLISE CRÍTICA DO REGIME DE RESPONSABILIDADE CIVIL POR CONTEÚDO INSERIDO POR TERCEIROS NO MARCO CIVIL DA INTERNET E UMA SUGESTÃO PARA A PONDERAÇÃO ENTRE LIBERDADE DE EXPRESSÃO E BENS DA PERSONALIDADE

Antes de se adentrar especificamente no tema da responsabilização pelo conteúdo inserido por terceiros prevista no marco civil, diretamente relacionado com os sites de redes sociais e a questão das eleições, devem ser destacados brevemente alguns aspectos pontuais do Marco, a fim de se ilustrar seus alicerces axiológicos. Ou pelo menos aqueles declarados pelo texto legal.

Primeiramente, o caráter principiológico e enunciativo de direitos civis é um contraponto às iniciativas que, muito antes de pontuar quais são os agentes na Rede, visavam criminalizar condutas dos usuários, em especial para a defesa de interesses patrimoniais.[127]

O texto legal enuncia como fundamentos: I – o reconhecimento da escala mundial da rede; II – os direitos humanos, o desenvolvimento da personalidade e o exercício da cidadania em meios digitais; III – a pluralidade e a diversidade; IV – a abertura e a colaboração; e V – a livre-iniciativa, a livre concorrência e a defesa do consumidor; e VI – finalidade social da rede (art. 2º).

No que concerne aos princípios, enumera-os em rol exemplificativo:[128] I – garantia da liberdade de expressão, comunicação e manifestação de pensamento, nos termos da Constituição; II – proteção da privacidade; III – proteção aos dados pessoais, na forma da lei; IV – preservação da garantia da neutralidade da rede;

---

126. Para maiores aprofundamentos, V. LONGHI, João Victor Rozatti. *Responsabilidade civil e redes sociais*. Retirada de conteúdo, perfis falsos, discurso de ódio, *fake news* e milícias digitais. 2. ed. Indaiatuba: Editora Foco, 2022.
127. Nesse sentido, LONGHI, João Victor Rozatti. A teoria dos sistemas dos sistemas de Niklas Luhmann e o direito à informação no direito brasileiro. O "furto" de camelos jurídicos reais na domesticação do direito da propriedade intelectual no âmbito da Internet. Artigo publicado no XVIII Congresso Nacional do CONPEDI. São Paulo, 2009. Disponível em: http://www.publicadireito.com.br/conpedi/manaus/arquivos/Anais/sao_paulo/2233.pdf. Acesso em: 27 jul. 2013.
128. Art. 3º ...omissis... Parágrafo único. Os princípios expressos nesta Lei não excluem outros previstos no ordenamento jurídico pátrio relacionados à matéria, ou nos tratados internacionais em que a República Federativa do Brasil seja parte.

V – preservação da estabilidade, segurança e funcionalidade da rede, por meio de medidas técnicas compatíveis com os padrões internacionais e pelo estímulo ao uso de boas práticas; VI – responsabilização dos agentes de acordo com suas atividades, nos termos da lei; e VII – preservação da natureza participativa da rede (art. 3º).

Destaque para a inclusão ao desenvolvimento da personalidade e à finalidade social da rede nos respectivos rols, além da falta de delegação à regulamentação posterior do tema da neutralidade da rede.

Conforme salientado, o sistema jurídico brasileiro por muito tempo não contou com regras específicas para a Internet. Entretanto, o Marco Civil da Internet ou simplesmente Marco Civil, tem por objetivo regulamentar o tema.

O texto, além de delinear as obrigações dos intermediários da Rede, os provedores de acesso e aplicações da Internet, também traz dispositivos sobre o regime de responsabilidade civil por informações inseridas por terceiros.[129]

Sua compreensão é de suma importância pois, ainda que não trate diretamente de eleições, acaba por delinear a estrutura do regime jurídico de responsabilização pelo conteúdo inserido por terceiros, retirada, forma de notificação etc.

1.3.1 Provedor de conexão à Internet

Primeiramente, o marco cria uma imunidade legal ao provedor de conexão à Internet, dispondo que "não será responsabilizado civilmente por danos decorrentes de conteúdo gerado por terceiros". Contudo, sabe-se que o tema é controverso.

Ao analisar a problemática da responsabilidade dos provedores de acesso pela prática de *spam*, Tarcísio Teixeira identifica a existência de três orientações distintas: não responsabilização, responsabilização objetiva e responsabilidade subjetiva.[130]

A primeira, adotada até então pelo Marco Civil, opta pela não responsabilização do provedor de acesso. A justificativa principal é que sua atividade seria análoga a de um simples condutor de informações, como uma companhia de telefone, que não pode ser responsabilizada por não vistoriar o conteúdo das ligações.[131]

---
129. Preferiu-se não fazer menção ao número do artigo haja vista que o projeto ainda está em trâmite.
130. Cf. TEIXEIRA, Tarcísio. *Curso de direito e processo eletrônico*: doutrina jurisprudência e prática. São Paulo: Saraiva, 2013. p. 201.
131. Cf. Idem, p. 203.

Afirma-se, incluso, que esta linha de argumentação valeria mesmo para se excluir sua responsabilidade por todo e qualquer conteúdo danoso que circula pela Rede.[132] Afinal, o provedor de acesso, em sua atuação típica, poderia ser responsabilizado apenas pelo tipo de informação que a tecnologia que explora lhe permitiria o ter o controle e, naturalmente, o poder de bloqueio.

Entretanto, quando um fornecedor de acesso torna indisponível uma informação, o faz através de um endereço IP e não do conteúdo impróprio produzido pelo seu cliente, prática usada apenas em países que restringem a liberdade de expressão na Rede. Logo, nos termos de Marcel Leonardi, "não há espaço para meio termo",[133] razão pela qual o bloqueio de informações deve ser usado em situações excepcionais, o que, aparentemente, leva à conclusão de que a solução do dispositivo do Marco Civil seria, para esta orientação, a mais condizente com os valores constitucionais.

Para uma segunda corrente, a responsabilidade é de natureza objetiva. Afinal, mensagens não solicitadas são consideradas publicidade abusiva nos termos art. 37, § 2º, do CDC, "razão pela qual deverá responder o fornecedor que se beneficie de tal prática, segundo a sistemática do Código do Consumidor, salvo eventual direito de regresso deste contra terceiro emissor da mensagem".[134] O que não poderia ser objeto de exclusão em cláusula contratual também segundo o CDC, cabendo o direito de regresso ao eventual causador do dano.[135]

Finalmente, uma terceira orientação opta pela responsabilização subjetiva, caracterizada pela negligência do provedor em não cessar a prática ilícita após notificado. Embora Tarcísio Teixeira traga a possibilidade de ação de regresso, o autor considera "mais razoável" a corrente subjetiva, que responsabiliza o provedor após a notificação de que um dos IPs por ele fornecidos estaria sendo palco da prática de *spam*.[136]

---

132. Cf. PINHEIRO, Patrícia Peck. *Direito Digital*. 3. ed. São Paulo: Saraiva, 2009. p. 59.
133. LEONARDI, Marcel. Responsabilidade civil dos provedores de serviço de Internet por atos de terceiros. In: SILVA, Regina Beatriz Tavares da; SANTOS, Manoel J. Pereira dos. *Responsabilidade Civil na Internet e nos demais meios de comunicação*. São Paulo: Saraiva, 2007. p. 163.
134. MARTINS, Guilherme Magalhães. *Formação dos contratos eletrônicos de consume via Internet*. 2. ed. Rio de Janeiro: Lúmen Juris, 2010. p. 39.
135. Cf. TEIXEIRA, Tarcísio. Op. cit., p. 212.
136. Cf. Idem, p. 208-209. Acerca das consequências da notificação na prática de spam, V.: Ementa: [...] Prestação de serviços de hospedagem de site na Internet – Ação de indenização por danos morais e materiais Contrato de prestação de serviços para hospedagem do site da autora no provedor de internet da ré Previsão de necessidade de observância da política antispam do provedor Denúncia de recebimento de "e mail" da autora não solicitado pelo usuário, o que configura SPAM Quebra da confiança Inobservância do princípio do "pacta sunt servanda". Não cumprimento das providências solicitadas pela contratada para a resolução do problema de SPAM Rescisão do ajuste acertada, com a interrupção da prestação do serviço de hospedagem de site na Internet – Sentença mantida – Recurso desprovido. (TJSP – 0168701-71.2007.8.26.0100 Apelação – Relator(a): Carlos Nunes – Comarca: São

Ainda que esta possa parecer ser a solução intermediária, salienta-se que toda a discussão se baseia em uma Internet supostamente neutra, ou seja, em tecnologias que impossibilitem a discriminação de dados por parte dos provedores de acesso.

Contudo, o que se nota na atualidade é o contrário. Afinal, é um tanto quanto contraditório ver a resistência desta categoria de fornecedores para que o Marco Civil seja fulcrado na neutralidade[137] e ao mesmo tempo a defesa de sua isenção de responsabilidade pelo conteúdo produzido por terceiros.

Portanto, o dispositivo é uma decorrência natural da neutralidade, por sua vez um princípio tecnológico estrutural da Rede. Se o provedor de acesso pretende filtrar conteúdo como estratégia de negócios, nada obstaria que fosse responsabilizado pelo conteúdo dos seus consumidores. Faz parte de seu risco-proveito, cabendo ação de regresso contra o causador do dano.

1.3.2 Provedor de aplicações de Internet

Posteriormente, os dispositivos subsequentes trazem o regime de responsabilidade civil pelo conteúdo produzido pelos usuários dos provedores de aplicações da Rede. O *caput* do dispositivo sobre o assunto indica a opção da preponderação entre os valores da liberdade de expressão e da proteção dos direitos da personalidade:

> *Com o intuito de assegurar a liberdade de expressão e evitar a censura*, o provedor de aplicações de Internet somente poderá ser responsabilizado civilmente por danos decorrentes de conteúdo gerado por terceiros se, *após ordem judicial específica*, não tomar as providências para, no âmbito e *nos limites técnicos do seu serviço* e *dentro do prazo assinalado*, tornar indisponível o conteúdo apontado como infringente, ressalvadas as disposições legais em contrário. *(g.n.)*

Ademais, destaca que a "ordem judicial de que trata o caput deverá conter, sob pena de nulidade, *identificação clara e específica do conteúdo* apontado como infringente, que permita a *localização inequívoca do material*." (g.n.) E, finalmente, o projeto insere norma especial excludente no parágrafo segundo ao afirmar que

---

Paulo – Órgão julgador: 33ª Câmara de Direito Privado. Data do julgamento: 02.07.2012 – Data de registro: 04.07.2012).

137. CÂMARA DOS DEPUTADOS. Relator não aceita negociar neutralidade de rede no marco civil da internet: *Operadoras de telecomunicações são contrárias ao dispositivo do projeto*, que as impede de oferecer ao consumidor pacotes com serviços diferenciados. Disponível em: http://www2.camara.leg.br/camaranoticias/noticias/COMUNICACAO/448750-RELATOR-NAO-ACEITA-NEGOCIAR--NEUTRALIDADE-DE-REDE-NO-MARCO-CIVIL-DA-INTERNET.html. 07.08.2013 – 18h07. Acesso em: 13 ago. 2013.

"o disposto neste artigo não se aplica quando se tratar de infração a direitos de autor ou a direitos conexos."

Por seu turno, também assevera que, em regra, caberá ao provedor comunicar o usuário que inseriu o conteúdo caso este tenha sido retirado, sempre que tiver informações que o identifiquem. Finalmente, também assevera que, caso solicitado pelo usuário que disponibilizou o conteúdo infrator, o provedor de aplicações de Internet com estrutura empresarial deverá substituir o local do conteúdo pelo teor da ordem judicial que determinou sua extração.[138]

Conforme visto, são muitos os tópicos controversos na análise do sistema de responsabilidade civil disposto no Marco Civil, supostamente construído visando à proteção da liberdade de expressão do usuário.

O rol de temas a seguir não tem a pretensão de esgotar o assunto, mas delimita os subproblemas a serem enfrentados.

1.3.2.1 Notificação judicial

Em primeiro lugar, destaca-se o fato de o projeto optar por um sistema de notificação e retirada de conteúdo obrigatoriamente pela via judicial. Em outras palavras, a proposta de lei é clara no sentido de imputar responsabilidade ao provedor de aplicações pelo conteúdo inserido por terceiros somente após o momento em que conhece de decisão judicial que declara o conteúdo contido em determinado local em seus domínios e contém preceito cominatório para seu bloqueio, assinalando prazo para tal.

Já salientamos *retro* que a orientação predominante atualmente nos tribunais locais e no Superior Tribunal de Justiça acabou por construir jurisprudencialmente um sistema próximo ao do *notice and takedown*, previsto na regulamentação estrangeira – americana e europeia –, tema ainda sob análise do Supremo Tribunal Federal, com parecer da Procuradoria Geral da República.[139]

O sistema adotado pelo projeto, diametralmente oposto à jurisprudência majoritária e ainda mais distante do adequado à plena proteção do consumidor,

---

138. Art. 20. Sempre que tiver informações de contato do usuário diretamente responsável pelo conteúdo a que se refere o art. 19, caberá ao provedor de aplicações de Internet comunicar-lhe os motivos e informações relativos à indisponibilização de conteúdo, com informações que permitam o contraditório e a ampla defesa em juízo, salvo expressa previsão legal ou salvo expressa determinação judicial fundamentada em contrário.
    Parágrafo único. Quando solicitado pelo usuário que disponibilizou o conteúdo tornado indisponível, o provedor de aplicações de Internet que exerce essa atividade de forma organizada, profissionalmente e com fins econômicos, substituirá o conteúdo tornado indisponível, pela motivação ou pela ordem judicial que deu fundamento à indisponibilização.
139. *V.*, respectivamente, itens 2.4 e 2.4.2.

tem por princípio, nos termos do Deputado Alessandro Molon (PT-RJ), relator da Comissão Especial para o projeto na Câmara dos Deputados e propositor do substitutivo, a "inimputabilidade da rede".

A exposição de motivos da opção legislativa sugerida pelo parlamentar assevera que "tal medida visa a proteger os diversos intermediários responsáveis apenas pela transmissão e roteamento de conteúdos," asseverando que "a responsabilidade por eventuais infrações por danos decorrentes de conteúdo gerado por terceiros cabe àqueles que a cometeram, e não àqueles que mantém a infraestrutura necessária para o trânsito de informações na Internet".

Além disso, afirma que o sistema traz uma garantia à "indevida responsabilização de intermediários na Internet", protegendo-se "o potencial de inovação na rede", exceto quando a necessidade de bloqueio de conteúdo ocorrer por ordem judicial com determinação específica.

Por derradeiro, ressalta que o substitutivo fez constar na nova redação do dispositivo a expressa menção à proteção da liberdade de expressão, a fim de se "evitar a censura, explicitando a preocupação da manutenção da Internet como um espaço de livre e plena expressão, assim como, enfatiza que "a responsabilidade de que trata o *caput* do artigo tem natureza civil".

Preliminarmente, mister destacar que a redação do dispositivo levanta dúvidas. Afinal, ainda que se trate de conclusão extraída da motivação do projeto e de toda a discussão até então, parece que a lei visa dar ao judiciário a última palavra sobre a licitude ou não do conteúdo sob análise. O que leva a crer que se presume ser produzido em contraditório.

Contudo, a prática tem demonstrado que a maioria esmagadora de decisões judiciais em ações desta natureza, que determinam a retirada de conteúdo, é oriunda de tutela antecipada (art. 300, CPC) ou de medidas cautelares em que se prescinde do contraditório, a *priori*, para sua determinação.

Por essa razão, da última versão do projeto consta o expresso reconhecimento pelo Marco Civil da possibilidade de determinação de retirada do conteúdo por intermédio de antecipação dos efeitos da tutela, operacionalizando a legislação processual, procurando integrá-la à legislação processual.[140]

---

140. Art. 19 (...)
    § 4º O Juiz, inclusive no procedimento previsto no § 3º, poderá antecipar, total ou parcialmente, os efeitos da tutela pretendida no pedido inicial, existindo prova inequívoca do fato e considerado o interesse da coletividade na disponibilização do conteúdo na Internet, desde que presentes os requisitos de verossimilhança da alegação do autor e de fundado receio de dano irreparável ou de difícil reparação.

Consta também a possibilidade de conhecimento de ações envolvendo a matéria pelos juizados especiais).[141] Entretanto, não altera expressamente os art. 3º da lei 9.099/95, para determinar ser competente o Juizado Especial Cível independente do valor da causa nas demandas entre usuário e provedor de aplicações, restando a dúvida se eventual cumulação de pedidos de reparação deveria estar restrita a quarenta salários-mínimos para que sejam apreciadas pelo JEC.[142]

Ademais, a lei acaba por transferir ao judiciário a análise do conteúdo das informações, tendo-se em vista o grande número de notificações recebidas diariamente por muitos provedores que compõem, elemento passivo em seu modelo de negócios.

O declarado intuito da opção legislativa é o de evitar a retirada indevida de conteúdo unilateralmente por parte dos intermediários da Rede, muitas vezes levada por um grande número de notificações extrajudiciais promovida pelos grandes detentores de direitos patrimoniais de autor. Contudo, acaba por deixar desprotegida a vítima de violações à sua personalidade, uma vez que terá que buscar o judiciário para ver resguardado seu direito à imagem, honra, privacidade, identidade etc.

Se o sistema visa evitar o abuso do direito de notificação por parte de alguns, não resolve o problema adequadamente, haja vista que os grandes conglomerados, detentores do poder econômico, dispõem de mais meios para velar pelos seus interesses judicialmente.

Caso o escopo seja o da promoção de um contraditório prévio à retirada do conteúdo, resguardando a liberdade de expressão do usuário que o produziu, é certo que o texto também elege via inadequada, haja vista que, para evitar um número desenfreado de ações judiciais, nada impede que os tribunais brasileiros disponibilizem um *link* com o indicativo "denuncie aqui", criem um "juizado especial de notificações para retirada de conteúdo da Internet" para que, por seu turno, se proceda à notificação eletrônica a qual vise à obtenção de ordem judicial com assinatura criptografada de magistrado.

Por essas razões, o sistema da notificação para retirada por via extrajudicial, consolidado jurisprudencialmente, ainda que dê azo para o retorno da vetusta culpa na seara da responsabilidade civil, desprotege menos a vítima do que aquele

---

141. § 3º As causas que versem sobre ressarcimento por danos decorrentes de conteúdos disponibilizados na Internet relacionados à honra, à reputação ou a direitos de personalidade bem como sobre a indisponibilização desses conteúdos por provedores de aplicações de Internet poderão ser apresentadas perante os juizados especiais.
142. Nesse sentido, V. LONGHI, João Victor Rozatti. Marco Civil: ame-o ou... ame-o! *Medialaws: law and policy of media in a comparative perspective*. Disponível em: http://www.medialaws.eu/marco-civil--ame-o-ou-ame-o/. Acesso em: 07 abr. 2014.

proposto pela atual redação do Marco Civil. Mas, conforme se verá, este não é o único objeto de críticas.

1.3.2.2 Necessidade de indicação da URL para bloqueio do conteúdo

Outro ponto controverso, diz respeito à necessidade de se indicar especificamente o local das informações na Internet, o que em termos técnicos corresponde à imposição de um requisito específico de validade à decisão judicial que contém o preceito cominatório de retirada do conteúdo, sob pena de nulidade.

Defende o deputado propositor do substitutivo que o sistema procura evitar "ordens genéricas de supressão de conteúdo, com a obrigação de que a ordem judicial indique de forma clara e específica o conteúdo apontado como infringente, de forma a permitir a localização inequívoca do material."

Não obstante, no caso de danos à personalidade perpetrados pela Rede, é comum que as informações se multipliquem rapidamente. Quando o usuário efetua o pedido para a retirada indica URLs que encontra e que estão naquele momento na Rede mundial de computadores.

Por essa razão, já decidiu o STJ que incumbe a quem administra o site o dever técnico de impedir a divulgação do conteúdo ilícito, não lhe impondo a tarefa hercúlea de indicar precisamente as URLs:

> Civil e processual civil. Mensagens ofensivas à honra do autor veiculadas em rede social na internet (Orkut). Medida liminar que determina ao administrador da rede social (google) a retirada das mensagens ofensivas. Fornecimento por parte do ofendido das URLS das páginas nas quais foram veiculadas as ofensas. Desnecessidade. Responsabilidade técnica exclusiva de quem se beneficia da ampla liberdade de acesso de seus usuários. 1. O provedor de internet - administrador de redes sociais -, ainda em sede de liminar, deve retirar informações difamantes a terceiros manifestadas por seus usuários, independentemente da indicação precisa, pelo ofendido, das páginas que foram veiculadas as ofensas (URL's). 2. Recurso especial não provido.[143]

Tal posicionamento visa primeiramente fazer cessar o dano, haja vista que a rapidez com que as informações são replicadas e disponibilizadas na Internet pode fazer inútil a prestação jurisdicional futura. Outrossim, visa também preservar a própria efetividade da jurisdição, principalmente quando envolve antecipações dos efeitos da tutela em que se determina o bloqueio da informação e não apenas de um link específico.

---

143. REsp 1175675/RS, Rel. Ministro Luis Felipe Salomão, Quarta Turma, julgado em 09.08.2011, DJe 20.09.2011 – Informativo n. 580.

Visando harmonizar a compreensão do tema, o Conselho de Justiça Federal, por ocasião da VI Jornada de Direito Civil, optou pela efetividade da tutela da dignidade humana da vítima que procura o judiciário para a satisfação da pretensão de bloqueio do conteúdo nocivo considerando que esta não pode ser incumbida do ônus de indicar em que local especificamente está disponibilizada a informação lesiva, aprovando o seguinte enunciado:

> Enunciado 554 – Independe de indicação do local específico da informação a ordem judicial para que o provedor de hospedagem bloqueie determinado conteúdo ofensivo na internet. Artigo: 927, parágrafo único, do Código Civil.

O Marco civil, portanto, trouxe solução diametralmente oposta à jurisprudência do Superior Tribunal de Justiça até então e à orientação mais protetiva do usuário consolidada da doutrina nacional acerca do tema.

1.3.2.3 Abuso e superproteção da liberdade de expressão: o caso do hate speech e outros conteúdos potencialmente perigosos

Outro ponto necessário a ser explorado diz respeito aos limites ao exercício abusivo da liberdade de expressão. A liberdade de expressão não pode ser considerada em absoluto, como se fosse o único valor a ser tutelado pelo sistema normativo que visa proteger a dignidade humana na sociedade da informação. Nesse sentido, Rousiley C. M. Maia e Gomes:

> No momento da mais inflamada retórica emancipatória da Internet, a rede era entendida como uma reserva ambiental protegida por qualquer injunção de controle e filtro, e dedicada a cultivar a plena liberdade de expressão. Liberdade que, automaticamente, deveria ser considerada automaticamente como uma virtude democrática. O modelo de democracia liberal-individualista conhecido como libertarianismo encontrava na forma do ciberlibertarianismo, a sua ponta-de-lança. Rapidamente se descobriu, entretanto, que a equação segundo a qual a liberdade sempre está do lado da democracia e controle do lado da tirania é só um artifício retórico do libertarianismo na sua forma mais extremada. Há informação má, perigosa, criminosa, ofensiva à dignidade humana, injuriosa e antidemocrática, e defender seu direito de existir não é o mesmo que lutar por direitos civis no ciberespaço. Ao contrário, pode significar o engajamento na proteção ao *hate speech*, ao racismo publicado, à discriminação de minorias (Gomes, 2002). E se na Internet de fato floresce um espaço da liberdade de expressão e de experiência democrática, ela igualmente se transformou no paraíso dos conservadores, da ultradireita, dos racistas e dos xenófobos, um refúgio que, aliás, tem-lhes sido mais seguro e próspero que o mundo offline.[144]

---

144. GOMES, Wilson; MAIA, Rousiley C. M. *Comunicação e democracia. Problemas & perspectivas*. São Paulo: Paulus, 2008. p. 321-322.

A sistemática que parte da inimputabilidade da rede como um princípio trata de maneira genérica toda e qualquer espécie de provedor, não se atentando nem à robustez da empresa que desempenha, nem da possibilidade técnica de controle que pode exercer por intermédio dos filtros que administra.

Eli Pariser, ao analisar a contradição existente entre o discurso dos programadores de software acerca da necessidade de proteção dos direitos individuais e da grande aglutinação de poder que o controle dos meios tecnológicos proporciona, adverte: "Se o código é a lei, como na famosa declaração de Larry Lessig, é importante entendermos o que os novos legisladores têm em mente. Precisamos entender aquilo em que acreditam os programadores do Google e do Facebook".[145] Em outro trecho, é enfático ao afirmar quais acredita serem as reais intenções dos grandes intermediários ao preconizar uma liberdade absoluta e irrestrita como base de suas condutas na Rede:

> Com muita frequência, os executivos do Facebook, Google e outras empresas socialmente importantes se fazem de bobos: são os revolucionários sociais quando lhes convêm e empresários amorais quando não. E as duas posturas deixam muito a desejar.[146]

As asseverações do autor, ilustram o problema (e revelam a fragilidade) de uma preponderação de valores que dá maior peso à liberdade de expressão, em abstrato e em prejuízo de outros valores do ordenamento igualmente relevantes que podem prevalecer no caso concreto. Valores como a tutela de aspectos da personalidade como imagem atributo, privacidade, dentre outros não podem ser simplesmente deixados de lado na Internet.

Criar um sistema de responsabilidade civil que parte do pressuposto da irresponsabilidade por todo e qualquer conteúdo, fazendo depender o dever de retirá-lo do ar de provimento judicial específico sobre o exato local da informação, pode deixar sem proteção alguma o elo mais fraco desta corrente: o usuário.

Utilizar como subterfúgio o caráter absoluto da liberdade de expressão para acobertar modelos de negócio irresponsáveis parece ser a subversão completa dos valores constitucionais, que sempre tiveram as situações subjetivas existenciais como corolário do epicentro axiológico do ordenamento: a dignidade da pessoa humana em todos os seus aspectos. Em outros termos, usar o direito fundamental à liberdade de expressão como base da "inimputabilidade" de todo e qualquer intermediário da rede esconde a tutela de um único direito fundamental em detrimento de todos os outros: a livre iniciativa.

---

145. PARISER, Eli. *O filtro invisível. O que a Internet está escondendo de você.* Trad. Diego Alfaro. Rio de Janeiro: Zahar, 2012. p. 23.
146. Idem, p. 156.

Essa também é a conclusão de Daniel Solove. Para o autor, a Seção 230 do *Communications Decency* Act deveria ser reformada: "Além de falhar na proteção adequada da privacidade, a lei superprotege a liberdade de expressão. Particularmente, o CDA § 230 promove uma cultura de irresponsabilidade quando se trata da liberdade de expressão online".[147]

O dispositivo legal estrangeiro, curiosamente, é um dos que vem sendo utilizado como tanto como fundamentação para a jurisprudência brasileira até então, como para justificar a opção legislativa a ser tomada pelo Marco Civil. Ao mesmo passo que a doutrina norte-americana preconiza sua retirada do ordenamento jurídico local. Por essa razão, é necessário imediatamente repensar sobre o sistema proposto.

E uma hipótese chama especial atenção para os riscos de se relegar ao usuário toda e qualquer responsabilidade pelas informações que produz e compartilha online. Trata-se do *hate speech*.

Não há tradução exata que extraia o real significado da expressão *hate speech*. Contudo, o instituto é tradado pela doutrina como legitimação do discurso de ódio, manifestações de ódio, geralmente ligadas a questões raciais, étnicas, religiosas, de orientação sexual etc. Segundo Marcela Maffei Quadra Travassos:

> É um instituto jurídico bastante difundido em alguns países por meio do qual se permite o exercício da liberdade de expressão de forma ilimitada se abre a toda e qualquer pessoa (inclusive veículos de comunicação) dizer tudo o que pensar sobre os mais variados temas. Em feição geral, o *hate speech* valida todas as formas de manifestação opinião, ainda que revestida de palavras e pensamentos que, direta ou indiretamente, expressem o ódio do interlocutor a determinadas pessoas ou grupo de pessoas com características convergentes, comumente tratados sob o enfoque das minorias.[148]

Deve-se ter em mente que, no Brasil, ainda que possa ser discutível sua aplicação, o Supremo Tribunal Federal, na única oportunidade que se manifestou sobre o tema, concluiu por sua inadequação aos valores constitucionais. Por isso, denegou *habeas corpus* a escritor de livro com conteúdo antissemita, mantendo sua condenação pela prática de crime de racismo. Dada a clareza da ponderação entre liberdade de expressão e valores da personalidade, mister destaque ao seguinte trecho:

> Garantia constitucional que não se tem como absoluta. Limites morais e jurídicos. O direito à livre expressão não pode abrigar, em sua abrangência, manifestações de conteúdo imoral

---

147. SOLOVE, Daniel. Speech, privacy and reputation on the Internet. In: LEVMORE, Saul; NUSSBAUM, Martha. *The offensive Internet*. Cambridge: Harvard University Press, 2010. p. 23. Tradução livre.
148. TRAVASSOS, Marcela Maffei Quadros. *Hate speech* e liberdade de expressão. In: SCHREIBER, Anderson (Coord.). *Direito e mídia*. São Paulo: Atlas, 2013. p. 290.

que implicam ilicitude penal. 14. As liberdades públicas não são incondicionais, por isso devem ser exercidas de maneira harmônica, observados os limites definidos na própria Constituição Federal (CF, artigo 5º, § 2º, primeira parte). O preceito fundamental de liberdade de expressão não consagra o "direito à incitação ao racismo", dado que um direito individual não pode constituir-se em salvaguarda de condutas ilícitas, como sucede com os delitos contra a honra. Prevalência dos princípios da dignidade da pessoa humana e da igualdade jurídica.[149]

---

149. Pela singularidade do caso, convém colacionar sua íntegra:
"*Habeas corpus*. Publicação de livros: antissemitismo. Racismo. Crime imprescritível. Conceituação. Abrangência constitucional. Liberdade de expressão. Limites. Ordem denegada. 1. Escrever, editar, divulgar e comerciar livros "fazendo apologia de ideias preconceituosas e discriminatórias" contra a comunidade judaica (Lei 7716/89, artigo 20, na redação dada pela Lei 8081/90) constitui crime de racismo sujeito às cláusulas de inafiançabilidade e imprescritibilidade (CF, artigo 5º, XLII). [...] 5. Fundamento do núcleo do pensamento do nacional-socialismo de que os judeus e os arianos formam raças distintas. Os primeiros seriam raça inferior, nefasta e infecta, características suficientes para justificar a segregação e o extermínio: inconciliabilidade com os padrões éticos e morais definidos na Carta Política do Brasil e do mundo contemporâneo, sob os quais se ergue e se harmoniza o estado democrático. Estigmas que por si só evidenciam crime de racismo. Concepção atentatória dos princípios nos quais se erige e se organiza a sociedade humana, baseada na respeitabilidade e dignidade do ser humano e de sua pacífica convivência no meio social. Condutas e evocações aéticas e imorais que implicam repulsiva ação estatal por se revestirem de densa intolerabilidade, de sorte a afrontar o ordenamento infraconstitucional e constitucional do País. 6. Adesão do Brasil a tratados e acordos multilaterais, que energicamente repudiam quaisquer discriminações raciais, aí compreendidas as distinções entre os homens por restrições ou preferências oriundas de raça, cor, credo, descendência ou origem nacional ou étnica, inspiradas na pretensa superioridade de um povo sobre outro, de que são exemplos a xenofobia, "negrofobia", "islamafobia" e o antissemitismo. 7. A Constituição Federal de 1988 impôs aos agentes de delitos dessa natureza, pela gravidade e repulsividade da ofensa, a cláusula de imprescritibilidade, para que fique, ad perpetuam rei memoriam, verberado o repúdio e a abjeção da sociedade nacional à sua prática. 8. Racismo. Abrangência. Compatibilização dos conceitos etimológicos, etnológicos, sociológicos, antropológicos ou biológicos, de modo a construir a definição jurídico-constitucional do termo. Interpretação teleológica e sistêmica da Constituição Federal, conjugando fatores e circunstâncias históricas, políticas e sociais que regeram sua formação e aplicação, a fim de obter-se o real sentido e alcance da norma. 9. Direito comparado. A exemplo do Brasil as legislações de países organizados sob a égide do estado moderno de direito democrático igualmente adotam em seu ordenamento legal punições para delitos que estimulem e propaguem segregação racial. Manifestações da Suprema Corte Norte-Americana, da Câmara dos Lordes da Inglaterra e da Corte de Apelação da Califórnia nos Estados Unidos que consagraram entendimento que aplicam sanções àqueles que transgridem as regras de boa convivência social com grupos humanos que simbolizem a prática de racismo. 10. A edição e publicação de obras escritas veiculando ideias antissemitas, que buscam resgatar e dar credibilidade à concepção racial definida pelo regime nazista, negadoras e subversoras de fatos históricos incontroversos como o holocausto, consubstanciadas na pretensa inferioridade e desqualificação do povo judeu, equivalem à incitação ao discrímen com acentuado conteúdo racista, reforçadas pelas consequências históricas dos atos em que se baseiam. 11. Explícita conduta do agente responsável pelo agravo revelador de manifesto dolo, baseada na equivocada premissa de que os judeus não só são uma raça, mas, mais do que isso, um segmento racial atávica e geneticamente menor e pernicioso. 12. Discriminação que, no caso, se evidencia como deliberada e dirigida especificamente aos judeus, que configura ato ilícito de prática de racismo, com as consequências gravosas que o acompanham. [... corpo do texto...] 15. "Existe um nexo estreito entre a imprescritibilidade, este tempo jurídico que se escoa sem encontrar termo, e a memória, apelo do passado à disposição dos vivos, triunfo da lembrança sobre o esquecimento". No estado de direito democrático devem ser intransigentemente respeitados os princípios que garantem a prevalência dos direitos humanos. Jamais podem se apagar da memória dos povos que se pretendam justos os atos repulsivos do passado que permitiram e incentivaram o

Contudo, da análise do inteiro teor dos debates entre os ministros que proferiram o acórdão, percebe-se que o tema é extremamente controverso. Principalmente porque, no caso, tratava-se de uma análise sobre um fato histórico, ainda que conhecido como cruel episódio da história contemporânea.[150]

Posto isto, salienta-se que mais um aspecto entra em cena na análise do *hate speech* na atualidade. É o fato de que, nas redes sociais da Internet, a informação pode ser produzida e compartilhada em tempo real pelos consumidores do serviço.

Situações práticas não faltam, como, *v. g.* o do *Star Wars Kid*, garoto que foi filmado dançando e, rapidamente, se espalhou na Rede, constrangendo-o.[151] O mesmo ocorreu com a cantora e apresentadora Barbra Streisand, quem obteve a retirada de determinado conteúdo considerado vexatório e, rapidamente, teve o mesmo conteúdo publicado milhares de vezes por internautas em todo o mundo.[152]

Sabe-se que, conforme amplamente salientado, a Internet hoje é muito diferente daquela de décadas atrás. Com efeito, os filtros utilizados pelos provedores são muito mais sofisticados do que quando do surgimento das primeiras redes sociais.[153]

ódio entre iguais por motivos raciais de torpeza inominável. 16. A ausência de prescrição nos crimes de racismo justifica-se como alerta grave para as gerações de hoje e de amanhã, para que se impeça a reinstauração de velhos e ultrapassados conceitos que a consciência jurídica e histórica não mais admitem. Ordem denegada".

HC 82424, Relator(a): Min. Moreira Alves, Relator(a) p/ Acórdão: Min. Maurício Corrêa, Tribunal Pleno, julgado em 17.09.2003, DJ 19.03.2004 PP-00017 EMENT VOL-02144-03 PP-00524.

150. Para interessante leitura dos votos divergentes do aresto, V. SCHREIBER, Anderson. *Direitos da Personalidade*. 2. ed. rev. e atual. São Paulo: Atlas, 2013. p. 245-247.
151. Sobre o caso *Star Wars Kid*, V. ZITTRAIN, Jonathan. *The future of Internet and how to stop it*. New Haven/London: Yale University Press, 2008. p. 211-212.
152. Sobre o chamado efeito Streisand, para Marcel Leonardi análogo ao *leading case* brasileiro envolvendo a modelo Daniella Cicarelli e seu namorado: "O 'efeito Streisand 'também já ocorreu no Brasil. O caso mais conhecido é o que envolveu o vídeo da modelo Daniela Cicarelli em cena de sexo, que foi reproduzido em centenas de Web sites por diversos usuários de todas as partes do globo, como forma de protesto ao bloqueio temporário de acesso ao Web site YouTube.com no país e que, consequentemente, ainda pode ser encontrado online, por meio de uma simples pesquisa realizada em um mecanismo de busca com os termos "vídeo Cicarelli"." LEONARDI, Marcel. *Privacidade na Internet*, p. 353.
153. Nesse sentido, Eli Pariser: "Segundo, a bolha dos filtros é invisível. Os espectadores de fontes de notícias conservadoras ou progressistas geralmente sabem que estão assistindo a um canal com determinada inclinação política. No entanto, a pauta do Google não é transparente. O Google não nos diz quem ele pensa que somos ou por que está nos mostrando o resultado que vemos. Não sabemos se as suposições que o site faz sobre nós estão certas ou erradas – as pessoas talvez nem imaginem que o site está fazendo suposições sobre elas. Minha amiga que recebeu informações sobre a BP destinadas a investidores ainda não entendeu por quê, posto que não investe na bolsa de valores. Por não escolhermos os critérios que os sites usuário para filtrar os diversos assuntos, é fácil intuirmos que as informações que nos chegam através de uma bolha de filtros sejam imparciais, objetivas, verdadeiras. Mas não são. Na

Hoje, a principal rede social hoje no mundo, o *Facebook*, consigna expressamente nos seus termos de uso que: "Conteúdos que ataquem pessoas com base em sua raça, etnia, nacionalidade, religião, gênero, orientação sexual, deficiência ou doença, sejam elas reais ou presumidas, não são permitidos. Da mesma forma, os termos de uso do site proíbem expressamente que haja pornografia, *bullying*, dentre outras.[154] Muitas vezes, utilizando-se de filtros de conteúdo para impedir previamente sua disponibilização.

Entretanto, a cláusulas contratuais trazem inúmeras excludentes de responsabilidade, transferindo riscos expressamente ao usuário, além de constituir a *postestas* da *exceptio non adimplendi contractus* por violação de termos pelo usuário.[155]

---

verdade, quando as vemos de dentro da bolha é quase impossível conhecer seu grau de parcialidade." PARISER, Eli. *O filtro invisível*. O que a Internet está escondendo de você. Trad. Diego Alfaro. Rio de Janeiro: Zahar, 2012. p. 15.

154. É o que chama de "regras da comunidade", que são os termos de uso, onde contém: "3. Segurança Nos empenhamos ao máximo para manter o Facebook seguro, mas não podemos garantir isso. Precisamos da sua ajuda para manter o Facebook seguro, o que inclui os seguintes compromissos de sua parte:
Você não publicará comunicações comerciais não autorizadas (como spam) no Facebook.
[...]
Você não irá intimidar, assediar ou praticar bullying contra qualquer usuário.
Você não publicará conteúdo que: contenha discurso de ódio, seja ameaçador ou pornográfico; incite violência; ou contenha nudez ou violência gráfica ou desnecessária.
Você não irá desenvolver nem operar um aplicativo de terceiros que esteja relacionado a álcool, namoro ou outro conteúdo adulto (incluindo propagandas) sem as restrições apropriadas com base em idade.
[...]
12. Você não facilitará nem incentivará a violação desta Declaração ou de nossas políticas.
FACEBOOK. Regras da Comunidade. Disponível em: https://www.facebook.com/legal/terms. Acesso em: 16 abr. 2014.

155. 15. Rescisão
Se você violar o texto ou a essência desta Declaração, ou gerar possível risco ou exposição legal para nós, podemos deixar de fornecer todo ou parte do Facebook para você. Notificaremos você por e-mail ou na próxima vez que você tentar acessar sua conta. Você também pode excluir sua conta ou desativar seu aplicativo a qualquer momento. Em todos esses casos, esta Declaração perderá sua vigência, mas as seguintes disposições ainda serão aplicáveis: 2.2, 2.4, 3-5, 8.2, 9.1-9.3, 9.9, 9.10, 9.13, 9.15, 9.18, 10.3, 11.2, 11.5, 11.6, 11.9, 11.12, 11.13 e 15-19.
16. Disputas
[...] 3. Nós tentamos manter o Facebook atualizado, seguro e livre de erros, mas você o usa por sua conta e risco. Nós fornecemos o Facebook no estado em que se encontra sem garantias expressas ou implícitas, incluindo, sem limitação, garantias implícitas de comercialização, adequação a uma finalidade específica e não infração. Não garantimos que o Facebook ficará sempre seguro, protegido, sem erros, nem que o Facebook sempre funcionará sem interrupções, atrasos ou imperfeições. O Facebook não assumirá a responsabilidade por ações, conteúdo, informações ou dados de terceiros, e você isenta a nós, nossos diretores, executivos, funcionários e agentes de qualquer reclamação ou dano, conhecido e desconhecido, decorrente de ou relacionado de qualquer forma a qualquer reclamação que você tenha contra terceiros. Se você for residente da Califórnia, você abdica do Código Civil da Califórnia §1542, que diz: a liberação geral não se estende a reclamações que o credor não sabe ou suspeita existir

Tendo sido compreendido que a relação jurídica entre provedor de aplicações de redes sociais e usuário é considerada como uma relação de consumo, questão sedimentada na jurisprudência nacional, é questionável a validade de tais cláusulas contratuais.

Os provedores nestes casos dispõem unilateralmente sobre exclusão da responsabilidade e atribuem riscos que expressamente assumem por intermédio de seu contrato e do comportamento que provocam em seus algoritmos. Portanto, a manutenção de um sistema seguro é um risco por ele criado, que atrai a sistemática de responsabilidade civil objetiva do Código de Defesa do Consumidor, além do dever de informar da natureza potencialmente perigosa do conteúdo (art. 9º c.c. 14 do CDC)

Ainda que se utilize, como regra, o sistema do "*notice and takedown*", não há base normativa para afirmar que o provedor responda subjetivamente. A responsabilidade é de natureza objetiva e a notificação deve ser de natureza extrajudicial, por um canal disponibilizado no próprio site. A alteração deste sistema, principalmente no que concerne a situações vexatórias como as do *hate speech*, será um grande retrocesso.

E é possível sustentar que também podem ser consideradas dessa mesma natureza as informações inseridas por intermédio dos perfis falsos, revelando a necessidade de um sistema de reponsabilidade dos provedores de aplicações de sites de redes sociais mais protetivo aos consumidores. Principalmente quando se tratar de conglomerados empresariais, conforme se verá a seguir.

1.3.2.4 Regras distintas ao provedor que exerce atividade empresarial organizada

"*Quando se é uma companhia nova, no começo, a abertura parece ótima, pois é uma porta de entrada. Mas tenho de admitir: quanto maior a gente fica, mais os sistemas fechados parecem atraentes.*"[156]

---

em seu favor, no momento de execução da liberação que se souber por ele deve ter substancialmente afetado seu acordo com o devedor. Nós não assumiremos a responsabilidade por você por qualquer perda de lucro ou outros danos decorrentes, especiais, indiretos ou acidentais decorrentes de ou em relação a esta declaração ou ao Facebook, mesmo se avisados da possibilidade de tais danos. Nossa responsabilidade total decorrente desta declaração ou do Facebook não deverá ultrapassar o montante de cem dólares (US$ 100) ou o valor pago nos EUA nos últimos doze meses. A legislação aplicável não pode permitir a limitação nem a isenção da responsabilidade por danos acidentais ou consequentes. Portanto, a limitação ou exclusão acima pode não se aplicar a você. Nesses casos, a responsabilidade do Facebook será limitada ao limite máximo permitido por lei.

Idem. Disponível em: https://www.facebook.com/legal/terms. Acesso em: 16 ago. 2013.
156. WU, Tim. Impérios... cit., p. 355.

A epígrafe é atribuída por Tim Wu a um funcionário graduado da Google, em palestra proferida pelo professor da Universidade de Columbia no *campus* da empresa, em 2010. Ainda que não se queira eleger um ou outro provedor de aplicações da Internet como único a merecer um regime de responsabilidade diverso, correspondente aos riscos que cria para os direitos de terceiros, é certo que o sucesso de alguns deles acaba por chamar a atenção para os danos que podem vir a causar.

Assim, Google, Facebook, Microsoft e alguns outros gigantes da tecnologia acabam sempre por protagonizar número considerável de lides paradigmáticas sobre propriedade intelectual, privacidade, responsabilidade civil por conteúdo, proteção do consumidor e tantos outros temas caros ao Direito Virtual.

Contudo, ao contrário do sustentado até aqui, os grandes provedores de aplicações da Rede aplaudem o sistema proposto pelo Marco Civil da Internet. Sua principal alegação é a de que seria demasiado oneroso para os pequenos intermediários da Rede suportar sistema de responsabilidade que não seja o da notificação judicial para retirada de conteúdo.[157] Além da defesa aberta à liberdade de expressão dos usuários e à neutralidade da rede como princípios fundantes da Rede.

Conforme enfaticamente salientado, o bem-sucedido modelo de negócios das empresas na web contemporânea é proporcional, principalmente, à possibilidade de captação de informações estratégicas para o oferecimento de publicidade dirigida aos interesses dos usuários, chamado *marketing* cruzado.

Não obstante, os fatos revelam que o poder político e econômico adquirido pelos vencedores desta "corrida ao ouro para os dados pessoais"[158] lastreada por um discurso aparentemente libertário acabou por estruturar um ambiente cujas regras são baseadas em modelos privados de apropriação e regulação. Um verdadeiro faroeste em que os grandes provedores de aplicações criam e executam as próprias regras.

---

157. Cf. AGÊNCIA BRASIL. Google, Facebook e Microsoft elogiam o Marco Civil da Internet – 15.02.2013. Disponível em: http://agenciabrasil.ebc.com.br/noticia/2013-08-15/google-facebook-e-microsoft-e-logiam-marco-civil-da-internet. Acesso em: 16 abr. 2014.
158. Acerca, Giuseppe Busia: "*Si tratta di una miniera inesauribile di dati, immateriali sì, ma non per questo meno appetibili, dal punto di vista economico, dell'oro, del petrolio o delle risorse naturali necessarie per la sopravvivenza dell'uomo. Basti solo pensare alla quotazione a Wall Street di Facebook ed alla sua valutazione sul mercato azionario, calcolata da analisti e investitori in diretta proporzione con il numero di profili e di dati che riesce a trattare. Quanto maggiore è la quantità di informazioni gestite da un operatore, tanto più elevata è la quotazione attribuita dal mercato, nonché la possibilità di conquistare una posizione di leadership globale, in un mercato senza confini*". BUSIA, Giuseppe. Le frontiere della privacy in Internet: la nuova corsa all'oro per i dati personali. In: POLICINO, Oreste; BERTOLINI, Elisa; LUBELLO, Valerio. *Internet*: regole e tutela dei diritti fondamentali. Milano: Aracne Editrice. p. 30.

Em entrevista ao New York Times, Erick Schmith, CEO e cofundador da Google, afirmou categoricamente que não acredita na regulamentação legal como melhor forma de atuação do Estado frente às instituições privadas. Ademais, tornou público que o lema da empresa é "Não fazer o mal".

Entretanto, o executivo não se atentou (ou simplesmente silenciou) para o fato de que os confins entre bem e mal denotam um juízo de valor que não pode ser feito por códigos fontes. De que algoritmos não são neutros e as regras por eles definidas exprimem ponderações, discriminações, preconceitos que só aqueles que os programam podem ter feito previamente.

Ao analisar a forma como a humanidade atualmente se utiliza dos serviços oferecidos pela empresa (o que serve para todos os *gadgets* da tecnologia), Siva Vaidhyanathan alerta: "a Google reina como Cesar". E a "fé" da humanidade neste "admirável mundo novo", onde nossas emoções, identidades, personalidades, desejos etc. foram transformados em objetos de mercado, acaba por fomentar uma perigosa ideologia, consequência especialmente da falta de assertividade do poder público na atualidade, que denomina de "tecnofundamentalismo".[159]

Insertos neste ambiente, segundo o autor, os fornecedores estruturaram uma sociedade regida por um "panóptico criptográfico", que submete os usuários a vigilância constante, aumentando a insegurança e permitindo a irresponsabilidade dos vigilantes.[160]

No tocante às responsabilidades, dentre elas aquela por conteúdo inserido por terceiros, como no caso do Youtube, conclui que "tem alto grau de responsabilidade pelo conteúdo inserido". Contudo, "insiste em ser regulada da forma mais fraca, especificando uma única regra para a regulação das complexas relações entre seres humanos e suas próprias necessidades".[161]

No mesmo sentido, Tim Wu, para quem o discurso público de "não fazer o mal", serve para ocultar um monopólio. Assim como a *AT&T,* cujo diretor também "prometeu não fazer nenhum mal"[162] no começo do século XX, as gigantes da tecnologia cada dia mais parecem se mostrar interessadas em seguir o mesmo caminho:

> O Google pode acabar mostrando a quadratura do círculo de uma flor a que lembra o grande monopolista anômalo da história, a AT&T, apresentando-se para a regulamentação a fim de não ser desfigurada. Pode tentar estabelecer negócios com o governo dos Estados Unidos

---

159. Cf. VAIDHYANATHAN, Siva. *The googlization of everything (and why should we worry)*. Berkeley: University of California Press, 2011. p. 50.
160. Cf. idem, p. 112.
161. Idem, p. 48.
162. WU, Tim. Impérios... cit., p. 70.

e de outras partes do mundo a fim de preservar seu monopólio intacto e protegido, troca de fazer o que faz tão bem, oferecer um sistema aberto com o espírito de utilidade pública. "Não faça o mal" pode não ser o mote, mas um dever juramentado. Como mostrou Vail, essa *noblesse oblige* talvez seja muito boa como moral da história – pois, a longo prazo, a utilidade pública não é um mau negócio.[163]

Conforme salientado, a necessidade de se repensar sobre um tratamento igual aos gigantes da tecnologia e aos provedores de aplicações iniciantes (*startups*) não serve para crucificar um ou outro conglomerado em especial. Mas acende de maneira grave um sinal de alerta.

O Código de Defesa do Consumidor atribui regimes de responsabilidade civil diversos entre profissionais liberais e fornecedores profissionais (art. 14 e § 4º, CDC). Bem como prevê a possibilidade de pessoa jurídica empresária ser tratada como consumidora, pela teoria do finalismo mitigado ou aprofundado (art. 3º, *caput*).

O Marco Civil, por seu turno, estabelece regime levemente diverso para os provedores de aplicação que "exerce essa atividade de forma organizada, profissionalmente e com fins econômicos". Contudo a regra apenas prevê a possibilidade de que o provedor de aplicações seja compelido a substituir o conteúdo bloqueado pela decisão judicial que determina sua retirada, a pedido do usuário que ajuizou a pretensão:

> Quando solicitado pelo usuário que disponibilizou o conteúdo tornado indisponível, o provedor de aplicações de Internet que exerce essa atividade de forma organizada, profissionalmente e com fins econômicos, substituirá o conteúdo tornado indisponível, pela motivação ou pela ordem judicial que deu fundamento à indisponibilização.

Ainda que, em essência, reconheça a diferença ontológica entre os grandes provedores de aplicações de Internet e o administrador de um blog, ou um usuário do *Facebook*, por exemplo, a disposição é insuficiente perante os riscos que esses serviços apresentam. Mas, saliente-se, representa um norte interpretativo na proteção do consumidor vulnerável. Riscos que se evidenciam por si nas hipóteses de perfis falsos, por exemplo.

1.4 ABORDAGEM CONCLUSIVA

A ideia da existência de um "espaço virtual" alheio ao "real", ainda hoje, leva muitos a distorcerem as verdadeiras dimensões dos desdobramentos decorrentes da incorporação das tecnologias da informação e comunicação ao quotidiano.

---

163. Idem, p. 357.

Contudo, leciona Guilherme Magalhães Martins que "*a Internet não é um mundo à parte, mas uma parte do mundo*".[164]

Este trabalho verifica integralmente esta premissa, delimitado à análise do problema dos danos à pessoa humana sofridos no âmbito dos *sites* de redes sociais da Internet.

Desta maneira, asseverou-se que um *site* de rede social é um empreendimento privado. Nele, o usuário tem a possibilidade de inserir dados que o identifiquem, bem como fotos, vídeos, músicas e etc. Além de propiciar ferramentas interativas de comunicação entre os eles.

Em contrapartida, o fornecedor do serviço se vale não só dos dados inseridos pelo usuário, mas do potencial publicitário da página. Logo, concluiu-se estar diante de uma relação de consumo remunerada indiretamente.

Portanto, as regras destes sites são baseadas em seus termos de uso, aceitos por aqueles que passam a se utilizar deste serviço, muitas vezes, por meio de um simples clique sendo sua natureza jurídica a de cláusulas gerais de um contrato de adesão.

Logo, os fornecedores devem obedecer aos deveres estabelecidos pelo Código de Defesa do Consumidor e a responsabilidade do provedor que administra o site é, a princípio, de natureza objetiva.

Ademais, a proteção integral da vítima neste âmbito atende a particularidades especiais. Afinal, a possibilidade de manutenção do anonimato, de multiplicação das informações de conteúdo danoso, abrangência e velocidade de tráfego dos dados, dentre outros fatores, atraem a responsabilidade solidária dos provedores de hospedagem, principalmente no tocante aos perfis falsos.

Não obstante, os dispositivos acerca da responsabilização dos intermediários da Internet pelo conteúdo inserido por terceiros contido no Projeto de Lei 2.126/2011 (Marco Civil da Internet no Brasil) propõe tratamento diametralmente oposto ao tema e o substitutivo ao projeto de lei traz tímidos avanços para a efetiva tutela de aspectos da personalidade do usuário.

A normativa existente, principalmente o art. 927, p.ú, do CC e os arts. 12 e 14 do CDC, é plenamente aplicável. Contudo, a opção legislativa regredir os padrões de tutela alcançados pela aplicação dos princípios constitucionais e das regras que protegem os consumidores dos danos que venham a sofrer por meio destes *sites*.

---

164. Cf. MARTINS, Guilherme. Anotações em sala de aula na disciplina "Direito Civil-Constitucional", ministrada no curso de Pós Graduação *Strictu Sensu* da Faculdade de Direito da Universidade do Estado do Rio de Janeiro, no segundo semestre do ano de 2009.

Afinal, o exercício da livre iniciativa (art. 170, I, CRFB) legitima a proteção dos modelos de negócios adotados pelos provedores. Contudo, a proteção do consumidor funda-se na dignidade da pessoa humana (art. 1º, III, CRFB) e este foi o valor eleito pelo constituinte como o sentido maior do ordenamento jurídico brasileiro.

Nesse sentido se pronunciaram Guilherme Magalhães Martins, João Victor Rozatti Longhi e Guilherme Mucelin, espelhando o posicionamento do BRASILCON na audiência pública perante STF para fins de análise da constitucionalidade do Art. 19 do MCI:

> A inconstitucionalidade se revela pela violação ao princípio da proporcionalidade ou contraditoriedade, incongruência e irrazoabilidade entre meios e fins, aponta a doutrina constitucionalista.
>
> Não se pode negar que o provedor Internet é um integrante fundamental da comunicação ali realizada, e atribuir força de excludente da responsabilidade civil ao fato de terceiro, como fez o artigo 19 do Marco Civil da Internet, mais do que impedir que determinados danos caiam em determinado local, significa assegurar irresponsabilidade, face à assimetria do meio, dominado por robôs e algoritmos.
>
> O Marco Civil ameaça conquistas alcançadas de maneira gradual, em detrimento do interesse público, especialmente em matéria de responsabilização dos provedores, onde se visualizam hoje os maiores problemas decorrentes dos vícios e acidentes de consumo nas redes sociais virtuais, sobretudo haja vista a abrangência da norma do art. 17 da Lei 8.078/90, que equipara aos consumidores todas as vítimas do evento ("bystanders").
>
> Espelhando uma ótica patrimonialista, o legislador demonstrou preocupação apenas com as infrações a direitos autorais ou direitos conexos, que, na forma do art. 19, parágrafo segundo, tem o requisito da ordem judicial condicionado a previsão legal específica.
>
> Nesse ponto, o Marco Civil, paradoxalmente, consagra a prevalência das situações patrimoniais sobre as existenciais, caso em que a responsabilidade do provedor em face das vítimas depende de uma prévia notificação judicial, o que não se aplica, portanto, ao titular do direito autoral. Conferir aos interesses da indústria cultural, em função da titularidade dos direitos patrimoniais do autor (copyright) em face das vítimas de danos sofridos através das ferramentas de comunicação da Internet, como as redes sociais, significa inverter os valores fundamentais contidos na tábua axiológica da Constituição da República.
>
> Portanto, o artigo 19, parágrafo segundo, do Marco Civil é eivado de inconstitucionalidade material, por afrontar a dignidade da pessoa humana, eleita como princípio fundamental da República Federativa do Brasil no art. 1º, IV, da Constituição da República, em nome da exaltação de uma liberdade de expressão que não pode ser absoluta.[165]

Posto isto, necessária a análise destes postulados teóricos na análise de questões envolvendo propaganda eleitoral.

---

165. MARTINS, Guilherme Magalhães; LONGHI, João Victor Rozatti (Coord.); MUCELIN, Guilherme (Org.). *Direito Digital*: Direito Privado e Internet. 5. ed. São Paulo: Foco, 2024. p. XXVIII.

2
PROPAGANDA ELEITORAL NA INTERNET

2.1 CONCEITOS

Preliminarmente, é necessário diferenciar termos como "propaganda", "publicidade" e "marketing". Publicidade é genericamente definida como todo e qualquer meio que o fornecedor no mercado de consumo utiliza para promover sua atividade econômica, seja produto ou serviço. Nos termos de Antônio Herman V. Benjamin, a publicidade tem objetivo comercial, sendo sempre remunerada direta ou indiretamente por aquele que tem o objetivo de divulgar o objeto de seu empreendimento.[1]

Propaganda, por sua vez, tem o objetivo de divulgar ideias, conceitos. Ela se diferencia da publicidade por não ter um fim lucrativo direto, de ofertar um produto ou serviço aos consumidores em potencial.[2] Afirma-se que a publicidade não teria compromisso com a verdade, com a realidade, uma vez que se dirige à emoção do interlocutor.[3]

Sendo absoluta a informação ou não, é certo que o regime jurídico da publicidade como prática comercial no mercado de consumo no Brasil adota o princípio da vinculação da oferta, ou seja, do "prometeu, cumpriu".[4] E ainda que o Código de Defesa do Consumidor trate como sinônimos os termos publicida-

---

1. BENJAMIN, Antonio Herman. Oferta e publicidade. MARQUES, Claudia Lima; BENJAMIN, Antonio Herman V.; BESSA, Leonardo Roscoe. *Manual de direito do consumidor*. 2. ed. rev., atual. e ampl. São Paulo: Ed. RT, 2009. p. 196.
2. Dispõe o CDC:
   Art. 36. A publicidade deve ser identificada de tal forma que o consumidor, fácil e imediatamente a identifique como tal.
   Art. 56. As infrações das normas de defesa do consumidor ficam sujeitas, conforme o caso, às seguintes sanções administrativas, sem prejuízo das de natureza civil, penal e das definidas em normas específicas: [...] XII – imposição de contrapropaganda.
3. Cf. GOMES, José Jairo. *Direito Eleitoral*. 8. ed. rev. e atual. São Paulo: Atlas, 2012. p. 326.
4. Cf. BENJAMIN, Antonio V. Herman. Op. cit., p. 185.

de e propaganda, "[...] propaganda política e publicidade governamental não se enquadram no conceito do Código".[5]

Por sua vez, marketing é o conjunto de técnicas utilizadas para difundir todo e qualquer objeto. Assim, é perfeitamente possível que se utilize de técnicas de *marketing* tanto na publicidade de produtos e serviços, como na propaganda ideológica.

A propaganda, assim, consiste genericamente em uma forma de difundir ideologias.[6] Porém, essa é uma ideia que mais se aproxima à noção de propaganda política, que se "caracteriza por veicular concepções ideológicas com vistas à obtenção ou manutenção do poder estatal".[7]

Segundo Jairo José Gomes, são princípios da Propaganda Política: Legalidade, liberdade de expressão, comunicação e informação, veracidade, igualdade, responsabilidade e controle judicial. Além disso, seus regimes jurídicos são divididos em quatro grandes espécies: partidária (arts. 45 a 49 da Lei 9.096/96),[8] candidato a candidato ou intrapartidária (art. 36, § 1º, Lei 9.504/97), institucional (art. 37, § 1º, CRFB c.c. 74, Lei 9.504/9)[9] e eleitoral.[10]

2.1.1 Propaganda eleitoral

Marcos Ramayama conceitua propaganda eleitoral como "[...] espécie de propaganda que tem a finalidade precípua de divulgar ideias e propagandas dos

---

5. SILVA NETO, Orlando Celso. *Comentários ao Código de Defesa do Consumidor*. Rio de Janeiro: Forense, 2013. p. 480.
6. Cf. GRINOVER, Ada Pellegrini; NERY JR., Nelson; WATANABE, Kazuo. *Código Brasileiro de Defesa do Consumidor*: comentado pelos autores do anteprojeto. 9. ed. Rio de Janeiro: Forense, 2007. p. 318.
7. GOMES, José Jairo. Op. cit., p. 327.
8. Art. 45. A propaganda partidária gratuita, gravada ou ao vivo, efetuada mediante transmissão por rádio e televisão será realizada entre as dezenove horas e trinta minutos e as vinte e duas horas para, com exclusividade:
   I – difundir os programas partidários;
   II – transmitir mensagens aos filiados sobre a execução do programa partidário, dos eventos com este relacionados e das atividades congressuais do partido;
   III – divulgar a posição do partido em relação a temas político-comunitários.
   IV – promover e difundir a participação política feminina, dedicando às mulheres o tempo que será fixado pelo órgão nacional de direção partidária, observado o mínimo de 10% (dez por cento). (Incluído pela Lei 12.034, de 2009)
9. CRFB Art. 37 [...] § 1º A publicidade dos atos, programas, obras, serviços e campanhas dos órgãos públicos deverá ter caráter educativo, informativo ou de orientação social, dela não podendo constar nomes, símbolos ou imagens que caracterizem promoção pessoal de autoridades ou servidores públicos.
   Lei 9504/97
   Art. 74. Configura abuso de autoridade, para os fins do disposto no art. 22 da Lei Complementar 64, de 18 de maio de 1990, a infringência do disposto no § 1º do art. 37 da Constituição Federal, ficando o responsável, se candidato, sujeito ao cancelamento do registro ou do diploma. (Redação dada pela Lei 12.034, de 2009)
10. Cf. GOMES, José Jairo. p. 332-333.

candidatos. É a oportunidade que a legislação eleitoral atribui ao candidato para exteriorizar o símbolo real do mandato representativo e partidário".[11]

No mesmo sentido, para quem "a propaganda eleitoral é espécie dentro do gênero publicidade e ainda que sua finalidade específica seja tentar mostrar que alguém é o mais apto para o exercício do cargo em disputa, ela, mais do que isso, se presta para informar aos eleitores que determinada pessoa é candidato a determinado cargo, em determinada ação".[12]

A legislação eleitoral a que se refere o autor não diz respeito somente à Lei 9.504/97, popularmente conhecida como Lei das Eleições (LE). Com efeito, nem a Lei das Eleições, nem a Lei Orgânica dos Partidos Políticos (Lei 9.096/96), ab-rogaram expressamente o Código Eleitoral (Lei 4.737/63). Não obstante, deve-se salientar que o Código trata de "propaganda partidária" (arts. 240 e ss.) quando na verdade dispõe de regras sobre "propaganda eleitoral", conforme posteriormente definida em lei.

A lei que estabelece as normas para as eleições no Brasil não define o instituto. Entretanto, inaugura o regime jurídico da propaganda eleitoral em geral a partir do art. 36.

Olivar Coneglian leciona que "por propaganda eleitoral se entende aquela que é feita com o objetivo de conquistar o eleitor e seu voto, nas eleições que se aproximam". Ou seja, "é a propaganda do candidato e do partido durante o período de campanha eleitoral"[13] que somente é permitida após o dia 5 de julho do ano da eleição (art. 36). Portanto, antes desta data, trata-se da ilicitude conhecida como propaganda antecipada ou extemporânea, conforme se verá a seguir.

2.1.2 Promoção pessoal *vs.* propaganda eleitoral

No primeiro caso, no período de final do ano de 1997, ocorreu a divulgação em outdoor da cidade com a seguinte mensagem de fim de ano: "Rui Resende agradece ao povo de BH o apoio expressivo na eleição/96 e deseja a todos um Feliz Natal e um Próspero 1998."

Representado por propaganda eleitoral antecipada, o réu foi absolvido, concluindo a corte que, ainda que não haja dúvida de que *a mencionada publicação traduz o intuito de promoção pessoal do recorrido, mas tal incidência, por*

---

11. RAMAYAMA, Marcos. *Direito eleitoral*. 10. ed rev., ampl. e atual. Com comentários a Lei 12.034 de 29 de setembro de 2009. Niterói: Impetus, 2010. p. 368.
12. SILVA, Fernando Neves da. Restrições à propaganda eleitoral: os coronéis agradecem. *Instituto Vitor Nunes Leal*. A contemporaneidade do pensamento de Victor Nunes Leal. São Paulo: Saraiva, 2013. p. 169.
13. CONEGLIAN, Olivar. *Lei das eleições comentada*. 5. ed. Curitiba: Juruá, 2008. p. 199.

si, não configura hipótese apta a ensejar a incidência da multa por propaganda eleitoral vedada":

> Entende-se como ato de propaganda eleitoral aquele que leva ao conhecimento geral, ainda que de forma dissimulada, a candidatura, mesmo que apenas postulada, a ação política que se pretende desenvolver ou razões que induzam a concluir que o beneficiário é o mais apto ao exercício de função pública. Sem tais características poderá haver mera promoção pessoal – apta, em determinadas circunstâncias a configurar abuso de poder econômico – mas não propaganda eleitoral.[14]

No mesmo sentido, em aresto diverso, decidiu o TSE que: "A colocação de cartazes em táxis ou ônibus (*busdoors*) divulgando lançamento de livro, programa de rádio ou televisão, apenas com a foto do candidato, sem conotação eleitoral, configura mera promoção pessoal, destacando-se que o excesso pode configurar abuso de poder. A menção ao cargo que ocupa, o qual em nada está relacionado aos produtos objeto da publicidade, configura propaganda eleitoral. Mensagens festivas contendo apenas o nome do candidato, sem conotação eleitoral, não configuram propaganda eleitoral".[15]

2.1.3 Propaganda subliminar *vs.* propaganda eleitoral

A corte se deparou com a questão da propaganda eleitoral subliminar, ou seja, aquela cujo intuito aparente não seria o de revelar propaganda eleitoral, mas cuja mensagem é a da promoção de determinado candidato de maneira ilícita.

No caso, tratava-se de agradecimento por parte de uma fundação ao então governador do Estado de Goiás, publicado em jornal, pela reversão da demissão de menores aprendizes.

Ainda que tenha alegado a fundação não haver intenção de promover o candidato ilicitamente, manteve o tribunal a condenação por propaganda eleitoral antecipada, salientando que: "(...)A fim de verificar a existência de propaganda subliminar, com propósito eleitoral, não deve ser observado tão somente o texto dessa propaganda, mas também outras circunstâncias, tais como imagens, fotografias, meios, número e alcance da divulgação. (...)".[16]

---

14. Recurso Especial Eleitoral 16183, Acórdão 16183 de 17.02.2000, Relator(a) Min. José Eduardo Rangel De Alckmin, Publicação: DJ – Diário de Justiça, Data 31.03.2000, p. 126.
15. Consulta 794, Resolução 21104 de 23.05.2002, Relator(a) Min. Ellen Gracie Northfleet, Publicação: DJ – Diário de Justiça, v. 1, Data 09.08.2002, p. 202 *RJTSE – Revista de Jurisprudência do TSE*, v. 13, t. 3, p. 408.
16. Embargos de Declaração em Recurso Especial Eleitoral 19905, Acórdão 19905 de 04.09.2003, Relator(a) Min. Fernando Neves da Silva, Publicação: DJ – Diário de Justiça, v. 1, Data 24.10.2003, p. 129.

2.1.4 Programa partidário e promoção de candidato

Por derradeiro, o Tribunal já se deparou com a problemática da divulgação de programa partidário como forma de propaganda eleitoral. São comuns atos e condutas das mais variadas em que pré-candidatos notórios, ainda que não tenham formalmente registrado suas candidaturas, passem a se utilizar da propaganda do programa partidário como forma de promoção de sua própria candidatura:

> [...] A configuração de propaganda eleitoral antecipada não depende exclusivamente da conjugação simultânea do trinômio candidato, pedido de voto e cargo pretendido. [...] Caracteriza propaganda eleitoral antecipada, ainda que de forma implícita, a veiculação de propaganda partidária para promoção de filiado, notório pré-candidato, com conotação eleitoral, que induza o eleitor à conclusão de que seria o mais apto para ocupar o cargo que pleiteia, inclusive com a divulgação de possíveis linhas de ação a serem implementadas. [...][17]

2.1.5 Propaganda Eleitoral extemporânea e antecipada

A lei se abstém de conceituar propaganda eleitoral extemporânea. A doutrina trata propaganda extemporânea como sinônimo de propaganda antecipada.[18]

---

17. Pela importância, convém a transcrição completa da Ementa:
    Representação. Propaganda eleitoral antecipada. Programa partidário. Notório pré-candidato. Apresentação. Legitimidade para figurar no polo passivo. Promoção pessoal. Tema político-comunitário. Abordagem. Conotação eleitoral. Caráter implícito. Caracterização. Procedência. Recurso. Desprovimento.
    1. Notório pré-candidato que inclusive apresenta o programa partidário impugnado é parte legítima para figurar no polo passivo de representação em que se examina a realização de propaganda eleitoral antecipada.
    2. Nos termos da jurisprudência da Corte, deve ser entendida como propaganda eleitoral antecipada qualquer manifestação que, previamente aos três meses anteriores ao pleito e fora das exceções previstas no artigo 36-A da Lei 9.504197, leve ao conhecimento geral, ainda que de forma dissimulada, a candidatura, mesmo que somente postulada, a ação política que se pretende desenvolver ou as razões que levem a inferir que o beneficiário seja o mais apto para a função pública.
    3. A configuração de propaganda eleitoral antecipada não depende exclusivamente da conjugação simultânea do trinômio candidato, pedido de voto e cargo pretendido.
    4. A fim de se verificar a existência de propaganda eleitoral antecipada, especialmente em sua forma dissimulada, é necessário examinar todo o contexto em que se deram os fatos, não devendo ser observado tão somente o texto da mensagem, mas também outras circunstâncias, tais como imagens, fotografias, meios, número e alcance da divulgação.
    5. Caracteriza propaganda eleitoral antecipada, ainda que de forma implícita, a veiculação de propaganda partidária para promoção de filiado, notório pré-candidato, com conotação eleitoral, que induza o eleitor à conclusão de que seria o mais apto para ocupar o cargo que pleiteia, inclusive com a divulgação de possíveis linhas de ação a serem implementadas.
    6. Recurso desprovido.
    Recurso em Representação 177413, Acórdão de 10.08.2010, Relator(a) Min. Joelson Costa Dias, Publicação: PSESS – Publicado em Sessão, Data 10.08.2010.
18. GOMES, José Jairo. *Direito eleitoral* cit., p. 344.

Entretanto, é certo que há hipóteses em que a propaganda eleitoral pode ser extemporânea, mas não antecipada, ou seja, está fora do prazo, mas não ocorreu antes da data estipulada pela lei.

Assim, propaganda eleitoral antecipada é aquela realizada por candidato ou partido antes do dia 16 de agosto do ano da eleição, enquanto a denominada extemporânea, é a realizada fora do período legal, tanto antes de 16 de agosto, quanto depois de encerrada a propaganda, em alguns casos 48, outros 24 horas antes do dia da eleição. A segunda nomenclatura é mais ampla, porém, ambas visam limitar a conduta dos candidatos e equilibrar o pleito.

O tema será mais bem pormenorizado quando da análise da lei eleitoral de 2009 e a resolução eleitoral para as eleições de 2019 com suas alterações mais recentes.

2.1.6 Propaganda eleitoral negativa e direito de resposta

O tema da Propaganda eleitoral negativa é tratado no Código eleitoral (art. 242, 243[19] e 324 a 326, lei 4737/65)[20] e é geralmente estudada como pressuposto da concessão do direito de resposta pelo candidato ofendido.

---

19. Art. 243. Não será tolerada propaganda:

    [...]

    IX – que caluniar, difamar ou injuriar quaisquer pessoas, bem como órgãos ou entidades que exerçam autoridade pública.

    [...]

    § 3º É assegurado o direito de resposta a quem for injuriado difamado ou caluniado através da imprensa rádio, televisão, ou alto-falante, aplicando-se, no que couber, os artigos. 90 e 96 da Lei 4.117, de 27 de agosto de 1962. (Incluído pela Lei 4.961, de 04.05.1966).

20. Art. 324. Caluniar alguém, na propaganda eleitoral, ou visando fins de propaganda, imputando-lhe falsamente fato definido como crime:

    Pena: detenção de seis meses a dois anos, e pagamento de 10 a 40 dias-multa.

    § 1º Nas mesmas penas incorre quem, sabendo falsa a imputação, a propala ou divulga.

    § 2º A prova da verdade do fato imputado exclui o crime, mas não é admitida:

    I – se, constituindo o fato imputado crime de ação privada, o ofendido, não foi condenado por sentença irrecorrível;

    II – se o fato é imputado ao Presidente da República ou chefe de governo estrangeiro;

    III – se do crime imputado, embora de ação pública, o ofendido foi absolvido por sentença irrecorrível.

    Art. 325. Difamar alguém, na propaganda eleitoral, ou visando a fins de propaganda, imputando-lhe fato ofensivo à sua reputação:

    Pena: detenção de três meses a um ano, e pagamento de 5 a 30 dias-multa.

    Parágrafo único. A exceção da verdade somente se admite se ofendido é funcionário público e a ofensa é relativa ao exercício de suas funções.

    Art. 326. Injuriar alguém, na propaganda eleitoral, ou visando a fins de propaganda, ofendendo-lhe a dignidade ou o decoro:

    Pena: detenção até seis meses, ou pagamento de 30 a 60 dias-multa.

O direito de resposta em sede eleitoral é corolário da democracia. Afinal, a livre manifestação do pensamento tem como contra-face a responsabilidade pela veracidade, autenticidade e higidez ética das suas opiniões. Por essa razão, o pedido judicial de concessão do direito de resposta se dá sem prejuízo de outras sanções cabíveis, conforme já decidiu o TSE: "[...]o deferimento do direito de resposta e a interrupção da divulgação da ofensa não excluem a ocorrência dos crimes de difamação e de divulgação de fatos inverídicos na propaganda eleitoral".[21]

Anteriormente, enfatizou-se que o direito de resposta previsto em lei tem por pressuposto a realização de propaganda eleitoral negativa, seja ela proferida por qualquer veículo de comunicação. Assim dispõe o art. 58 da lei das eleições:

> Art. 58. A partir da escolha de candidatos em Convenção, é assegurado o direito de resposta a candidato, partido ou coligação atingidos, ainda que de forma indireta, por conceito, imagem ou afirmação caluniosa, difamatória, injuriosa ou sabidamente inverídica, difundidos por *qualquer veículo de comunicação social*.

Isto porque, doutrina e jurisprudência convergem no sentido de identificar no tema a controvérsia entre duas situações jurídicas subjetivas fundamentais: a liberdade de expressão, de um lado e a proteção à dignidade da vítima de afirmações inverídicas de outro. Logo, a lei prepondera os princípios criando a possibilidade de que o candidato prejudicado, sem prejuízo de outras sanções cabíveis, tenha a possibilidade de responder nas mesmas condições, mitigando os efeitos negativos sobre si e sua honra.

---

§ 1º O juiz pode deixar de aplicar a pena:
I – se o ofendido, de forma reprovável, provocou diretamente a injúria;
II – no caso de retorsão imediata, que consista em outra injúria.
§ 2º Se a injúria consiste em violência ou vias de fato, que, por sua natureza ou meio empregado, se considerem aviltantes:
Pena: detenção de três meses a um ano e pagamento de 5 a 20 dias-multa, além das penas correspondentes à violência prevista no Código Penal.

21. Recurso ordinário em *habeas corpus*. Arts. 323 e 325 do código eleitoral. Difamação e divulgação de fatos inverídicos na propaganda eleitoral. Trancamento ação penal. Impossibilidade.

    1. O deferimento do direito de resposta e a interrupção da divulgação da ofensa não elidem a ocorrência dos crimes de difamação e de divulgação de fatos inverídicos na propaganda eleitoral, tendo em vista a independência entre as instâncias eleitoral e penal.

    2. Para verificar a alegação dos impetrantes de que não houve dolo de difamar, injuriar ou caluniar, mas tão somente de narrar ou criticar, seria imprescindível minuciosa análise da prova dos autos, providência incabível na estreita via do habeas corpus, marcado por cognição sumária e rito célere.

    3. Na espécie, não é possível verificar, de logo, a existência de nenhuma das hipóteses que autorizam o trancamento da ação penal, pois não está presente causa de extinção da punibilidade e a denúncia descreve fato que, em tese, configura crime eleitoral, apontando prova da materialidade do ilícito e indícios de autoria.

    4. Recurso desprovido.

    Recurso em *Habeas Corpus* 761681, Acórdão de 17.05.2011, Relator(a) Min. Fátima Nancy Andrighi, Publicação: DJE – Diário da Justiça Eletrônico, Data 1º.07.2011, p. 92.

A maior controvérsia, contudo, gira em torno de qual valor fundamental do ordenamento deve prevalecer, principalmente quando se trata de manifestação do pensamento da Internet. Afinal, é certo que restrições à liberdade de expressão devem ser excepcionalíssimas no sistema jurídico.

A Internet, conforme salientado, é um ambiente propício ao debate eleitoral. E, naturalmente, aos abusos e excessos durante sua ocorrência. Por essa razão, já decidiu o TSE acerca do "cabimento de direito de resposta em razão de mensagem postada no *Twitter*",[22] pedido que deve tramitar com prioridade por força do art. 58-A da lei eleitoral.[23]

A jurisprudência é cada mais firme no sentido de proteger o direito à crítica política, evitando-se levá-la ao campo da propaganda eleitoral negativa. Vamos a alguns deles:

2.1.6.1 Críticas ao sistema público de saúde em rede social: liberdade de expressão e poder de crítica

Em caso analisado pelo TRE-RS, determinada cidadã teceu críticas ao sistema de saúde municipal no Facebook, alegando que havia perdido o irmão supostamente após a negativa de atendimento. A crítica resvalou em futuro candidato com as seguintes expressões: "crime cometido por ti", "mas tu cometeu o crime mais grave de tua vida 'não dar prioridade à vida de meu irmão' será que a vida dele vale menos que suas obras? Podes sim ganhar voto fazendo essas obras desesperadoras, mas tudo tem um preço e tu está pagando com a vida de meu irmão". O Tribunal entendeu se tratar de legítimo exercício do poder de crítica:

> Recurso. Propaganda eleitoral. Alegada propaganda eleitoral extemporânea negativa. "Facebook". Eleições 2012. Decisão de primeiro grau pela improcedência da representação.

---

22. Eleições 2010. Propaganda Eleitoral. Twitter. Direito de resposta. Sítios de mensagens instantâneas e assemelhados. Possibilidade jurídica.

    1. O Twitter se insere no conceito de "sítios de mensagens instantâneas e assemelhados", previsto no art. 57-B da Lei 9.504/97, e é alcançado pela referência a "qualquer veículo de comunicação social" contida no art. 58 da Lei das Eleições.

    2. O direito de resposta em razão de mensagem postada no Twitter é cabível. Relevância de o detentor da página ser coordenador de comunicação de campanha eleitoral.

    3. Deferido o direito de resposta, o próprio usuário, exercendo o controle de conteúdo que detém sobre a sua página no Twitter, deve postar o texto da resposta.

    4. Direito de resposta concedido.

    Representação 361895, Acórdão de 29.10.2010, Relator(a) Min. Henrique Neves da Silva, Publicação: PSESS – Publicado em Sessão, Data 29.10.2010.

23. Art. 58-A. Os pedidos de direito de resposta e as representações por propaganda eleitoral irregular em rádio, televisão e internet tramitarão preferencialmente em relação aos demais processos em curso na Justiça Eleitoral.

Preliminar de ilegitimidade de um dos recorrentes. Ausência de requerimento de registro de candidatura quando da propositura da representação. Não caracterizada propaganda eleitoral negativa extemporânea. A mensagem *publicada na rede social "Facebook" não apresenta divulgação de candidatura, propaganda partidária, menção ao pleito eleitoral, pedido de voto ou promoção pessoal de filiado. Não houve infringência aos arts. 36 e 57-A, da Lei 9.504/97. A publicação insere-se no conceito de livre manifestação do pensamento, a teor do art. 5º, inc. IV, da Constituição Federal. Provimento negado.*[24]

2.1.6.2 Conteúdo controverso e a necessidade de que o conteúdo seja sabidamente inverídico

Em outro caso julgado pelo TRE-RS, determinado candidato teve questionada a forma de financiamento de sua campanha eleitoral, dentre outros temas por usuário do Facebook. A propaganda não foi tida como negativa, haja vista que o conteúdo não pode ser considerado como controverso, mas sim como sabidamente inverídico. E o juízo eleitoral, segundo conta da decisão, não pode exercer cognição profunda no pedido de resposta, haja vista que levantar tema polêmico faz parte do debate eleitoral. *In verbis*:

> Recurso. Direito de Resposta. Alegada postagem de mensagens no facebook de conteúdo inverídico. Deferimento do pedido no juízo originário. A lei assegura o direito de resposta à mensagem qualificada como sabidamente inverídica, contendo inverdade flagrante que não apresente controvérsias. Não é plausível transformar o pedido de resposta em processo investigatório com intuito de comprovar a veracidade das versões controvertidas sustentadas pelas partes. Sendo a internet um instrumento de informação democrático e gratuito, a proibição de livre manifestação deve ser tida como excepcional. Mensagem que não ultrapassa os limites dos questionamentos político, não restando evidenciada ofensa, difamação ou matéria inverídica. Ademais, a mera crítica política, embora ácida e contundente, não autoriza a concessão do direito pleiteado. Provimento.[25]

Em sentido semelhante decidiu o TRE-SP. Tratava-se de caso em que houve publicação de fatos já divulgados pela imprensa, não havendo que se falar em propaganda negativa nem em exercício do direito de resposta:

> Recurso eleitoral. Direito de resposta. Sentença que extinguiu o feito com base na perda de seu objeto. Imagem e mensagem veiculadas em Facebook. Impugnação da maneira utilizada para divulgar a mensagem, tal como eventual uso de montagem não deve ser objeto de representação fundada em direito de resposta. Não caracterização da hipótese do art. 58, da lei das eleições. Divulgação de fatos verídicos já publicados pela imprensa não enseja direito a resposta. Não comprovada ofensa. Recurso não provido.[26]

---

24. Recurso Eleitoral 18243, Acórdão de 22.05.2013, Relator(a) Des. Elaine Harzheim Macedo, Publicação: DEJERS – Diário de Justiça Eletrônico do TRE-RS, t. 93, Data 24.05.2013, p. 5.
25. TRE-RS. Recurso Eleitoral 5.779, Rel. Dr. Jorge Alberto Zugno, 11.09.2012. Grifamos.
26. Recurso 38393, Acórdão de 24.09.2012, Relator(a) Diva Prestes Marcondes Malerbi, Publicação: PSESS – Publicado em Sessão, Volume 23:20, Data 24.09.2012.

2.1.6.3 Meme (montagem) contendo foto de candidato com frase "Mais quatro anos, ninguém aguenta!"

A controvérsia foi dirimida pelo TRE-RO. Tratava-se de pedido de direito de resposta no Facebook pretendido pela coligação apoiada pela situação na prefeitura municipal, alegando ser negativa a propaganda eleitoral por foto na Internet do atual prefeito com candidata por ele apoiada contendo a expressão "mais quatro anos ninguém aguenta". O Tribunal entendeu não se tratar de propaganda negativa:

> Recurso em Representação. Eleições 2012. Direito de resposta. Não deferido. "Facebook". "Internet". Propaganda negativa não configurada. Não provimento.
>
> I – A veiculação de simples opinião por meio do "Facebook" na "Internet", mesmo ligada à imagem de candidato não caracteriza violação legal.
>
> II – Recurso julgado não provido.
>
> Recurso Eleitoral 5110, Acórdão 357/2012 de 04.09.2012, Relator(a) Oudivanil de Marins, Publicação: PSESS – Publicado em Sessão, t. 66ª SO, Data 04.09.2012.

No inteiro teor, consignou o relator que: "o texto impugnado são duas frases em ofensas aos candidatos [...], pois são opiniões críticas inerentes ao debate eleitoral, sem comentários acerca do pleito eleitoral, inexistindo ofensa aos mesmos".

É muito comum a criação de montagens fotográficas envolvendo candidatos e sua divulgação nas redes sociais. A questão será dirimida com base na decisão acima, ou seja, se for simples manifestação de opinião não há falar em propaganda negativa. No entanto, se a montagem trouxer mensagem ofensiva à honra do candidato, certamente será hipótese de retirada imediata do conteúdo e garantia do direito de resposta.

2.1.6.4 Vídeo no Youtube e a liberdade de expressão

Um dos domínios da Internet mais propício ao debate eleitoral são que oferecem aplicações da Internet que proporcionam a hospedagem e divulgação de vídeos, como o Youtube, por exemplo.

Saber se determinado vídeo configura ou não propaganda negativa não é tarefa simples. Entretanto, amparados pelo princípio do *notice and takedown*, muitos operam a notificação extrajudicial pelo próprio site. E, conforme dito, a jurisprudência do STJ, em âmbito cível, tende a atrair a responsabilidade solidária do provedor quando não procede à retirada em prazo maior do que 24 horas.

Para evitar tanto o abuso da notificação como a censura privada por parte do provedor, que pode muito bem se valer de seu controle sobre o conteúdo e adotar um candidato, praticando uma espécie de propaganda negativa por omissão, a legislação eleitoral acaba por antecipar a tendência seguida pelo Marco Civil da Internet, que é a de concentrar no judiciário a análise da legitimidade do conteúdo.

Não obstante, uma vez determinada a retirada do vídeo, deve ser cumprido, sob pena de responder pelas *astreintes* impostas na decisão judicial que contêm o mandamento judicial. Justo ou não, tal situação decorre do poder de polícia da justiça eleitoral, sendo o judiciário a última fronteira para a imposição das sanções também aos provedores, fator crucial de efetivação do princípio das *free and fair* elections (eleições livres). Nesse sentido, decisão proferida pelo TSE:

> Agravo regimental. Agravo regimental de instrumento. Eleições 2010. Propaganda eleitoral negativa. Internet. Desprovimento.
>
> 1. Na espécie, o TRE/SP consignou que a irregularidade consiste na divulgação, em sítio da internet, de material calunioso e ofensivo contra a honra e a dignidade dos agravados, conduta vedada pelos arts. 45, III, § 2º, e 57-C, § 2º, da Lei 9.504/97, e 14, IX, da Res.-TSE 23.191/2010, e que extrapola o livre exercício da liberdade de expressão e de informação.
>
> 2. O acórdão recorrido não merece reparos porquanto alinhado com a jurisprudência do TSE de que a livre manifestação do pensamento, a liberdade de imprensa e o direito de crítica não encerram direitos ou garantias de caráter absoluto, atraindo a sanção da lei eleitoral no caso de seu descumprimento (Rp 1975-05/DF, Rel. Min. Henrique Neves, PSESS de 02.08.2010).
>
> 3. O STF, no julgamento da ADI 4.451/DF, manteve a parcial eficácia do art. 45, III, da Lei 9.504/97 e concluiu que o direcionamento de críticas ou matérias jornalísticas que impliquem propaganda eleitoral favorável a determinada candidatura, com a consequente quebra da isonomia no pleito, permanece sujeito ao controle a posteriori do Poder Judiciário.
>
> 4. O pedido para redução da multa não merece conhecimento, pois constitui verdadeira inovação de tese recursal, vedado em sede de agravo regimental (AgR-REspe 82-19/PE, de minha relatoria, PSESS de 29.11.2012). De todo modo, a agravante não indicou qualquer elemento que demonstre a desproporcionalidade ou a irrazoabilidade da multa.
>
> 5. Agravo regimental não provido.[27]

Acerca do precedente proferido pelo Supremo Tribunal Federal, ADI 4.451/DF,[28] porém no tocante ao inciso II do art. 45, Mônica Herman Caggiano:

---

27. Agravo Regimental em Agravo de Instrumento 800533, Acórdão de 18.04.2013, Relator(a) Min. Fátima Nancy Andrighi, Publicação: DJE – Diário de justiça eletrônico, t. 93, Data 20.05.2013, p. 50-51.
28. Cuja Ementa, dada a importância, merece transcrição: Ementa: medida cautelar em ação direta de inconstitucionalidade. Incisos II e III do art. 45 da Lei 9.504/1997. "[...] Não cabe ao Estado, por qualquer dos seus órgãos, definir previamente o que pode ou o que não pode ser dito por indivíduos e jornalistas. Dever de omissão que inclui a própria atividade legislativa, pois é vedado à lei dispor sobre o núcleo duro das atividades jornalísticas, assim entendidas as coordenadas de tempo e de conteúdo da manifestação do pensamento, da informação e da criação lato sensu. Vale dizer: não há liberdade de imprensa pela metade ou sob as tenazes da censura prévia, pouco importando o Poder estatal de que ela provenha. Isso porque a liberdade de imprensa não é uma bolha normativa ou uma fórmula prescritiva oca. Tem conteúdo, e esse conteúdo é formado pelo rol de liberdades que se lê a partir da cabeça do art. 220 da Constituição Federal: liberdade de "manifestação do pensamento", liberdade de "criação", liberdade de "expressão", liberdade de "informação". Liberdades constitutivas de verdadeiros bens de personalidade, porquanto

"O episódio restou conhecido como 'a revolução dos humoristas, porquanto estes foram impedidos de fazer humor ou satirizar as figuras dos candidatos." A inconstitucionaliudade foi declarada por maioria pela Corte, enfatizando-se

> correspondentes aos seguintes direitos que o art. 5º da nossa Constituição intitula de "Fundamentais": a) "livre manifestação do pensamento" (inciso IV); b) "livre [...] expressão da atividade intelectual, artística, científica e de comunicação" (inciso IX); c) "acesso à informação" (inciso XIV). 3. Pelo seu reconhecido condão de vitalizar por muitos modos a Constituição, tirando-a mais vezes do papel, a imprensa mantém com a democracia a mais entranhada relação de interdependência ou retroalimentação. A presente ordem constitucional brasileira autoriza a formulação do juízo de que o caminho mais curto entre a verdade sobre a conduta dos detentores do Poder e o conhecimento do público em geral é a liberdade de imprensa. A traduzir, então, a ideia-força de que abrir mão da liberdade de imprensa é renunciar ao conhecimento geral das coisas do Poder, seja ele político, econômico, militar ou religioso. 4. A Magna Carta Republicana destinou à imprensa o direito de controlar e revelar as coisas respeitantes à vida do Estado e da própria sociedade. A imprensa como a mais avançada sentinela das liberdades públicas, como alternativa à explicação ou versão estatal de tudo que possa repercutir no seio da sociedade e como garantido espaço de irrupção do pensamento crítico em qualquer situação ou contingência. Os jornalistas, a seu turno, como o mais desanuviado olhar sobre o nosso cotidiano existencial e os recônditos do Poder, enquanto profissionais do comentário crítico. Pensamento crítico que é parte integrante da informação plena e fidedigna. *Como é parte do estilo de fazer imprensa que se convencionou chamar de humorismo (tema central destes autos)*. A previsível utilidade social do labor jornalístico a compensar, de muito, eventuais excessos desse ou daquele escrito, dessa ou daquela charge ou caricatura, desse ou daquele programa. 5. Programas humorísticos, charges e modo caricatural de pôr em circulação ideias, opiniões, frases e quadros espirituosos compõem as atividades de "imprensa", sinônimo perfeito de "informação jornalística" (§ 1º do art. 220). Nessa medida, gozam da plenitude de liberdade que é assegurada pela Constituição à imprensa. Dando-se que o exercício concreto dessa liberdade em plenitude assegura ao jornalista o direito de expender críticas a qualquer pessoa, ainda que em tom áspero, contundente, sarcástico, irônico ou irreverente, especialmente contra as autoridades e aparelhos de Estado. Respondendo, penal e civilmente, pelos abusos que cometer, e sujeitando-se ao direito de resposta a que se refere a Constituição em seu art. 5º, inciso V. A crítica jornalística em geral, pela sua relação de inerência com o interesse público, não é aprioristicamente suscetível de censura. Isso porque é da essência das atividades de imprensa operar como formadora de opinião pública, lócus do pensamento crítico e necessário contraponto à versão oficial das coisas, conforme decisão majoritária do Supremo Tribunal Federal na ADPF 130. Decisão a que se pode agregar a ideia de que a locução "humor jornalístico" enlaça pensamento crítico, informação e criação artística. 6. A liberdade de imprensa assim abrangentemente livre não é de sofrer constrições em período eleitoral. Ela é plena em todo o tempo, lugar e circunstâncias. Tanto em período não eleitoral, portanto, quanto em período de eleições gerais. Se podem as emissoras de rádio e televisão, fora do período eleitoral, produzir e veicular charges, sátiras e programas humorísticos que envolvam partidos políticos, pré-candidatos e autoridades em geral, também podem fazê-lo no período eleitoral. Processo eleitoral não é estado de sítio (art. 139 da CF), única fase ou momento de vida coletiva que, pela sua excepcional gravidade, a Constituição toma como fato gerador de "restrições à inviolabilidade da correspondência, ao sigilo das comunicações, à prestação de informações e à liberdade de imprensa, radiodifusão e televisão, na forma da lei" (inciso III do art. 139). 7. O próprio texto constitucional trata de modo diferenciado a mídia escrita e a mídia sonora ou de sons e imagens. O rádio e a televisão, por constituírem serviços públicos, dependentes de "outorga" do Estado e prestados mediante a utilização de um bem público (espectro de radiofrequências), têm um dever que não se estende à mídia escrita: o dever da imparcialidade ou da equidistância perante os candidatos. Imparcialidade, porém, que não significa ausência de opinião ou de crítica jornalística. Equidistância que apenas veda às emissoras de rádio e televisão encamparem, ou então repudiarem, essa ou aquela candidatura a cargo político-eletivo. [...]
> (ADI 4451 MC-REF, Relator(a): Min. Ayres Britto, Tribunal Pleno, julgado em 02.09.2010, Processo Eletrônico DJe-125 DIVULG 30.06.2011 Public 1º.07.2011 Republicação: DJe-167 Divulg 23.08.2012 Public 24.08.2012 RTJ VOL-00221- PP-00277) Grifamos.

as palavras do então presidente da Corte, Min. Cezar Peluzo: "Vedar o humor: isso é uma piada".[29]

Com efeito, qualquer conclusão não etá imune a críticas. Se, por um lado, a liberdade de expressão é um direito fundamental e constitui a base da democracia (especialmente em período eleitoral), qualquer abuso no exercício da liberdade de expressão, deve ser coibido. Contudo, é certo que o abuso não se presume.

O abuso do direito, nos termos de Paulo Ferreira da Cunha, constitui um mito da filosofia do direito contemporânea. Materializa-se na figura do comerciante Shylock, da obra Mercador de Veneza – de William Shakespeare, que personifica e caricaturiza aquele que se vale da letra fria das regras jurídicas para impor sua posição dominante como forma de concretizar injustiças.[30]

Não obstante, o abuso não se presume. Portanto, a lei tem o condão de pré-ponderar valores fundamentais e, ao que nos parece, de fato acertado o posicionamento do STF ao declarar a inconstitucionalidade de dispositivo que proibia o humor durante o período de propaganda eleitoral.

2.2 PROPAGANDA ELEITORAL NA INTERNET NA LEI 9.504/97 COM ALTERAÇÕES E RESOLUÇÃO TSE 23.610/2019 ATUALIZADA PELA RESOLUÇÃO 23.723/2024

Conforme salientado anteriormente, a Internet alterou de forma significante a maneira de se comunicar na contemporaneidade. E na oportunidade dos pleitos eleitorais não será diferente. Com efeito, as Tecnologias passam cada vez mais a ser peça chave nas eleições e seu uso carece de regulamentação para a plena ocorrência de eleições livres e democráticas.

Desta maneira, o Tribunal Superior Eleitoral regulamenta a propaganda eleitoral pela Internet por intermédio de Resoluções, criando regras específicas para cada pleito eleitoral. Tal realidade, por um lado, acaba por trazer diversos inconvenientes, em especial por postergar dúvidas sobre os limites do uso da tecnologia até meses antes do período eleitoral, porém, é importante essa dinâmica para acompanhar a evolução da tecnologia da informação que é constante.

Em 2009 foi editada a Lei 12.034/09 que trouxe uma regulamentação fixa para a matéria. É evidente que sua análise não esgota o tema, especialmente

---

29. Cf. CAGGIANO, Monica Herman. O cidadão eleitor, jogador com poder de veto no processo eleitoral. *Instituto Vitor Nunes Leal*. A contemporaneidade do pensamento de Victor Nunes Leal. São Paulo: Saraiva, 2013. p. 276-277.
30. Cf. CUNHA, Paulo Ferreira da. *Filosofia do Direito: fundamentos, metodologia e teoria geral do direito*. 2. ed. rev. atual. e des. Coimbra: Almedina, 2013. p. 253.

pela mutação acelerada dessas ferramentas e pela especificidade técnica de cada uma delas. As Leis 12.891/2013, 13.165/2015 e 13.488/2017 também trouxeram alterações eleitorais, como a introdução de condutas típicas e determinação de transparência das contas dos partidos na Internet, por exemplo.

Posto isto, surge a necessidade de uma à análise percuciente sobre cada um dos seus dispositivos, posteriormente regulamentados pelo TSE.

2.2.1 Quadro comparativo Lei eleitoral *vs.* Resolução TSE

Lei 9.504/97 e alterações	Resolução TSE 23.610/19 e alterações
Art. 36-A. Não configuram propaganda eleitoral antecipada, desde que não envolvam pedido explícito de voto, a menção à pretensa candidatura, a exaltação das qualidades pessoais dos pré-candidatos e os seguintes atos, que poderão ter cobertura dos meios de comunicação social, inclusive via internet: (Redação dada pela Lei 13.165, de 2015)	Art. 3º Não configuram propaganda eleitoral antecipada, desde que não envolvam pedido explícito de voto, a menção à pretensa candidatura, a exaltação das qualidades pessoais das pré-candidatas e dos pré-candidatos e os seguintes atos, que poderão ter cobertura dos meios de comunicação social, inclusive via internet (Lei 9.504/1997, art. 36-A, *caput*, I a VII e §§):
I – a participação de filiados a partidos políticos ou de pré-candidatos em entrevistas, programas, encontros ou debates no rádio, na televisão e na internet, inclusive com a exposição de plataformas e projetos políticos, observado pelas emissoras de rádio e de televisão o dever de conferir tratamento isonômico; (Redação dada pela Lei 12.891, de 2013)	I – a participação de pessoas filiadas a partidos políticos ou de pré-candidatas e pré-candidatos em entrevistas, programas, encontros ou debates na rádio, na televisão e na internet, inclusive com a exposição de plataformas e projetos políticos, observado pelas emissoras de rádio e de televisão o dever de conferir tratamento isonômico;
II – a realização de encontros, seminários ou congressos, em ambiente fechado e a expensas dos partidos políticos, para tratar da organização dos processos eleitorais, discussão de políticas públicas, planos de governo ou alianças partidárias visando às eleições, podendo tais atividades ser divulgadas pelos instrumentos de comunicação intrapartidária; (Redação dada pela Lei 12.891, de 2013)	II – a realização de encontros, seminários ou congressos, em ambiente fechado e a expensas dos partidos políticos, para tratar da organização dos processos eleitorais, da discussão de políticas públicas, dos planos de governo ou das alianças partidárias visando às eleições, podendo tais atividades serem divulgadas pelos instrumentos de comunicação intrapartidária;
III – a realização de prévias partidárias e a respectiva distribuição de material informativo, a divulgação dos nomes dos filiados que participarão da disputa e a realização de debates entre os pré-candidatos; (Redação dada pela Lei 13.165, de 2015)	III – a realização de prévias partidárias e a respectiva distribuição de material informativo, a divulgação dos nomes das filiadas e dos filiados que participarão da disputa e a realização de debates entre as pessoas pré-candidatas;
IV – a divulgação de atos de parlamentares e debates legislativos, desde que não se faça pedido de votos; (Redação dada pela Lei 12.891, de 2013)	IV – a divulgação de atos de parlamentares e de debates legislativos, desde que não se faça pedido de votos;
V – a divulgação de posicionamento pessoal sobre questões políticas, inclusive nas redes sociais; Redação dada pela Lei 13.165, de 2015)	V – a divulgação de posicionamento pessoal sobre questões políticas, inclusive em shows, apresentações e performances artísticas, redes sociais, blogs, sítios eletrônicos pessoais e aplicativos (apps); (Redação dada pela Resolução 23.732/2024)
VI - a realização, a expensas de partido político, de reuniões de iniciativa da sociedade civil, de veículo ou meio de comunicação ou do próprio partido, em qualquer localidade, para divulgar ideias, objetivos e propostas partidárias. (Incluído pela Lei 13.165, de 2015	VI – a realização, a expensas de partido político, de reuniões de iniciativa da sociedade civil, de veículo ou meio de comunicação ou do próprio partido político, em qualquer localidade, para divulgar ideias, objetivos e propostas partidárias;

VII – campanha de arrecadação prévia de recursos na modalidade prevista no inciso IV do § 4º do art. 23 desta Lei. (Incluído dada pela Lei 13.488, de 2017)	VII – campanha de arrecadação prévia de recursos na modalidade prevista no inciso IV do § 4º do art. 23 da Lei 9.504/1997.
§ 1º É vedada a transmissão ao vivo por emissoras de rádio e de televisão das prévias partidárias, sem prejuízo da cobertura dos meios de comunicação social. (Incluído pela Lei 13.165, de 2015)	§ 1º É vedada a transmissão ao vivo por emissoras de rádio e de televisão das prévias partidárias, sem prejuízo da cobertura dos meios de comunicação social (Lei 9.504/1997, art. 36-A, § 1º).
§ 2º Nas hipóteses dos incisos I a VI do *caput*, são permitidos o pedido de apoio político e a divulgação da pré-candidatura, das ações políticas desenvolvidas e das que se pretende desenvolver. (Incluído pela Lei 13.165, de 2015)	§ 2º Nas hipóteses dos incisos I a VII do *caput*, são permitidos o pedido de apoio político e a divulgação da pré-candidatura, das ações políticas desenvolvidas e das que se pretende desenvolver, observado o disposto no § 4º deste artigo (Lei 9.504/1997, art. 36-A, § 2º).
§ 3º O disposto no § 2º não se aplica aos profissionais de comunicação social no exercício da profissão. (Incluído pela Lei 13.165, de 2015)	§ 3º O disposto no § 2º deste artigo não se aplica às(aos) profissionais de comunicação social no exercício da profissão (Lei 9.504/1997, art. 36-A, § 3º).
Art. 22-A (...) § 3º Desde o dia 15 de maio do ano eleitoral, é facultada aos pré-candidatos a arrecadação prévia de recursos na modalidade prevista no inciso IV do § 4º do art. 23 desta Lei, mas a liberação de recursos por parte das entidades arrecadadoras fica condicionada ao registro da candidatura, e a realização de despesas de campanha deverá observar o calendário eleitoral. Sem Correspondência Sem Correspondência	§ 4º A campanha a que se refere o inciso VII deste artigo poderá ocorrer a partir de 15 de maio do ano da eleição, observadas a vedação a pedido de voto e as regras relativas à propaganda eleitoral na internet (Lei 9.504/1997, art. 22-A, § 3º; vide Consulta TSE 0600233-12.2018). § 5º Exclui-se do disposto no inciso V deste artigo a contratação ou a remuneração de pessoas naturais ou jurídicas com a finalidade específica de divulgar conteúdos político-eleitorais em favor de terceiros. (Incluído pela Resolução 23.732/2024) § 6º Os atos mencionados no *caput* deste artigo e em seus incisos poderão ser realizados em live exclusivamente nos perfis e canais de pré-candidatas, pré-candidatos, partidos políticos e coligações, vedada a transmissão ou retransmissão por emissora de rádio, por emissora de televisão ou em site, perfil ou canal pertencente a pessoa jurídica. (Incluído pela Resolução 23.732/2024)
Art. 57-A. É permitida a propaganda eleitoral na internet, nos termos desta Lei, após o dia 15 de agosto do ano da eleição. (Incluído pela Lei 13.165, de 2015) Sem Correspondência Sem Correspondência Sem Correspondência Sem Correspondência Sem Correspondência Sem Correspondência	Art. 27. É permitida a propaganda eleitoral na internet a partir do dia 16 de agosto do ano da eleição (Lei 9.504/1997, art. 57- A). (Vide, para as Eleições de 2020, art. 11, inciso II, da Resolução 23.624/2020) § 1º A livre manifestação do pensamento de pessoa eleitora identificada ou identificável na internet somente é passível de limitação quando ofender a honra ou a imagem de candidatas, candidatos, partidos, federações ou coligações, ou divulgar fatos sabidamente inverídicos, observado o disposto no art. 9º-A desta Resolução. (Redação dada pela Resolução 23.671/2021) § 2º As manifestações de apoio ou crítica a partido político ou a candidata ou candidato ocorridas antes da data prevista no *caput* deste artigo, próprias do debate democrático, são regidas pela liberdade de manifestação. (Redação dada pela Resolução 23.671/2021)

Art. 27-A. O provedor de aplicação que preste serviço de impulsionamento de conteúdos político-eleitorais, inclusive sob a forma de priorização de resultado de busca, deverá: (Incluído pela Resolução 23.732/2024)

I – manter repositório desses anúncios para acompanhamento, em tempo real, do conteúdo, dos valores, dos responsáveis pelo pagamento e das características dos grupos populacionais que compõem a audiência (perfilamento) da publicidade contratada; (Incluído pela Resolução 23.732/2024)

II – disponibilizar ferramenta de consulta, acessível e de fácil manejo, que permita realizar busca avançada nos dados do repositório que contenha, no mínimo: (Incluído pela Resolução 23.732/2024)

a) buscas de anúncios a partir de palavras-chave, termos de interesse e nomes de anunciantes; (Incluído pela Resolução 23.732/2024)

b) acesso a informações precisas sobre os valores despendidos, o período do impulsionamento, a quantidade de pessoas atingidas e os critérios de segmentação definidos pela(o) anunciante no momento da veiculação do anúncio; (Incluído pela Resolução 23.732/2024)

c) coletas sistemáticas, por meio de interface dedicada (*application programming interface* – API), de dados de anúncios, incluindo seu conteúdo, gasto, alcance, público atingido e responsáveis pelo pagamento. (Incluído pela Resolução 23.732/2024)

§ 1º Para os fins desse artigo, caracteriza conteúdo político-eleitoral, independente da classificação feita pela plataforma, aquele que versar sobre eleições, partidos políticos, federações e coligações, cargos eletivos, pessoas detentoras de cargos eletivos, pessoas candidatas, propostas de governo, projetos de lei, exercício do direito ao voto e de outros direitos políticos ou matérias relacionadas ao processo eleitoral. (Incluído pela Resolução 23.732/2024)

§ 2º As medidas previstas nos incisos do *caput* deste artigo deverão ser implementadas: (Incluído pela Resolução 23.732/2024)

I – em até 60 (sessenta) dias, a contar da entrada em vigor desta norma, no caso de provedor de aplicação que já ofereça serviço de impulsionamento no Brasil; (Incluído pela Resolução 23.732/2024)

II – a partir do início da prestação do serviço de impulsionamento no Brasil, no caso de provedor de aplicação que passe a oferecê-lo após a entrada em vigor desta norma. (Incluído pela Resolução 23.732/2024)

	§ 3º As medidas previstas no *caput* deste artigo são de cumprimento permanente, inclusive em anos não eleitorais e períodos pré e pós-eleições. (Incluído pela Resolução 23.732/2024)
	§ 4º O cumprimento do disposto neste artigo é requisito para o credenciamento, na Justiça Eleitoral, do provedor de aplicação que pretenda, nos termos dos §§ 3º e 9º do art. 29 desta Resolução, prestar serviço de impulsionamento de propaganda eleitoral. (Incluído pela Resolução 23.732/2024)
Art. 57-B. A propaganda eleitoral na internet poderá ser realizada nas seguintes formas: (Incluído pela Lei 12.034, de 2009)	Art. 28. A propaganda eleitoral na internet poderá ser realizada nas seguintes formas (Lei 9.504/1997, art. 57-B, I a IV):
I – em sítio do candidato, com endereço eletrônico comunicado à Justiça Eleitoral e hospedado, direta ou indiretamente, em provedor de serviço de internet estabelecido no País; (Incluído pela Lei 12.034, de 2009)	I – em sítio da candidata ou do candidato, com endereço eletrônico comunicado à Justiça Eleitoral e hospedado, direta ou indiretamente, em provedor de aplicação de internet estabelecido no país;
II – em sítio do partido ou da coligação, com endereço eletrônico comunicado à Justiça Eleitoral e hospedado, direta ou indiretamente, em provedor de serviço de internet estabelecido no País; (Incluído pela Lei 12.034, de 2009)	II – em sítio do partido político, da federação ou da coligação, com endereço eletrônico comunicado à Justiça Eleitoral e hospedado, direta ou indiretamente, em provedor de aplicação de internet estabelecido no país; (Redação dada pela Resolução 23.671/2021)
III – por meio de mensagem eletrônica para endereços cadastrados gratuitamente pelo candidato, partido ou coligação; (Incluído pela Lei 12.034, de 2009)	III – por meio de mensagem eletrônica para endereços cadastrados gratuitamente pela candidata ou pelo candidato, pelo partido político, pela federação ou pela coligação desde que presente uma das hipóteses legais que autorizam o tratamento de dados pessoais, nos termos dos arts. 7º e 11 da Lei 13.709/2018; (Redação dada pela Resolução 23.671/2021)
IV – por meio de blogs, redes sociais, sítios de mensagens instantâneas e aplicações de internet assemelhadas cujo conteúdo seja gerado ou editado por: (Incluído pela Lei 13.488, de 2017)	IV – por meio de blogs, redes sociais, sítios de mensagens instantâneas e aplicações de internet assemelhadas, dentre as quais aplicativos de mensagens instantâneas, cujo conteúdo seja gerado ou editado por: (Redação dada pela Resolução 23.671/2021)
a) candidatos, partidos ou coligações; ou (Incluído pela Lei 13.488, de 2017).	a) candidatas, candidatos, partidos políticos, federações ou coligações, desde que não contratem disparos em massa de conteúdo nos termos do art. 34 desta Resolução (Lei 9.504/1997, art. 57-J); ou (Redação dada pela Resolução 23.671/2021)
b) qualquer pessoa natural, desde que não contrate impulsionamento de conteúdos. (Incluído pela Lei 13.488, de 2017).	b) pessoa natural, vedada: (Redação dada pela Resolução 23.732/2024)
§ 1º Os endereços eletrônicos das aplicações de que trata este artigo, salvo aqueles de iniciativa de pessoa natural, deverão ser comunicados à Justiça Eleitoral, podendo ser mantidos durante todo o pleito eleitoral os mesmos endereços eletrônicos em uso antes do início da propaganda eleitoral. (Incluído pela Lei 13.488, de 2017).	1. a contratação de impulsionamento e de disparo em massa de conteúdo nos termos do art. 34 desta Resolução (Lei 9.504/1997, art. 57-J); (Incluída pela Resolução 23.732/2024)
Sem Correspondência	
§ 2º Não é admitida a veiculação de conteúdos de cunho eleitoral mediante cadastro de usuário de aplicação de internet com a intenção de falsear identidade. (Incluído pela Lei 13.488, de 2017).	
§ 3º É vedada a utilização de impulsionamento de conteúdos e ferramentas digitais não disponibilizadas pelo provedor da aplicação de internet, ainda que gratuitas, para alterar o teor ou a repercussão de propaganda eleitoral, tanto próprios quanto de terceiros. (Incluído pela Lei 13.488, de 2017).	2. a remuneração, a monetização ou a concessão de outra vantagem econômica como retribuição à pessoa titular do canal ou perfil, paga pelos(as) beneficiárias(os) da propaganda ou por terceiros. (Incluído pela Resolução 23.732/2024)

§ 4º O provedor de aplicação de internet que possibilite o impulsionamento pago de conteúdos deverá contar com canal de comunicação com seus usuários e somente poderá ser responsabilizado por danos decorrentes do conteúdo impulsionado se, após ordem judicial específica, não tomar as providências para, no âmbito e nos limites técnicos do seu serviço e dentro do prazo assinalado, tornar indisponível o conteúdo apontado como infringente pela Justiça Eleitoral. (Incluído pela Lei 13.488, de 2017).	§ 1º Os endereços eletrônicos das aplicações de que trata este artigo, incluídos os canais publicamente acessíveis em aplicativos de mensagens, fóruns online e plataformas digitais, salvo aqueles de iniciativa de pessoa natural, deverão ser comunicados à Justiça Eleitoral impreterivelmente: (Redação dada pela Resolução 23.732/2024)
§ 5º A violação do disposto neste artigo sujeita o usuário responsável pelo conteúdo e, quando comprovado seu prévio conhecimento, o beneficiário, à multa no valor de R$ 5.000,00 (cinco mil reais) a R$ 30.000,00 (trinta mil reais) ou em valor equivalente ao dobro da quantia despendida, se esse cálculo superar o limite máximo da multa. (Incluído pela Lei 13.488, de 2017)	I – no RRC ou no DRAP, se pré-existentes, podendo ser mantidos durante todo o período eleitoral os mesmos endereços eletrônicos em uso antes do início da propaganda eleitoral (Lei 9.504/1997, art. 57-B, § 1º); (Incluído pela Resolução 23.732/2024)
Sem Correspondência	II – no prazo de 24 (vinte e quatro) horas a contar de sua criação, se ocorrer no curso da campanha. (Incluído pela Resolução 23.732/2024)
Sem Correspondência	§ 1º-A. Os provedores de aplicação que utilizarem sistema de recomendação a usuárias e usuários deverão excluir dos resultados os canais e perfis informados à Justiça Eleitoral nos termos do § 1º deste artigo e, com exceção das hipóteses legais de impulsionamento pago, os conteúdos neles postados. (Incluído pela Resolução 23.732/2024)
Sem Correspondência	
Art. 26 (...) § 2º Para os fins desta Lei, inclui-se entre as formas de impulsionamento de conteúdo a priorização paga de conteúdos resultantes de aplicações de busca na internet.	§ 2º Não é admitida a veiculação de conteúdos de cunho eleitoral mediante cadastro de usuária ou usuário de aplicação de internet com a intenção de falsear identidade (Lei 9.504/1997, art. 57-B, § 2º).
Sem Correspondência	§ 3º É vedada a utilização de impulsionamento de conteúdos e ferramentas digitais não disponibilizadas pelo provedor da aplicação de internet, ainda que gratuitas, para alterar o teor ou a repercussão de propaganda eleitoral, tanto próprios quanto de terceiros (Lei 9.504/1997, art. 57-B, § 3º).
Sem Correspondência	
Sem Correspondência	§ 4º O provedor de aplicação de internet que possibilite o impulsionamento pago de conteúdos deverá contar com canal de comunicação com suas usuárias e seus usuários e somente poderá ser responsabilizado por danos decorrentes do conteúdo impulsionado se, após ordem judicial específica, não tomar as providências para, no âmbito e nos limites técnicos do seu serviço e dentro do prazo assinalado, tornar indisponível o conteúdo apontado como infringente pela Justiça Eleitoral (Lei 9.504/1997, art. 57-B, § 4º).
	§ 5º A violação do disposto neste artigo sujeita a usuária ou o usuário responsável pelo conteúdo e, quando comprovado seu prévio conhecimento, a pessoa beneficiária, à multa no valor de R$ 5.000,00 (cinco mil reais) a R$ 30.000,00 (trinta mil reais) ou em valor equivalente ao dobro da quantia despendida, se esse cálculo superar o limite máximo da multa (Lei 9.504/1997, art. 57-B, § 5º).

§ 6º A manifestação espontânea na internet de pessoas naturais em matéria político-eleitoral, mesmo que sob a forma de elogio ou crítica a candidata, candidato, partido político, federação ou coligação, não será considerada propaganda eleitoral na forma do inciso IV do *caput* deste artigo, desde que observados os limites estabelecidos no § 1º do art. 27 desta Resolução. (Redação dada pela Resolução 23.671/2021)

§ 6º-A. Observado o disposto no § 6º e nos itens 1 e 2 da alínea b do inciso IV do *caput* deste artigo, é lícita a veiculação de propaganda eleitoral em canais e perfis de pessoas naturais que: (Incluído pela Resolução 23.732/2024)

I – alcancem grande audiência na internet; (Incluído pela Resolução 23.732/2024)

II – ou participem de atos de mobilização nas redes para ampliar o alcance orgânico da mensagem, como o compartilhamento simultâneo de material distribuído aos participantes, a convocação para eventos virtuais e presenciais e a utilização de hashtags. (Incluído pela Resolução 23.732/2024)

§ 6º-B. Não se aplica o disposto no inciso II do § 6º-A deste artigo para fins ilícitos, sob pena de responsabilização das pessoas organizadoras, das criadoras do conteúdo, das distribuidoras e das participantes, na proporção de suas condutas, pelos ilícitos eleitorais e penais. (Incluído pela Resolução 23.732/2024)

§ 7º Para os fins desta Resolução, inclui-se entre as formas de impulsionamento de conteúdo a priorização paga de conteúdos resultantes de aplicações de busca na internet (Lei 9.504/1997, art. 26, § 2º).

§ 7º-A. O impulsionamento de conteúdo em provedor de aplicação de internet somente poderá ser utilizado para promover ou beneficiar candidatura, partido político ou federação que o contrate, sendo vedado o uso do impulsionamento para propaganda negativa. (Incluído pela Resolução 23.732/2024)

§ 7º-B. É vedada a priorização paga de conteúdos em aplicações de busca na internet que: (Incluído pela Resolução 23.732/2024)

I – promova propaganda negativa; (Incluído pela Resolução 23.732/2024)

II – utilize como palavra-chave nome, sigla, alcunha ou apelido de partido, federação, coligação, candidata ou candidato adversário, mesmo com a finalidade de promover propaganda positiva do responsável pelo impulsionamento; (Incluído pela Resolução 23.732/2024)

III – ou difunda dados falsos, notícias fraudulentas ou fatos notoriamente inverídicos ou gravemente descontextualizados, ainda que benéficas à usuária ou a usuário responsável pelo impulsionamento. (Incluído pela Resolução 23.732/2024)

	§ 7º-C. Sem prejuízo da aplicação do disposto no § 5º deste artigo, as condutas que violarem os §§ 7º-A e 7º-B poderão ser objeto de ações em que se apure a prática de abuso de poder. (Incluído pela Resolução 23.732/2024) § 8º Tratando-se de empresa estrangeira, responde solidariamente pelo pagamento das multas eleitorais sua filial, sucursal, escritório ou estabelecimento situado no país.
Art. 57-C. É vedada a veiculação de qualquer tipo de propaganda eleitoral paga na internet, excetuado o impulsionamento de conteúdos, desde que identificado de forma inequívoca como tal e contratado exclusivamente por partidos, coligações e candidatos e seus representantes. (Incluído pela Lei 13.488, de 2017)	Art. 29. É vedada a veiculação de qualquer tipo de propaganda eleitoral paga na internet, excetuado o impulsionamento de conteúdos, desde que identificado de forma inequívoca como tal e contratado exclusivamente por partidos políticos, federações, coligações, candidatas, candidatos e representantes (Lei 9.504/1997, art. 57-C, *caput*). (Redação dada pela Resolução 23.671/2021)
§ 1º É vedada, ainda que gratuitamente, a veiculação de propaganda eleitoral na internet, em sítios: (Incluído pela Lei 12.034, de 2009) I – de pessoas jurídicas, com ou sem fins lucrativos; (Incluído pela Lei 12.034, de 2009) II – oficiais ou hospedados por órgãos ou entidades da administração pública direta ou indireta da União, dos Estados, do Distrito Federal e dos Municípios. (Incluído pela Lei 12.034, de 2009)	§ 1º É vedada, ainda que gratuitamente, a veiculação de propaganda eleitoral na internet em sítios (Lei 9.504/1997, art. 57- C, § 1º, I e II): I – de pessoas jurídicas, com ou sem fins lucrativos; II – oficiais ou hospedados por órgãos ou por entidades da administração pública direta ou indireta da União, dos Estados, do Distrito Federal e dos Municípios.
§ 2º A violação do disposto neste artigo sujeita o responsável pela divulgação da propaganda ou pelo impulsionamento de conteúdos e, quando comprovado seu prévio conhecimento, o beneficiário, à multa no valor de R$ 5.000,00 (cinco mil reais) a R$ 30.000,00 (trinta mil reais) ou em valor equivalente ao dobro da quantia despendida, se esse cálculo superar o limite máximo da multa. (Redação dada pela Lei 13.488, de 2017)	§ 2º A violação do disposto neste artigo sujeita a(o) responsável pela divulgação da propaganda ou pelo impulsionamento de conteúdos e, quando comprovado seu prévio conhecimento, a pessoa beneficiária, à multa no valor de R$ 5.000,00 (cinco mil reais) a R$ 30.000,00 (trinta mil reais) ou em valor equivalente ao dobro da quantia despendida, se esse cálculo superar o limite máximo da multa (Lei 9.504/1997, art. 57-C, § 2º).
§ 3º O impulsionamento de que trata o *caput* deste artigo deverá ser contratado diretamente com provedor da aplicação de internet com sede e foro no País, ou de sua filial, sucursal, escritório, estabelecimento ou representante legalmente estabelecido no País e apenas com o fim de promover ou beneficiar candidatos ou suas agremiações.	§ 3º O impulsionamento de que trata o *caput* deste artigo deverá ser contratado diretamente com provedor da aplicação de internet com sede e foro no país, ou de sua filial, sucursal, escritório, estabelecimento ou representante legalmente estabelecida(o) no país e apenas com o fim de promover ou beneficiar candidatas e candidatos ou suas agremiações, vedada a realização de propaganda negativa (Lei 9.504/1997, art. 57-C, § 3º).
Sem Correspondência	§ 4º A(O) representante da candidata ou do candidato a que alude o *caput* deste artigo se restringe à pessoa do administrador financeiro da respectiva campanha.

Sem Correspondência	§ 5º Todo impulsionamento deverá conter, de forma clara e legível, o número de inscrição no Cadastro Nacional da Pessoa Jurídica (CNPJ) ou o número de inscrição no Cadastro de Pessoas Físicas (CPF) da pessoa responsável, além da expressão "Propaganda Eleitoral".
Sem Correspondência	§ 5º-A Considera-se cumprido o preceito normativo previsto no parágrafo 5º quando constante na propaganda impulsionada, hiperlink contendo o CNPJ da candidata, do candidato, do partido, da federação ou da coligação responsável pela respectiva postagem, entendendo-se por hiperlink o ícone integrante da propaganda eleitoral que direcione a eleitora ou o eleitor para o CNPJ da pessoa responsável pelo conteúdo digital visualizado. (Incluído pela Resolução 23.671/2021)
Sem Correspondência	§ 6º A divulgação das informações exigidas no § 5º deste artigo é de responsabilidade exclusiva das candidatas, dos candidatos, dos partidos, das federações ou das coligações, cabendo aos provedores de aplicação de internet que permitam impulsionamento de propaganda eleitoral assegurar que seja tecnicamente possível às pessoas contratantes inserirem a informação, por meio de mecanismos de transparência específicos ou livre inserção, desde que sejam atendidas as disposições contratuais e requisitos de cada provedor. (Incluído pela Resolução 23.671/2021)
Sem Correspondência	§ 7º A identificação de que trata o § 5º deste artigo deve ser mantida quando o conteúdo impulsionado for compartilhado ou encaminhado, observados o âmbito e os limites técnicos de cada provedor de aplicação de internet. (Incluído pela Resolução 23.671/2021)
Sem Correspondência	§ 8º Incluem-se entre os tipos de propaganda eleitoral paga vedados pelo *caput* deste artigo a contratação de pessoas físicas ou jurídicas para que realizem publicações de cunho político-eleitoral em seus perfis, páginas, canais, ou assimilados, em redes sociais ou aplicações de internet assimiladas, bem como em seus sítios eletrônicos. (Incluído pela Resolução 23.671/2021)
Sem Correspondência	§ 9º O provedor de aplicação que pretenda prestar o serviço de impulsionamento de propaganda conforme o § 3º deste artigo deverá se cadastrar na Justiça Eleitoral, nos termos previstos na Resolução deste Tribunal que regula representações, reclamações e direito de resposta. (Incluído pela Resolução 23.671/2021)
Sem Correspondência	§ 10 Somente as empresas cadastradas na Justiça Eleitoral na forma do § 9º poderão realizar os serviços de impulsionamento de propaganda eleitoral previstos no art. 35, XII, da Res.-TSE 22.607/2019. (Incluído pela Resolução 23.671/2021)

Sem Correspondência	§ 11. É vedada, desde 48 (quarenta e oito) horas antes até 24 (vinte e quatro) horas depois da eleição, a circulação paga ou impulsionada de propaganda eleitoral na internet, mesmo se a contratação tiver sido realizada antes desse prazo, cabendo ao provedor de aplicação, que comercializa o impulsionamento, realizar o desligamento da veiculação de propaganda eleitoral. (Incluído pela Resolução 23.732/2024)
Art. 57-D. É livre a manifestação do pensamento, vedado o anonimato durante a campanha eleitoral, por meio da rede mundial de computadores – internet, assegurado o direito de resposta, nos termos das alíneas a, b e c do inciso IV do § 3º do art. 58 e do 58-A, e por outros meios de comunicação interpessoal mediante mensagem eletrônica. (Incluído pela Lei 12.034, de 2009) § 1º Vetado. § 2º A violação do disposto neste artigo sujeitará o responsável pela divulgação da propaganda e, quando comprovado seu prévio conhecimento, o beneficiário à multa no valor de R$ 5.000,00 (cinco mil reais) a R$ 30.000,00 (trinta mil reais). (Incluído pela Lei 12.034, de 2009) Sem Correspondência § 3º Sem prejuízo das sanções civis e criminais aplicáveis ao responsável, a Justiça Eleitoral poderá determinar, por solicitação do ofendido, a retirada de publicações que contenham agressões ou ataques a candidatos em sítios da internet, inclusive redes sociais. (Incluído pela Lei 12.891, de 2013) Sem Correspondência	Art. 30. É livre a manifestação do pensamento, vedado o anonimato durante a campanha eleitoral, por meio da internet, assegurado o direito de resposta, nos termos dos arts. 58, § 3º, IV, alíneas a, b e c, e 58-A da Lei 9.504/1997, e por outros meios de comunicação interpessoal mediante mensagem eletrônica e mensagem instantânea (Lei 9.504/1997, art. 57-D, caput). § 1º A violação do disposto neste artigo sujeitará o responsável pela divulgação da propaganda e, quando comprovado seu prévio conhecimento, o beneficiário à multa no valor de R$ 5.000,00 (cinco mil reais) a R$ 30.000,00 (trinta mil reais) (Lei 9.504/1997, art. 57-D, § 2º). § 1º-A A multa prevista no § 1º deste artigo não poderá ser aplicada ao provedor de aplicação de internet. (Incluído pela Resolução 23.671/2021) § 2º Sem prejuízo das sanções civis e criminais aplicáveis à(ao) responsável, a Justiça Eleitoral poderá determinar, por solicitação da(o) ofendida(o), a retirada de publicações que contenham agressões ou ataques a candidatas e candidatos em sítios da internet, inclusive redes sociais (Lei 9.504/1997, art. 57-D, § 3º). § 3º Nos casos de direito de resposta em propaganda eleitoral realizada na internet, prevista no art. 58, § 3º, IV, da Lei 9.504/1997, em se tratando de provedor de aplicação de internet que não exerça controle editorial prévio sobre o conteúdo publicado por suas usuárias e seus usuários, a obrigação de divulgar a resposta recairá sobre a usuária ou o usuário responsável pela divulgação do conteúdo ofensivo, na forma e pelo tempo que vierem a ser definidos na respectiva decisão judicial.
Art. 57-E. São vedadas às pessoas relacionadas no art. 24 a utilização, doação ou cessão de cadastro eletrônico de seus clientes, em favor de candidatos, partidos ou coligações. (Incluído pela Lei 12.034, de 2009) § 1º É proibida a venda de cadastro de endereços eletrônicos. (Incluído pela Lei 12.034, de 2009) Sem Correspondência Sem Correspondência	Art. 31. É vedada às pessoas relacionadas no art. 24 da Lei 9.504/1997 e às pessoas jurídicas de direito privado a utilização, doação ou cessão de dados pessoais de clientes em favor de candidatas, candidatos, partidos políticos, federações ou coligações (Lei 9.504/1997, arts. 24 e 57-E, caput; ADI 4.650, DJe 24.2.2016; e Lei 13.709/2018, arts. 1º e 5º, I). (Redação dada pela Resolução 23.671/2021) § 1º É proibida às pessoas jurídicas e às pessoas naturais a venda de cadastro de endereços eletrônicos e banco de dados pessoais, nos termos do § 1º do art. 57-E da Lei 9.504/1997. (Redação dada pela Resolução 23.732/2024)

§ 2º A violação do disposto neste artigo sujeita o responsável pela divulgação da propaganda e, quando comprovado seu prévio conhecimento, o beneficiário à multa no valor de R$ 5.000,00 (cinco mil reais) a R$ 30.000,00 (trinta mil reais). (Incluído pela Lei 12.034, de 2009) Sem Correspondência Sem Correspondência	§ 1º-A A proibição do § 1º deste artigo abrange a venda de cadastro de números de telefone para finalidade de disparos em massa, nos termos do art. 37, XIX, desta Resolução (artigo 57-B, § 3º, da Lei 9.504/1997). (Incluído pela Resolução 23.671/2021) § 1º-B. O cadastro de dados pessoais de contato, detido de forma legítima por pessoa natural, poderá ser cedido gratuitamente a partido político, federação, coligação, candidata ou candidato, condicionando-se o uso lícito na campanha à obtenção prévia de consentimento expresso e informado das(os) destinatárias(os) no primeiro contato por mensagem ou outro meio. (Incluído pela Resolução 23.732/2024) § 2º A violação do disposto neste artigo sujeita a(o) responsável pela divulgação da propaganda e, quando comprovado seu prévio conhecimento, a pessoa beneficiária à multa no valor de R$ 5.000,00 (cinco mil reais) a R$ 30.000,00 (trinta mil reais) (Lei 9.504/1997, art. 57-E, § 2º). § 3º A violação do disposto neste artigo não afasta a aplicação de outras sanções cíveis ou criminais previstas em lei, observado, ainda, o previsto no art. 41 desta Resolução. § 4º Observadas as vedações deste artigo, o tratamento de dados pessoais, inclusive a utilização, doação ou cessão desses por pessoa jurídica ou por pessoa natural, observará as disposições da Lei 13.709/2018 (Lei 9.504/1997, art. 57-J). (Redação dada pela Resolução 23.671/2021)
Art. 57-F. Aplicam-se ao provedor de conteúdo e de serviços multimídia que hospeda a divulgação da propaganda eleitoral de candidato, de partido ou de coligação as penalidades previstas nesta Lei, se, no prazo determinado pela Justiça Eleitoral, contado a partir da notificação de decisão sobre a existência de propaganda irregular, não tomar providências para a cessação dessa divulgação. (Incluído pela Lei 12.034, de 2009) Parágrafo único. O provedor de conteúdo ou de serviços multimídia só será considerado responsável pela divulgação da propaganda se a publicação do material for comprovadamente de seu prévio conhecimento. (Incluído pela Lei 12.034, de 2009)	Art. 32. Aplicam-se ao provedor de aplicação de internet em que divulgada a propaganda eleitoral de candidato, de partido político ou de coligação as penalidades previstas nesta Resolução se, no prazo determinado pela Justiça Eleitoral, contado a partir da notificação de decisão judicial específica sobre a existência de propaganda irregular, não tomar providências para a cessação dessa divulgação (Lei 9.504/1997, art. 57-F, *caput*, c.c. a Lei 12.965/2014, art. 19). Parágrafo único. O provedor de aplicação de internet só será considerado responsável pela divulgação da propaganda se a publicação do material for comprovadamente de seu prévio conhecimento (Lei 9.504/1997, art. 57-F, parágrafo único).
Art. 57-G. As mensagens eletrônicas enviadas por candidato, partido ou coligação, por qualquer meio, deverão dispor de mecanismo que permita seu descadastramento pelo destinatário, obrigado o remetente a providenciá-lo no prazo de quarenta e oito horas. (Incluído pela Lei 12.034, de 2009)	Art. 33. As mensagens eletrônicas e as mensagens instantâneas enviadas por candidata, candidato, partido político, federação ou coligação, por qualquer meio, deverão oferecer identificação completa da pessoa remetente, bem como dispor de mecanismo que permita à pessoa destinatária a solicitação de descadastramento e eliminação dos seus dados pessoais, obrigada a pessoa remetente a providenciá-los no prazo de 48 (quarenta e oito) horas (Lei 9.504/1997, arts. 57-G, *caput*, e 57-J; Lei 13.709/2018, arts. 9º, III e IV, e 18, IV e VI). (Redação dada pela Resolução 23.671/2021)

Parágrafo único. Mensagens eletrônicas enviadas após o término do prazo previsto no *caput* sujeitam os responsáveis ao pagamento de multa no valor de R$ 100,00 (cem reais), por mensagem. (Incluído pela Lei 12.034, de 2009) Sem Correspondência	§ 1º Mensagens eletrônicas e mensagens instantâneas enviadas após o término do prazo previsto no *caput* sujeitam as pessoas responsáveis ao pagamento de multa no valor de R$ 100,00 (cem reais), por mensagem (Lei 9.504/1997, art. 57-G, parágrafo único, e art. 57-J). § 2º As mensagens eletrônicas e as mensagens instantâneas enviadas consensualmente por pessoa natural, de forma privada ou em grupos restritos de participantes, não se submetem ao *caput* deste artigo e às normas sobre propaganda eleitoral previstas nesta Resolução (Lei 9.504/1997, art. 57-J).
Art. 57-H. Sem prejuízo das demais sanções legais cabíveis, será punido, com multa de R$ 5.000,00 (cinco mil reais) a R$ 30.000,00 (trinta mil reais), quem realizar propaganda eleitoral na internet, atribuindo indevidamente sua autoria a terceiro, inclusive a candidato, partido ou coligação. (Incluído pela Lei 12.034, de 2009) § 1º Constitui crime a contratação direta ou indireta de grupo de pessoas com a finalidade específica de emitir mensagens ou comentários na internet para ofender a honra ou denegrir a imagem de candidato, partido ou coligação, punível com detenção de 2 (dois) a 4 (quatro) anos e multa de R$ 15.000,00 (quinze mil reais) a R$ 50.000,00 (cinquenta mil reais). (Incluído pela Lei 12.891, de 2013) § 2º Igualmente incorrem em crime, punível com detenção de 6 (seis) meses a 1 (um) ano, com alternativa de prestação de serviços à comunidade pelo mesmo período, e multa de R$ 5.000,00 (cinco mil reais) a R$ 30.000,00 (trinta mil reais), as pessoas contratadas na forma do § 1º. (Incluído pela Lei 12.891, de 2013)	Art. 35. Sem prejuízo das demais sanções legais cabíveis, sofrerá punição, com multa de R$ 5.000,00 (cinco mil reais) a R$ 30.000,00 (trinta mil reais), quem realizar propaganda eleitoral na internet atribuindo indevidamente sua autoria a terceira(o), inclusive candidata, candidato, partido político, federação ou coligação, nos termos do art. 57-H da Lei 9.504/1997. (Redação dada pela Resolução 23.671/2021) Art. 89. Constitui crime, punível com detenção de 2 (dois) a 4 (quatro) anos e multa de R$15.000,00 (quinze mil reais) a R$50.000,00 (cinquenta mil reais), a contratação direta ou indireta de grupo de pessoas com a finalidade específica de emitir mensagens ou comentários na internet para ofender a honra ou desabonar a imagem de candidata, candidato, partido político ou coligação (Lei 9.504/1997, art. 57-H, § 1º). (Redação dada pela Resolução 23.671/2021) Parágrafo único. Igualmente incorrem em crime, punível com detenção de 6 (seis) meses a 1 (um) ano, com alternativa de prestação de serviços à comunidade pelo mesmo período, e multa de R$ 5.000,00 (cinco mil reais) a R$ 30.000,00 (trinta mil reais), as pessoas contratadas na forma do *caput* (Lei 9.504/1997, art. 57-H, § 2º).
Art. 57-I. A requerimento de candidato, partido ou coligação, observado o rito previsto no art. 96 desta Lei, a Justiça Eleitoral poderá determinar, no âmbito e nos limites técnicos de cada aplicação de internet, a suspensão do acesso a todo conteúdo veiculado que deixar de cumprir as disposições desta Lei, devendo o número de horas de suspensão ser definida proporcionalmente à gravidade da infração cometida em cada caso, observado o limite máximo de vinte e quatro horas. (Redação dada pela Lei 13.488, de 2017) § 1º A cada reiteração de conduta, será duplicado o período de suspensão. (Incluído pela Lei 12.034, de 2009)	Art. 36. A requerimento do Ministério Público, de candidata, candidato, partido político, federação ou coligação, observado o rito previsto no art. 96 da Lei 9.504/1997, a Justiça Eleitoral poderá determinar, no âmbito e nos limites técnicos de cada aplicação de internet, a suspensão do acesso a todo conteúdo veiculado que deixar de cumprir as disposições da Lei 9.504/1997, devendo o número de horas de suspensão ser definida proporcionalmente à gravidade da infração cometida em cada caso, observado o limite máximo de 24 (vinte e quatro) horas (Lei 9.504/1997, art. 57-I; e Constituição Federal, art. 127). (Redação dada pela Resolução 23.671/2021) § 1º A cada reiteração de conduta, será duplicado o período de suspensão (Lei 9.504/1997, art. 57-I, § 1º).

§ 2º No período de suspensão a que se refere este artigo, a empresa informará, a todos os usuários que tentarem acessar seus serviços, que se encontra temporariamente inoperante por desobediência à legislação eleitoral. (Incluído pela Lei 12.034, de 2009)	§ 2º No período de suspensão a que se refere este artigo, a empresa informará a todas as usuárias e todos os usuários que tentarem acessar o conteúdo que ele está temporariamente indisponível por desobediência à legislação eleitoral, nos termos do art. 57-I, § 2º, da Lei 9.504/1997, no âmbito e nos limites técnicos de cada provedor de aplicação de internet.
Art. 57-J. O Tribunal Superior Eleitoral regulamentará o disposto nos arts. 57-A a 57-I desta Lei de acordo com o cenário e as ferramentas tecnológicas existentes em cada momento eleitoral e promoverá, para os veículos, partidos e demais entidades interessadas, a formulação e a ampla divulgação de regras de boas práticas relativas a campanhas eleitorais na internet. (Incluído pela Lei 13.488, de 2017)	Art. 3º-A. Considera-se propaganda antecipada passível de multa aquela divulgada extemporaneamente cuja mensagem contenha pedido explícito de voto, ou que veicule conteúdo eleitoral em local vedado ou por meio, forma ou instrumento proscrito no período de campanha. (Incluído pela Resolução 23.671/2021) Parágrafo único. O pedido explícito de voto não se limita ao uso da locução "vote em", podendo ser inferido de termos e expressões que transmitam o mesmo conteúdo. (Incluído pela Resolução 23.732/2024) Art. 3º-B. O impulsionamento pago de conteúdo político-eleitoral relacionado aos atos previstos no *caput* e nos incisos do art. 3º desta Resolução somente é permitido durante a pré-campanha quando cumpridos cumulativamente os seguintes requisitos: (Redação dada pela Resolução 23.732/2024) I – o serviço seja contratado por partido político ou pela pessoa natural que pretenda se candidatar diretamente com o provedor de aplicação; (Incluído pela Resolução 23.732/2024) II – não haja pedido explícito de voto; (Incluído pela Resolução 23.732/2024) III – os gastos sejam moderados, proporcionais e transparentes; (Incluído pela Resolução 23.732/2024) IV – sejam observadas as regras aplicáveis ao impulsionamento durante a campanha. (Incluído pela Resolução 23.732/2024) Art. 3º-C. A veiculação de conteúdo político-eleitoral em período que não seja o de campanha eleitoral se sujeita às regras de transparência previstas no art. 27-A desta Resolução e de uso de tecnologias digitais previstas nos arts. 9º-B, *caput* e parágrafos, e 9º-C desta Resolução, que deverão ser cumpridas, no que lhes couber, pelos provedores de aplicação e pelas pessoas e entidades responsáveis pela criação e divulgação do conteúdo. (Incluído pela Resolução 23.732/2024)

Art. 9º A utilização, na propaganda eleitoral, de qualquer modalidade de conteúdo, inclusive veiculado por terceiras(os), pressupõe que a candidata, o candidato, o partido, a federação ou a coligação tenha verificado a presença de elementos que permitam concluir, com razoável segurança, pela fidedignidade da informação, sujeitando-se as pessoas responsáveis ao disposto no art. 58 da Lei 9.504/1997, sem prejuízo de eventual responsabilidade penal. (Redação dada pela Resolução 23.671/2021)

§ 1º A classificação de conteúdos pelas agências de verificação de fatos, que tenham firmado termo de cooperação com o Tribunal Superior Eleitoral, será feita de forma independente e sob responsabilidade daquelas. (Incluído pela Resolução 23.732/2024)

§ 2º As checagens realizadas pelas agências que tenham firmado termo de cooperação serão disponibilizadas no sítio eletrônico da Justiça Eleitoral e outras fontes fidedignas poderão ser utilizadas como parâmetro para aferição de violação ao dever de diligência e presteza atribuído a candidata, candidato, partido político, federação e coligação, nos termos do *caput* deste artigo. (Incluído pela Resolução 23.732/2024)

Art. 9º-B. A utilização na propaganda eleitoral, em qualquer modalidade, de conteúdo sintético multimídia gerado por meio de inteligência artificial para criar, substituir, omitir, mesclar ou alterar a velocidade ou sobrepor imagens ou sons impõe ao responsável pela propaganda o dever de informar, de modo explícito, destacado e acessível que o conteúdo foi fabricado ou manipulado e a tecnologia utilizada. (Incluído pela Resolução 23.732/2024)

§ 1º As informações mencionadas no *caput* deste artigo devem ser feitas em formato compatível com o tipo de veiculação e serem apresentadas: (Incluído pela Resolução 23.732/2024)

I – no início das peças ou da comunicação feitas por áudio; (Incluído pela Resolução 23.732/2024)

II – por rótulo (marca d'água) e na audiodescrição, nas peças que consistam em imagens estáticas; (Incluído pela Resolução 23.732/2024)

III – na forma dos incisos I e II desse parágrafo, nas peças ou comunicações feitas por vídeo ou áudio e vídeo; (Incluído pela Resolução 23.732/2024)

IV – em cada página ou face de material impresso em que utilizado o conteúdo produzido por inteligência artificial. (Incluído pela Resolução 23.732/2024)

§ 2º O disposto no *caput* e no §1º deste artigo não se aplica: (Incluído pela Resolução 23.732/2024)

I – aos ajustes destinados a melhorar a qualidade de imagem ou de som; (Incluído pela Resolução 23.732/2024)

II – à produção de elementos gráficos de identidade visual, vinhetas e logomarcas; (Incluído pela Resolução 23.732/2024)

III – a recursos de marketing de uso costumeiro em campanhas, como a montagem de imagens em que pessoas candidatas e apoiadoras aparentam figurar em registro fotográfico único utilizado na confecção de material impresso e digital de propaganda. (Incluído pela Resolução 23.732/2024)

§ 3º O uso de *chatbots*, avatares e conteúdos sintéticos como artifício para intermediar a comunicação de campanha com pessoas naturais submete-se ao disposto no *caput* deste artigo, vedada qualquer simulação de interlocução com a pessoa candidata ou outra pessoa real. (Incluído pela Resolução 23.732/2024)

§ 4º O descumprimento das regras previstas no *caput* e no § 3º deste artigo impõe a imediata remoção do conteúdo ou indisponibilidade do serviço de comunicação, por iniciativa do provedor de aplicação ou determinação judicial, sem prejuízo de apuração nos termos do § 2º do art. 9º-C desta Resolução. (Incluído pela Resolução 23.732/2024)

Art. 9º-C É vedada a utilização, na propaganda eleitoral, qualquer que seja sua forma ou modalidade, de conteúdo fabricado ou manipulado para difundir fatos notoriamente inverídicos ou descontextualizados com potencial para causar danos ao equilíbrio do pleito ou à integridade do processo eleitoral. (Incluído pela Resolução 23.732/2024)

§ 1º É proibido o uso, para prejudicar ou para favorecer candidatura, de conteúdo sintético em formato de áudio, vídeo ou combinação de ambos, que tenha sido gerado ou manipulado digitalmente, ainda que mediante autorização, para criar, substituir ou alterar imagem ou voz de pessoa viva, falecida ou fictícia (*deep fake*). (Incluído pela Resolução 23.732/2024)

§ 2º O descumprimento do previsto no *caput* e no § 1º deste artigo configura abuso do poder político e uso indevido dos meios de comunicação social, acarretando a cassação do registro ou do mandato, e impõe apuração das responsabilidades nos termos do § 1º do art. 323 do Código Eleitoral, sem prejuízo de aplicação de outras medidas cabíveis quanto à irregularidade da propaganda e à ilicitude do conteúdo. (Incluído pela Resolução 23.732/2024)

Art. 9º-D. É dever do provedor de aplicação de internet, que permita a veiculação de conteúdo político-eleitoral, a adoção e a publicização de medidas para impedir ou diminuir a circulação de fatos notoriamente inverídicos ou gravemente descontextualizados que possam atingir a integridade do processo eleitoral, incluindo: (Incluído pela Resolução 23.732/2024)

I – a elaboração e a aplicação de termos de uso e de políticas de conteúdo compatíveis com esse objetivo; (Incluído pela Resolução 23.732/2024)

II – a implementação de instrumentos eficazes de notificação e de canais de denúncia, acessíveis às pessoas usuárias e a instituições e entidades públicas e privadas; (Incluído pela Resolução 23.732/2024)

III – o planejamento e a execução de ações corretivas e preventivas, incluindo o aprimoramento de seus sistemas de recomendação de conteúdo; (Incluído pela Resolução 23.732/2024)

IV – a transparência dos resultados alcançados pelas ações mencionadas no inciso III do *caput* deste artigo; (Incluído pela Resolução 23.732/2024)

V – a elaboração, em ano eleitoral, de avaliação de impacto de seus serviços sobre a integridade do processo eleitoral, a fim de implementar medidas eficazes e proporcionais para mitigar os riscos identificados, incluindo quanto à violência política de gênero, e a implementação das medidas previstas neste artigo. (Incluído pela Resolução 23.732/2024)

VI – o aprimoramento de suas capacidades tecnológicas e operacionais, com priorização de ferramentas e funcionalidades que contribuam para o alcance do objetivo previsto no *caput* deste artigo. (Incluído pela Resolução 23.732/2024)

§ 1º É vedado ao provedor de aplicação, que comercialize qualquer modalidade de impulsionamento de conteúdo, inclusive sob a forma de priorização de resultado de busca, disponibilizar esse serviço para veiculação de fato notoriamente inverídico ou gravemente descontextualizado que possa atingir a integridade do processo eleitoral. (Incluído pela Resolução 23.732/2024)

§ 2º O provedor de aplicação, que detectar conteúdo ilícito de que trata o *caput* deste artigo ou for notificado de sua circulação pelas pessoas usuárias, deverá adotar providências imediatas e eficazes para fazer cessar o impulsionamento, a monetização e o acesso ao conteúdo e promoverá a apuração interna do fato e de perfis e contas envolvidos para impedir nova circulação do conteúdo e inibir comportamentos ilícitos, inclusive pela indisponibilização de serviço de impulsionamento ou monetização. (Incluído pela Resolução 23.732/2024)

§ 3º A Justiça Eleitoral poderá determinar que o provedor de aplicação veicule, por impulsionamento e sem custos, o conteúdo informativo que elucide fato notoriamente inverídico ou gravemente descontextualizado antes impulsionado de forma irregular, nos mesmos moldes e alcance da contratação. (Incluído pela Resolução 23.732/2024)

§ 4º As providências mencionadas no *caput* e nos § 1º e 2º deste artigo decorrem da função social e do dever de cuidado dos provedores de aplicação, que orientam seus termos de uso e a prevenção para evitar ou minimizar o uso de seus serviços na prática de ilícitos eleitorais, e não dependem de notificação da autoridade judicial. (Incluído pela Resolução 23.732/2024)

§ 5º As ordens para remoção de conteúdo, suspensão de perfis, fornecimento de dados ou outras medidas determinadas pelas autoridades judiciárias, no exercício do poder de polícia ou nas ações eleitorais, observarão o disposto nesta Resolução e na Res.-TSE 23.608/2019, cabendo aos provedores de aplicação cumpri-las e, se o integral atendimento da ordem depender de dados complementares, informar, com objetividade, no prazo de cumprimento, quais dados devem ser fornecidos. (Incluído pela Resolução 23.732/2024)

Art. 9º-E. Os provedores de aplicação serão solidariamente responsáveis, civil e administrativamente, quando não promoverem a indisponibilização imediata de conteúdos e contas, durante o período eleitoral, nos seguintes casos de risco: (Incluído pela Resolução 23.732/2024)

I – de condutas, informações e atos antidemocráticos caracterizadores de violação aos artigos 296, parágrafo único; 359-L, 359- M, 359-N, 359-P e 359-R do Código Penal; (Incluído pela Resolução 23.732/2024)

II – de divulgação ou compartilhamento de fatos notoriamente inverídicos ou gravemente descontextualizados que atinjam a integridade do processo eleitoral, inclusive os processos de votação, apuração e totalização de votos; (Incluído pela Resolução 23.732/2024)

III – de grave ameaça, direta e imediata, de violência ou incitação à violência contra a integridade física de membros e servidores da Justiça eleitoral e Ministério Público eleitoral ou contra a infraestrutura física do Poder Judiciário para restringir ou impedir o exercício dos poderes constitucionais ou a abolição violenta do Estado Democrático de Direito; (Incluído pela Resolução 23.732/2024)

IV – de comportamento ou discurso de ódio, inclusive promoção de racismo, homofobia, ideologias nazistas, fascistas ou odiosas contra uma pessoa ou grupo por preconceito de origem, raça, sexo, cor, idade, religião e quaisquer outras formas de discriminação; (Incluído pela Resolução 23.732/2024)

V – de divulgação ou compartilhamento de conteúdo fabricado ou manipulado, parcial ou integralmente, por tecnologias digitais, incluindo inteligência artificial, em desacordo com as formas de rotulagem trazidas na presente Resolução. (Incluído pela Resolução 23.732/2024)

Art. 9º-F. No caso de a propaganda eleitoral na internet veicular fatos notoriamente inverídicos ou gravemente descontextualizados sobre o sistema eletrônico de votação, o processo eleitoral ou a Justiça Eleitoral, as juízas e os juízes mencionados no art. 8º desta Resolução ficarão vinculados, no exercício do poder de polícia e nas representações, às decisões colegiadas do Tribunal Superior Eleitoral sobre a mesma matéria, nas quais tenha sido determinada a remoção ou a manutenção de conteúdos idênticos. (Incluído pela Resolução 23.732/2024)

§ 1º Aplica-se o disposto no *caput* deste artigo aos casos em que, a despeito de edição, reestruturação, alterações de palavras ou outros artifícios, métodos ou técnicas para burlar sistemas automáticos de detecção de conteúdo duplicado ou para dificultar a verificação humana, haja similitude substancial entre o conteúdo removido por determinação do Tribunal Superior Eleitoral e o veiculado na propaganda regional ou municipal. (Incluído pela Resolução 23.732/2024)

§ 2º Para o cumprimento ao disposto no *caput* deste artigo, as juízas e os juízes eleitorais deverão consultar repositório de decisões colegiadas, que será disponibilizado pelo Tribunal Superior Eleitoral pelo sistema de que trata o art. 9º-G desta Resolução. (Incluído pela Resolução 23.732/2024)

§ 3º A ordem de remoção de conteúdo expedida nos termos deste artigo poderá estabelecer prazo inferior a 24 (vinte e quatro) horas para cumprimento da decisão, considerando a gravidade da veiculação e as peculiaridades do processo eleitoral e da eleição em curso ou a se realizar, e observará os demais requisitos constantes do § 4º do art. 38 desta Resolução. (Incluído pela Resolução 23.732/2024)

§ 4º O exercício do poder de polícia que contrarie ou exorbite o previsto no § 1º deste artigo permitirá o uso da reclamação administrativa eleitoral, observado o disposto nos arts. 29 e 30 da Res.-TSE 23.608/2019. (Incluído pela Resolução 23.732/2024)

Art. 9º-G. As decisões do Tribunal Superior Eleitoral que determinem a remoção de conteúdos que veiculem fatos notoriamente inverídicos ou gravemente descontextualizados que atinjam a integridade do processo eleitoral serão incluídas em repositório disponibilizado para consulta pública. (Incluído pela Resolução 23.732/2024)

§ 1º O repositório conterá o número do processo e a íntegra da decisão, da qual serão destacados, para inclusão em campo próprio a cargo da Secretaria Judiciária, o endereço eletrônico em que hospedado o conteúdo a ser removido e a descrição de seus elementos essenciais. (Incluído pela Resolução 23.732/2024)

§ 2º As ordens de remoção de que trata este artigo serão dirigidas aos provedores de aplicação, que, no prazo designado para cumprimento, deverão, por meio de acesso identificado no sistema, informar o cumprimento da ordem e, desde que determinado, alimentar o repositório com: (Incluído pela Resolução 23.732/2024)

I – o arquivo de texto, imagem, áudio ou vídeo objeto da ordem de remoção; (Incluído pela Resolução 23.732/2024)

II – capturas de tela contendo todos os comentários disponíveis no local de hospedagem do conteúdo, se existentes; (Incluído pela Resolução 23.732/2024)

III – os metadados relativos ao acesso, como IP, porta, data e horário da publicação; (Incluído pela Resolução 23.732/2024)

IV – os metadados relativos ao engajamento da publicação no momento de sua remoção. (Incluído pela Resolução 23.732/2024)

§ 3º As informações relativas ao número do processo, ao teor das decisões do Tribunal Superior Eleitoral, à data de remoção, à descrição dos elementos essenciais e aos metadados mencionados no inciso IV do § 2º deste artigo ficarão disponíveis para consulta pública, ressalvadas as hipóteses legais de sigilo. (Incluído pela Resolução 23.732/2024)

§ 4º Os dados mencionados nos incisos I a III do § 2º deste artigo serão mantidos sob sigilo, sendo seu acesso restrito às juízas e aos juízes eleitorais e às servidoras e aos servidores autorizadas(os) e feito mediante registro de atividades. (Incluído pela Resolução 23.732/2024)

§ 5º É dever das juízas e dos juízes eleitorais acompanhar a atualização do repositório de decisões, para assegurar o devido cumprimento do disposto no art. 9º-E desta Resolução. (Incluído pela Resolução 23.732/2024)

§ 6º Os dados sigilosos constantes do repositório poderão ser compartilhados por decisão fundamentada: (Incluído pela Resolução 23.732/2024)

I – de ofício ou mediante requerimento da autoridade competente, para instaurar ou instruir investigação criminal, administrativa ou eleitoral; (Incluído pela Resolução 23.732/2024)

II – mediante requerimento da pessoa autora do conteúdo ou por ela atingido, quando necessários ao exercício do direito de defesa ou de ação; (Incluído pela Resolução 23.732/2024)

III – nas demais hipóteses legais. (Incluído pela Resolução 23.732/2024)

§ 7º O compartilhamento ou a publicização indevida dos dados mencionados nos incisos II e III do § 2º deste artigo sujeita a pessoa responsável às sanções pela divulgação de fatos notoriamente inverídicos ou gravemente descontextualizados sobre o sistema eletrônico de votação, o processo eleitoral ou a atuação da Justiça Eleitoral, sem prejuízo da apuração da conduta criminal correspondente ao vazamento de dados sigilosos ou outras relativas ao caso. (Incluído pela Resolução 23.732/2024)

§ 8º O repositório também conterá as decisões do Tribunal Superior Eleitoral que indefiram a remoção de conteúdos, hipótese na qual caberá à Secretaria Judiciária incluir, em campo próprio, o endereço eletrônico da publicação. (Incluído pela Resolução 23.732/2024)

Art. 9º-H A remoção de conteúdos que violem o disposto no *caput* do art. 9º e no *caput* e no § 1º do art. 9º-C não impede a aplicação da multa prevista no art. 57-D da Lei 9.504/1997 por decisão judicial em representação. (Incluído pela Resolução 23.732/2024)

Art. 29-A. A live eleitoral, entendida como transmissão em meio digital, realizada por candidata ou candidato, com ou sem a participação de terceiros, com o objetivo de promover candidaturas e conquistar a preferência do eleitorado, mesmo sem pedido explícito de voto, constitui ato de campanha eleitoral de natureza pública. (Incluído pela Resolução 23.732/2024)

§ 1º A partir de 16 de agosto do ano das eleições, a utilização de live por pessoa candidata para promoção pessoal ou de atos referentes a exercício de mandato, mesmo sem menção ao pleito, equivale à promoção de candidatura, nos termos do *caput* deste artigo. (Incluído pela Resolução 23.732/2024)

§ 2º É vedada a transmissão ou retransmissão de live eleitoral: (Incluído pela Resolução 23.732/2024)

I – em site, perfil ou canal de internet pertencente à pessoa jurídica, à exceção do partido político, da federação ou da coligação a que a candidatura seja vinculada (art. 29, § 1º, I, desta Resolução); (Incluído pela Resolução 23.732/2024)

II – por emissora de rádio e de televisão (art. 43, II, desta Resolução). (Incluído pela Resolução 23.732/2024)

§ 3º A cobertura jornalística da live eleitoral deve respeitar os limites legais aplicáveis à programação normal de rádio e televisão, cabendo às emissoras zelar para que a exibição de trechos não configure tratamento privilegiado ou exploração econômica de ato de campanha (art. 43, I e § 1º, desta Resolução). (Incluído pela Resolução 23.732/2024)

Art. 33. As mensagens eletrônicas e as mensagens instantâneas enviadas por candidata, candidato, partido político, federação ou coligação, por qualquer meio, deverão oferecer identificação completa da pessoa remetente, bem como dispor de mecanismo que permita à pessoa destinatária a solicitação de descadastramento e eliminação dos seus dados pessoais, obrigada a pessoa remetente a providenciá-los no prazo de 48 (quarenta e oito) horas (Lei 9.504/1997, arts. 57-G, *caput*, e 57-J; Lei 13.709/2018, arts. 9º, III e IV, e 18, IV e VI). (Redação dada pela Resolução 23.671/2021)

§ 1º Mensagens eletrônicas e mensagens instantâneas enviadas após o término do prazo previsto no *caput* sujeitam as pessoas responsáveis ao pagamento de multa no valor de R$ 100,00 (cem reais), por mensagem (Lei 9.504/1997, art. 57-G, parágrafo único, e art. 57-J).

§ 2º As mensagens eletrônicas e as mensagens instantâneas enviadas consensualmente por pessoa natural, de forma privada ou em grupos restritos de participantes, não se submetem ao *caput* deste artigo e às normas sobre propaganda eleitoral previstas nesta Resolução (Lei 9.504/1997, art. 57-J).

§ 3º A mensagem eletrônica mencionada no *caput* deste artigo deverá conter a informação sobre o canal de comunicação disponibilizado nos termos do § 5º do art. 10 desta Resolução e explicar, em linguagem simples e acessível, a finalidade do canal. (Incluído pela Resolução 23.732/2024)

Art. 38. A atuação da Justiça Eleitoral em relação a conteúdos divulgados na internet deve ser realizada com a menor interferência possível no debate democrático (Lei 9.504/1997, art. 57-J).

§ 1º Com o intuito de assegurar a liberdade de expressão e impedir a censura, as ordens judiciais de remoção de conteúdo divulgado na internet serão limitadas às hipóteses em que, mediante decisão fundamentada, sejam constatadas violações às regras eleitorais ou ofensas a direitos de pessoas que participam do processo eleitoral.

§ 2º A ausência de identificação imediata da usuária ou do usuário responsável pela divulgação do conteúdo não constitui circunstância suficiente para o deferimento do pedido de remoção de conteúdo da internet.

§ 3º A publicação somente será considerada anônima caso não seja possível a identificação das usuárias ou dos usuários após a adoção das providências previstas no art. 40 desta Resolução.

	§ 4º A ordem judicial que determinar a remoção de conteúdo divulgado na internet fixará prazo razoável para o cumprimento, não inferior a 24 (vinte e quatro) horas, e deverá conter, sob pena de nulidade, a URL e, caso inexistente esta, a URI ou a URN do conteúdo específico, observados, nos termos do art. 19 da Lei 12.965/2014, o âmbito e os limites técnicos de cada provedor de aplicação de internet.
	§ 5º Em circunstâncias excepcionais devidamente justificadas, o prazo de que trata o parágrafo anterior poderá ser reduzido.
	§ 6º O provedor responsável pela aplicação de internet em que hospedado o material deverá promover a sua remoção dentro do prazo razoável assinalado, sob pena de arcar com as sanções aplicáveis à espécie.
	§ 7º As ordens judiciais de remoção de conteúdo da internet terão seus efeitos mantidos, mesmo após o período eleitoral, salvo se houver decisão judicial que declare a perda do objeto ou afaste a conclusão de irregularidade. (Redação dada pela Resolução 23.732/2024)
	§ 8º A perda de objeto das ordens judiciais de remoção de conteúdo da internet relacionadas a candidatas ou candidatos que disputam o segundo turno somente poderá ser declarada após sua realização. (Redação dada pela Resolução 23.732/2024)
	§ 8º-A. A realização do pleito não acarreta a perda de objeto dos procedimentos em que se apure anonimato ou manifestação abusiva na propaganda eleitoral na internet, inclusive a disseminação de fato notoriamente inverídico ou gravemente descontextualizado tendente a atingir a honra ou a imagem de candidata ou candidato. (Incluído pela Resolução 23.732/2024)
	§ 9º As sanções aplicadas em razão da demora ou do descumprimento da ordem judicial reverterão aos cofres da União.
Art. 41. A propaganda exercida nos termos da legislação eleitoral não poderá ser objeto de multa nem cerceada sob alegação do exercício do poder de polícia ou de violação de postura municipal, casos em que se deve proceder na forma prevista no art. 40. (Redação dada pela Lei 12.034, de 2009)	Art. 6º A propaganda exercida nos termos da legislação eleitoral não poderá ser objeto de multa nem cerceada sob alegação do exercício do poder de polícia ou de violação de postura municipal, casos em que se deve proceder na forma prevista no art. 40 da Lei 9.504/1997 (Lei 9.504/1997, art. 41, *caput*).
§ 1º O poder de polícia sobre a propaganda eleitoral será exercido pelos juízes eleitorais e pelos juízes designados pelos Tribunais Regionais Eleitorais. (Incluído pela Lei 12.034, de 2009)	§ 1º O poder de polícia sobre a propaganda eleitoral será exercido juízas ou juízes designadas(os) pelos tribunais regionais eleitorais, nos termos do art. 41, § 1º, da Lei 9.504/1997, observado ainda, quanto à internet, o disposto no art. 8º desta Resolução.
§ 2º O poder de polícia se restringe às providências necessárias para inibir práticas ilegais, vedada a censura prévia sobre o teor dos programas a serem exibidos na televisão, no rádio ou na internet. (Incluído pela Lei 12.034, de 2009)	§ 2º O poder de polícia se restringe às providências necessárias para inibir práticas ilegais, vedada a censura prévia sobre o teor dos programas e das matérias jornalísticas a serem exibidos na televisão, na rádio, na internet e na imprensa escrita (Lei 9.504/1997, art. 41, § 2º).
Sem Correspondência	

	§ 3º No caso de condutas sujeitas a penalidades, a autoridade eleitoral delas cientificará o Ministério Público, para os fins previstos nesta Resolução.
Art. 57. As disposições desta Lei aplicam-se às emissoras de televisão que operam em VHF e UHF e os canais de televisão por assinatura sob a responsabilidade do Senado Federal, da Câmara dos Deputados, das Assembleias Legislativas, da Câmara Legislativa do Distrito Federal ou das Câmaras Municipais. Sem Correspondência	Art. 113. As disposições desta Resolução se aplicam às emissoras de rádio, inclusive comunitárias, e às emissoras de televisão que operam em VHF e UHF, aos provedores de internet e aos canais de TV por assinatura sob a responsabilidade do Senado Federal, da Câmara dos Deputados, das Assembleias Legislativas, da Câmara Legislativa do Distrito Federal ou das Câmaras Municipais (Lei 9.504/1997, arts. 57 e 57-A). Parágrafo único. Aos canais de televisão por assinatura não compreendidos no *caput*, será vedada a veiculação de qualquer propaganda eleitoral, salvo a retransmissão integral do horário eleitoral gratuito e a realização de debates, observadas as disposições legais.
Sem Correspondência	Art. 33-A. Os provedores de aplicação deverão informar expressamente às usuárias e aos usuários sobre a possibilidade de tratamento de seus dados pessoais para a veiculação de propaganda eleitoral no âmbito e nos limites técnicos de cada provedor, caso admitam essa forma de propaganda. (Incluído pela Resolução 23.671/2021) § 1º Toda propaganda eleitoral em provedores de aplicação deve ser identificada como tal por candidatas, candidatos, partidos políticos, federações e coligações, observados ainda o âmbito e os limites técnicos de cada aplicação de internet. (Incluído pela Resolução 23.671/2021) § 2º O tratamento de dado pessoal sensível deverá estar fundado em pelo menos uma das bases legais previstas no artigo 11 da Lei Federal 13.709/2018 (Lei Geral de Proteção de Dados). (Incluído pela Resolução 23.671/2021)
Sem Correspondência	Art. 34. É vedada a realização de propaganda: (Redação dada pela Resolução 23.671/2021) I – via telemarketing em qualquer horário (STF, ADI no 5.122/DF, Dje de 20.2.2020); (Incluído pela Resolução 23.671/2021) II – por meio de disparo em massa de mensagens instantâneas sem consentimento da pessoa destinatária ou a partir da contratação expedientes, tecnologias ou serviços não fornecidos pelo provedor de aplicação e em desacordo com seus termos de uso. (Constituição Federal, art. 5º, X e XI; Código Eleitoral, art. 243, VI; Lei 9.504/1997, art. 57-J) (Incluído pela Resolução 23.671/2021) § 1º Na hipótese do inciso II deste artigo, deverá ser observada a regra do art. 33 desta Resolução. (Incluído pela Resolução 23.671/2021) § 2º Abusos e excessos serão apurados e punidos nos termos do art. 22 da Lei Complementar 64/1990. (Incluído pela Resolução 23.671/2021

Sem Correspondência	Art. 37. Para o fim desta Resolução, considera-se:
	I – internet: o sistema constituído do conjunto de protocolos lógicos, estruturado em escala mundial para uso público e irrestrito, com a finalidade de possibilitar a comunicação de dados entre terminais por meio de diferentes redes;
	II – terminal: o computador ou qualquer dispositivo que se conecte à internet;
	III – endereço de protocolo de internet (endereço IP): o código numérico ou alfanumérico atribuído a um terminal de uma rede para permitir sua identificação, definido segundo parâmetros internacionais;
	IV – administradora ou administrador de sistema autônomo: a pessoa física ou jurídica que administra blocos de endereço IP específicos e o respectivo sistema autônomo de roteamento, devidamente cadastrada no ente nacional responsável pelo registro e pela distribuição de endereços IP geograficamente referentes ao país;
	V – conexão à internet: a habilitação de um terminal para envio e recebimento de pacotes de dados pela internet, mediante a atribuição ou autenticação de um endereço IP;
	VI – registro de conexão: o conjunto de informações referentes à data e hora de início e término de uma conexão à internet, sua duração e o endereço IP utilizado pelo terminal para o envio e recebimento de pacotes de dados;
	VII – aplicações de internet: o conjunto de funcionalidades que podem ser acessadas por meio de um terminal conectado à internet;
	VIII – registros de acesso a aplicações de internet: o conjunto de informações referentes à data e hora de uso de uma determinada aplicação de internet a partir de um determinado endereço IP;
	IX – conteúdo de internet: páginas, textos, arquivos, fotos, vídeos, ou qualquer outro elemento digital que possa ser armazenado na internet e que esteja acessível por meio de uma URI (*Uniform Resource Indicator*), URL (*Uniform Resource Locator*) ou URN (*Uniform Resource Name*);
	X – sítio hospedado diretamente em provedor de internet estabelecido no país: aquele cujo endereço (URL *Uniform Resource Locator*) é registrado no organismo regulador da internet no Brasil e cujo conteúdo é mantido pelo provedor de hospedagem em servidor instalado em solo brasileiro;
	XI – sítio hospedado indiretamente em provedor de internet estabelecido no país: aquele cujo endereço é registrado em organismos internacionais e cujo conteúdo é mantido por provedor de hospedagem em equipamento servidor instalado em solo brasileiro;

XII – sítio: o endereço eletrônico na internet subdividido em uma ou mais páginas que possam ser acessadas com base na mesma raiz;

XIII – blog: o endereço eletrônico na internet, mantido ou não por provedor de hospedagem, composto por uma única página em caráter pessoal;

XIV – impulsionamento de conteúdo: o mecanismo ou serviço que, mediante contratação com os provedores de aplicação de internet, potencializem o alcance e a divulgação da informação para atingir usuárias e usuários que, normalmente, não teriam acesso ao seu conteúdo, incluída entre as formas de impulsionamento a priorização paga de conteúdos resultantes de aplicações de busca na internet, nos termos do art. 26, § 2º, da Lei 9.504/1997;

XV – rede social na internet: a estrutura social composta por pessoas ou organizações, conectadas por um ou vários tipos de relações, que compartilham valores e objetivos comuns;

XVI – aplicativo de mensagens instantâneas ou chamada de voz: o aplicativo multiplataforma de mensagens instantâneas e chamadas de voz para smartphones;

XVII – provedor de conexão à internet: a pessoa jurídica fornecedora de serviços que consistem em possibilitar o acesso de seus consumidores à internet;

XVIII – provedor de aplicação de internet: a empresa, organização ou pessoa natural que, de forma profissional ou amadora, forneça um conjunto de funcionalidades que podem ser acessadas por meio de um terminal conectado à internet, não importando se os objetivos são econômicos;

XIX – endereço eletrônico: conjunto de letras, números e/ou símbolos utilizados com o propósito de receber, enviar ou armazenar comunicações ou conteúdos por meio eletrônico, incluindo, mas não se limitando a endereço de e-mail, número de protocolo de internet, perfis em redes sociais, números de telefone;

XX – cadastro de endereços eletrônicos: relação com um ou mais dos endereços referidos no inciso XIX deste artigo;

XXI – disparo em massa: estratégia coordenada de envio, compartilhamento ou encaminhamento de um mesmo conteúdo, ou de suas variações, para grande número de destinatárias e destinatários, por qualquer meio de comunicação interpessoal; (Redação dada pela Resolução 23.732/2024)

XXII – dado pessoal: informação relacionada a pessoa natural identificada ou identificável; (Incluído pela Resolução 23.671/2021)

XXIII – dado pessoal sensível: dado pessoal sobre origem racial ou étnica, convicção religiosa, opinião política, filiação a sindicato ou a organização de caráter religioso, filosófico ou político, dado referente à saúde ou à vida sexual, dado genético ou biométrico, quando vinculado a uma pessoa natural; (Incluído pela Resolução 23.671/2021)

XXIV – titular: pessoa natural a quem se referem os dados pessoais que são objeto de tratamento; (Incluído pela Resolução 23.671/2021)

XXV – controlador: pessoa natural ou jurídica, de direito público ou privado, a quem competem as decisões referentes ao tratamento de dados pessoais; (Incluído pela Resolução 23.671/2021)

XXVI – tratamento: toda operação realizada com dados pessoais, como as que se referem à coleta, à produção, à recepção, à classificação, à utilização, ao acesso, à reprodução, à transmissão, à distribuição, ao processamento, ao arquivamento, ao armazenamento, à eliminação, à avaliação ou ao controle da informação, à modificação, à comunicação, à transferência, à difusão ou à extração; (Incluído pela Resolução 23.671/2021)

XXVII – consentimento: manifestação livre, informada e inequívoca pela qual a pessoa que é titular concorda com o tratamento de seus dados pessoais para uma finalidade determinada; (Incluído pela Resolução 23.671/2021)

XXVIII – eliminação de dados pessoais: exclusão de dado ou de conjunto de dados armazenados em banco de dados, independentemente do procedimento empregado; (Incluído pela Resolução 23.671/2021)

XXIX – descadastramento: impedimento de utilização de dados pessoais para fins de envio de comunicações, a pedido da pessoa que é titular. (Incluído pela Resolução 23.671/2021)

XXXI – encarregado: pessoa indicada pelo controlador para intermediar a comunicação com a Autoridade Nacional de Proteção de Dados, orientar o pessoal de campanha sobre as práticas a serem adotadas em relação à proteção de dados pessoais e prestar esclarecimentos e tomar providências sobre as reclamações e comunicações formuladas pelos titulares; (Incluído pela Resolução 23.732/2024)

XXXII – perfilamento: tratamento de múltiplos tipos de dados de pessoa natural, identificada ou identificável, em geral realizado de modo automatizado, com o objetivo de formar perfis baseados em padrões de comportamento, gostos, hábitos e preferências e de classificar esses perfis em grupos e setores, utilizando-os para análises ou previsões de movimentos e tendências de interesse político-eleitoral; (Incluído pela Resolução 23.732/2024)

XXXIII – microdirecionamento: estratégia de segmentação da propaganda eleitoral ou da comunicação de campanha que consiste em selecionar pessoas, grupos ou setores, classificados por meio de perfilamento, como público-alvo ou audiência de mensagens, ações e conteúdos político-eleitorais desenvolvidos com base nos interesses perfilados, visando ampliar a influência sobre seu comportamento; (Incluído pela Resolução 23.732/2024)
XXXIV – inteligência artificial (IA): sistema computacional desenvolvido com base em lógica, em representação do conhecimento ou em aprendizagem de máquina, obtendo arquitetura que o habilita a utilizar dados de entrada provenientes de máquinas ou seres humanos para, com maior ou menor grau de autonomia, produzir conteúdos sintéticos, previsões, recomendações ou decisões que atendam a um conjunto de objetivos previamente definidos e sejam aptos a influenciar ambientes virtuais ou reais. (Incluído pela Resolução 23.732/2024)
XXXV – conteúdo sintético: imagem, vídeo, áudio, texto ou objeto virtual gerado ou significativamente modificado por tecnologia digital, incluída a inteligência artificial. (Incluído pela Resolução 23.732/2024)

É possível perceber que a Resolução 23.610/2019, com suas alterações, é mais completa que a Lei 9.504, tendo em vista que amplia muitos dos dispositivos previstos na legislação, trazendo importantes conceituações e se preocupando com a proteção de dados.

Podemos compreender que muito do aperfeiçoamento realizado pela Resolução face à lei se dá pela maior facilidade de atualização de resoluções se comparado ao processo legislativo necessário para a mudança de uma lei. Tal característica é fundamental quando tratamos de tecnologia, tendo em vista a velocidade na alteração fática dos meios de comunicação, sobretudo quando tratamos de internet e redes sociais.

2.2.2 Propaganda eleitoral antecipada na Internet (Art. 57-A)

> Art. 57-A. É permitida a propaganda eleitoral na Internet, nos termos desta Lei, após o dia 15 de agosto do ano da eleição.

Os dispositivos repetem o termo *a quo* de permissão da propaganda eleitoral a partir de 16 de agosto do ano eleitoral.

Entretanto, as principais controvérsias não giram em torno da data em que se pode iniciar a propaganda eleitoral na Internet ou por qualquer outro meio, mas sim do que é e o que não é considerado propaganda eleitoral antecipada.

No capítulo anterior, foram analisados os conceitos que envolvem o tema da propaganda eleitoral antecipada e alguns curiosos casos práticos enfrentados pela jurisprudência pátria especificamente quanto à Internet. Valem aqui as mesmas asseverações, porém, algumas questões devem ser destacadas.

A primeira diz respeito aos limites da propaganda intrapartidária no ciberespaço. Identifica-se em doutrina na jurisprudência alguns parâmetros adotados pelo TSE. Por exemplo, conforme já salientado, decidiu a Corte que "Não configura propaganda eleitoral antecipada a veiculação, no site do partido, de matéria voltada a hipotético lançamento de candidatura própria ao cargo de Presidente da República por certo partido".[31]

Contudo, em antiga resolução, também asseverou que "a divulgação das prévias por meio de página na Internet extrapola o limite interno do partido [...]",[32] em aplicação da máxima já esboçada de que qualquer propaganda antes do pleito eleitoral deve se restringir aos canais de comunicação com membros do partido sob pena de se verter em extemporânea.

Não obstante, a Lei 13.165, de 2015 alterou o art. 36-A, inciso III, da lei eleitoral, para dispor que "a realização de prévias partidárias e a respectiva distribuição de material informativo, a divulgação dos nomes dos filiados que participarão da disputa e a realização de debates entre os pré-candidatos" não são consideradas propaganda eleitoral antecipada, inclusive pela Internet. As sanções aplicáveis são aquelas previstas no § 3º do art. 36 da lei das eleições.[33]

Ainda que a disciplina legal desça a minúcias cada vez mais específicas, doutrina e jurisprudência se deparam com inúmeras situações controversas na prática. Seguem algumas:

---

31. Propaganda eleitoral antecipada – Ausência de configuração. Não configura propaganda eleitoral antecipada a veiculação, em sítio da internet, de matéria voltada ao lançamento de candidatura própria ao cargo de Presidente da República por certo partido.
Recurso em Representação 132118, Acórdão de 10.08.2010, Relator(a) Min. Joelson Costa Dias, Relator(a) designado(a) Min. Marco Aurélio Mendes De Farias Mello, Publicação: PSESS – Publicado em Sessão, Data 10.08.2010.
32. Res.-TSE 23.086/2009.
33. Art. 36. [...]
§ 3º A violação do disposto neste artigo sujeitará o responsável pela divulgação da propaganda e, quando comprovado o seu prévio conhecimento, o beneficiário à multa no valor de R$ 5.000,00 (cinco mil reais) a R$ 25.000,00 (vinte e cinco mil reais), ou ao equivalente ao custo da propaganda, se este for maior. (Redação dada pela Lei 12.034, de 2009).

2.2.2.1 Vídeo na Internet com participação em evento em que declara que "somente elegendo" determinado candidato

De acordo com o TSE, o possível candidato passou a "enaltecer" as qualidades de pré-candidato, sugerindo que seria mais adequado dar continuidade ao governo ao pré-candidato:

> Agravo interno. Recurso especial. Eleições 2022. Representação. Propaganda eleitoral extemporânea. Arts. 36 e 36-a da Lei 9.504/97. Discurso. Youtube. Pedido explícito de voto. Pré-candidato. Deputado estadual. Configuração. Negativa de provimento. 1. No decisum monocrático, manteve-se aresto unânime do TRE/SP, em que se condenou o agravante, vice-prefeito de São Caetano do Sul/SP à época dos fatos, ao pagamento de multa de R$ 5.000,00 por prática de propaganda extemporânea em favor de pré-candidato ao cargo de deputado estadual por São Paulo nas Eleições 2022 (arts. 36, *caput*, § 3º, e 36-A da Lei 9.504/97). 2. A ausência de mídia contendo a íntegra da propaganda e sua transcrição na exordial não trouxe prejuízo à defesa, pois se disponibilizou o conteúdo do vídeo por meio de link de acesso à internet devidamente acompanhado do traslado do excerto que motivou a representação. Ademais, por se tratar de website cujo acesso era franqueado em plataforma digital de fácil alcance, não havia necessidade de reprodução por meio de outro instrumento. 3. Consoante o entendimento desta Corte Superior, a propaganda antecipada pressupõe, de um lado, a existência de pedido explícito de votos ou, de outro, quando ausente esse elemento, manifestação de cunho eleitoral mediante uso de formas que são proscritas durante o período de campanha ou afronta à paridade de armas. 4. No caso, a moldura fática do aresto a quo revela a divulgação, em 29.06.2022 pela plataforma YouTube, de discurso proferido pelo recorrente contendo frases como "nós nessa eleição precisamos trabalhar para a gente manter a nossa cidade dentro de um rumo e que a gente tenha também um suporte da nossa Assembleia Legislativa, elegendo o nosso deputado Thiago Auricchio, então a gente quer contar com todos vocês, com o apoio (...)", o que configura pedido explícito de votos. 5. Agravo interno a que se nega provimento.[34]

Conforme salientado, a manifestação da opinião do candidato na Internet antes do período de propaganda eleitoral não é considerada irregular. Entretanto, quando caracterizado o nítido intuito de promoção pessoal, como no caso em voga, é certo que atrai a vedação à propaganda eleitoral extermporânea, razão pela qual deve ser coibida.

2.2.2.2 Propaganda eleitoral antecipada negativa por meio de redes sociais

Como vimos, a propaganda antecipada é aquela feita antes do dia 16 de agosto do ano do pleito, sendo negativa se for pressuposto o pedido explícito de não voto ou, de alguma maneira, a prática de ato que, desqualificando pré-candidato, venha a macular sua honra ou imagem ou divulgue fato sabidamente inverídico.

---

34. Agravo Regimental no Recurso Especial Eleitoral 060027936, Acórdão, Min. Benedito Gonçalves, Publicação: DJE – Diário de Justiça Eletrônico, 12.05.2023.

No caso trazido, um eleitor do Espírito Santo publicou em suas redes sociais (Facebook e Instagram), em 06.07.2022, fez graves acusações contra o então Governador, insinuando relação com a organização criminosa Primeiro Comando da Capital (PCC).

Assim, ao ser julgado em grau recursal pelo TSE, o Tribunal reconheceu a propaganda antecipada, reiterando que a divulgação de posicionamento político, inclusive nas redes sociais, não confere liberdade irrestrita para veiculação de notícias falsas e discurso de ódio:

> Agravo. Conversão. Recurso especial. Eleições 2022. Governador. Representação. Propaganda eleitoral extemporânea negativa. Art. 36 da lei 9.504/97. Postagem em rede social. Facebook. Instagram. Mensagem. Discurso de ódio. Configuração. Negativa de provimento. 1. Recurso especial interposto contra aresto em que o TRE/ES aplicou multa de R$ 5.000,00 ao recorrente (eleitor) por veicular propaganda extemporânea negativa em desfavor de então pré-candidato à reeleição ao cargo de governador do Espírito Santo nas Eleições 2022 (art. 36, *caput*, § 3º, da Lei 9.504/97). *2. De acordo com a jurisprudência deste Tribunal Superior, a configuração de propaganda eleitoral antecipada negativa pressupõe o pedido explícito de não voto ou ato que, desqualificando pré-candidato, venha a macular sua honra ou imagem ou divulgue fato sabidamente inverídico.* 3. Na espécie, extrai-se da moldura fática do aresto a quo que o recorrente, em 06.07.2022, publicou, em seus perfis no Instagram e no Facebook, mensagem na qual associou os dizeres "quem é da esquerda e qual o nível de relação possui com o PCC? O capixaba precisa saber", sobrepostos à foto do recorrido, centralizada, colorida e em destaque. 4. Hipótese em que o conteúdo veiculado ultrapassa o limite constitucional da liberdade de expressão e da livre manifestação de pensamento e recai na esfera da ilicitude. *5. A circunstância de o art. 36-A, V, da Lei 9.504/97 permitir "a divulgação de posicionamento pessoal sobre questões políticas, inclusive nas redes sociais" não confere liberdade plena e irrestrita para a veiculação de manifestações que revelem, a título demonstrativo, notícias falsas e discursos de ódio.* 6. Agravo provido para conhecer do recurso especial e a ele negar provimento.[35]

2.2.2.3 Veiculação de vídeos com utilização de "palavras mágicas"

Nesse caso, um vereador, pré-candidato ao cargo de prefeito veiculou, por meio de Instagram e WhatsApp, vídeos e imagens de trabalhadores em execução de obras públicas, supostamente fiscalizando o trabalho realizado.

Ocorre, contudo, que no referido vídeo os tais trabalhadores repetiam a frase "Em 2020 é Zaqueu ... Nosso futuro Prefeito". De tal maneira, o TSE, ao julgar o caso em última instância, entendeu que o conteúdo extrapola a noção divulgação do trabalho parlamentar, tendo evidente caráter eleitoreiro:

---

35. Recurso Especial Eleitoral 060043962, Acórdão, Min. Benedito Gonçalves, Publicação: DJE – Diário de Justiça Eletrônico, 06.12.2023.

Eleições 2020. Agravo regimental. Agravo. Recurso especial. Representação. Pré-candidato. Vereador. Propaganda eleitoral antecipada. Configuração. Pedido explícito de votos. Uso de "palavras mágicas". Incidência da súmula 28 e 30 do TSE. Desprovimento. 1. Os argumentos apresentados pelo Agravante não conduzem à reforma da decisão. 2. Para a configuração da divergência jurisprudencial, indispensável a similitude fática entre o acórdão paradigma e o aresto recorrido, circunstância não evidenciada no caso dos autos. Incidência da Súmula 28 do TSE. 3. *No caso, é evidente a realização de atos de campanha de forma antecipada, notadamente pela publicação de vídeos e imagens nas redes sociais, mediante expresso pedido de apoio à candidatura, acompanhado da menção ao resultado favorável no pleito.* 4. A jurisprudência do Tribunal Superior Eleitoral é no sentido de que, *para fins de caracterização de propaganda eleitoral extemporânea, é possível identificar o requisito do pedido explícito de votos a partir do uso de "palavras mágicas",* como efetivamente ocorreu no caso dos autos (AgR-REspe 060004748, minha relatoria, DJe de 23.09.2021).5. Agravo Regimental desprovido.[36]

2.2.3 Hipóteses legais que não configuram propaganda eleitoral antecipada (Art. 36-A)

A lei das eleições sofreu alteração posterior para incluir expressamente o que não é considerado propaganda eleitoral antecipada. Com efeito, o artigo 36-A da Lei 9504/97, inserido pela Lei 12.034, de 2009 e posteriormente alterado pelas Leis 12.891/13. 13.165, de 2015, e 13.488, de 2017, traz hipóteses legais de divulgações eleitorais que podem ocorrer antes de seis de julho do ano das eleições. Trata-se de situações atípicas em que a lei procura delimitar exposições públicas do candidato, sem que este tenha como foco a captação de votos.

2.2.3.1 Entrevistas, programas, encontros ou debates no rádio, na televisão e na Internet

O inciso I do art. 36-A traz um dos dispositivos mais controversos nas reformas eleitorais. Diz a Lei:

> Art. 36-A. Não configuram propaganda eleitoral antecipada, desde que não envolvam pedido explícito de voto, a menção à pretensa candidatura, a exaltação das qualidades pessoais dos pré-candidatos e os seguintes atos, que poderão ter cobertura dos meios de comunicação social, inclusive via internet: (Redação dada pela Lei 13.165, de 2015)

A internet hoje também é capaz de proporcionar todas as hipóteses apresentadas nesse inciso. Existem as chamadas WEB Tvs com programas divulgados exclusivamente no ambiente digital. Logo, de acordo com esse dispositivo, encontros, entrevistas e debates poderão ser realizados na internet a qualquer tempo, desde que respeitadas as regras dos artigos 57-B à 57-D.

---

36. Agravo Regimental no Agravo em Recurso Especial Eleitoral 060004685, Acórdão, Min. Alexandre de Moraes, Publicação: DJE – Diário de Justiça Eletrônico, 20.10.2022.

> I – a participação de filiados a partidos políticos ou de pré-candidatos em entrevistas, programas, encontros ou debates no rádio, na televisão e na internet, inclusive com a exposição de plataformas e projetos políticos, observado pelas emissoras de rádio e de televisão o dever de conferir tratamento isonômico; (Redação dada pela Lei 12.891, de 2013)

A questão foi apresentada e positivamente respondida na consulta 79636, onde foi declarada a possibilidade de realização, em qualquer época, de debate na Internet, com transmissão ao vivo, sem a condição imposta ao rádio e à televisão do tratamento isonômico entre os candidatos.[37]

Em sentido semelhante, o inciso II do mesmo dispositivo:

> II – a realização de encontros, seminários ou congressos, em ambiente fechado e a expensas dos partidos políticos, para tratar da organização dos processos eleitorais, discussão de políticas públicas, planos de governo ou alianças partidárias visando às eleições, podendo tais atividades ser divulgadas pelos instrumentos de comunicação intrapartidária; (Redação dada pela Lei 12.891, de 2013)

Sobre essa hipótese, o TSE decidiu que discurso realizado em encontro partidário, em ambiente fechado, no qual filiado manifesta apoio à candidatura de outro, não caracteriza propaganda eleitoral antecipada; a sua posterior divulgação pela Internet, contudo, extrapola os limites da exceção prevista neste inciso, respondendo pela divulgação do discurso proferido no âmbito intrapartidário o provedor de conteúdo da página da Internet.[38]

Importante destacar que a lei só menciona "ambiente fechado", nada definindo sobre o ser o mesmo físico ou virtual. Logo, permite a inferência de também estar autorizado um encontro em "ambiente digital fechado", para o planejamento do processo eleitoral, planos de governo ou aliança partidária.

Há diversos aplicativos para se alcançar esse objetivo, como por exemplo, grupos de e-mail, grupos fechados e redes sociais, grupos no WhatsApp etc.

> III – a realização de prévias partidárias e sua divulgação pelos instrumentos de comunicação intrapartidária e pelas redes sociais; (Redação dada pela Lei 12.891, de 2013)

O Ministro Felix Ficher na Res.-TSE 23.086/2009, que dispunha sobre a propaganda intrapartidária visando escolha de candidatos em convenção esclareceu:

---

37. Consulta – Processo Eleitoral – Conhecimento. Na dicção da ilustrada maioria – em relação à qual guardo reservas –, ainda que iniciado o processo eleitoral, cabe responder a consultas.
    Debates – Regência. Uma vez observada a legislação de regência, possível é a realização de debates, visando a esclarecer o eleitor sobre o perfil dos candidatos.
    Consulta 79636, Acórdão de 16.06.2010, Relator(a) Min. Marco Aurélio Mendes de Farias Mello, Publicação: DJE – Diário da Justiça Eletrônico, Data 10.09.2010, p. 10.
38. Ac.-TSE, de 16.11.2010, no R-Rp 259954.

[...] A divulgação das prévias não pode revestir caráter de propaganda eleitoral antecipada, razão pela qual se limita a consulta de opinião dentro do partido. 1. A divulgação das prévias por meio de página na Internet extrapola o limite interno do partido e, por conseguinte, compromete a fiscalização, pela Justiça Eleitoral, do seu alcance. 2. Tendo em vista a restrição de que a divulgação das prévias não pode ultrapassar o âmbito intrapartidário, as mensagens eletrônicas são permitidas apenas aos filiados do partido. 3. Nos termos do art. 36, § 3º, da Lei 9.504/1997, que pode ser estendido por analogia às prévias, não se veda o uso de faixas e cartazes para realização de propaganda intrapartidária, desde que em local próximo da realização das prévias, com mensagem aos filiados. [...] 4. [...] a confecção de panfletos para distribuição aos filiados, dentro dos limites do partido, não encontra, por si só, vedação na legislação eleitoral. [...] 5. Assim como as mensagens eletrônicas, o envio de cartas, como forma de propaganda intrapartidária, é permitido por ocasião das prévias, desde que essas sejam dirigidas exclusivamente aos filiados do partido. 6. Incabível autorizar matérias pagas em meios de comunicação, uma vez que ultrapassam ou podem ultrapassar o âmbito partidário e atingir, por conseguinte, toda a comunidade [...]". Os eleitores não filiados ao partido político não podem participar das prévias sob pena de tornar letra morta a proibição de propaganda extemporânea. [...].[39]

Não obstante, a legislação posterior (Lei 12.891/13) tem caráter mais liberal do ponto de vista do uso das tecnologias, portanto, frise-se, a legislação posterior traz necessária adaptação da jurisprudência do TSE à legislação eleitoral posterior, ao menos enquanto não questionada sua constitucionalidade.

2.2.3.2 Envio de mensagens em datas comemorativas

As pessoas públicas, aqui considerados os candidatos ou ocupantes de cargos públicos, costumeiramente encaminham mensagens de felicitações pela passagem de dias especiais ou festivos. Tais práticas devem ser realizadas com cuidado para que não sejam consideradas propaganda eleitoral extemporânea. Em verdade, o TSE reconhece que simples mensagens de felicitações feitas em *outdoor* – e que agora podem ser feitas através de mensagens eletrônicas – não carregam em si qualquer carga de ilicitude, desde que não passem informações sobre sua atuação política, pretensões políticas futuras, propagação de princípios ou ideologias de natureza política etc., deixando-se claro que a relevância eleitoral do ato vincula-se ao conteúdo da mensagem e não à forma de sua veiculação.

Nesse sentido, conforme anteriormente salientado, pacífica a jurisprudência do TSE. Ilustrativamente: "Não caracteriza propaganda eleitoral a veiculação de mensagem de felicitações pela passagem de ano, divulgada por meio de outdoor, contendo o nome de deputado, sem menção à sua atuação política,

---

39. Res. 23.086 de 24.3.2009, rel. Min. Felix Fischer.

sua pretensão ao pleito futuro, ou propagação de princípios ou ideologias de natureza política".[40]

2.2.3.3 Propaganda na Internet antes das convenções partidárias

Quanto à propaganda eleitoral no âmbito da internet, a reforma promovida pela Lei 12.034/2009 afastou a aplicação do disposto no art. 240, parágrafo único, do Código Eleitoral, que determina que a propaganda eleitoral (em geral) seja iniciada tão somente após a Convenção.

O Art. 7º da Lei 12.034/09 determinou que *não se aplica a vedação constante do parágrafo único do art. 240 do Código Eleitoral à propaganda eleitoral veiculada gratuitamente na internet, no sítio eleitoral, blog, sítio interativo ou social, ou outros meios eletrônicos de comunicação do candidato, ou no sítio do partido ou coligação, nas formas previstas no art. 57-B da Lei 9.504/97.*

2.2.4 Formas autorizada de propaganda eleitoral na Internet (Art. 57-B)

O artigo 57-B traz rol de meios de comunicação a serem utilizados na propaganda eleitoral na Internet. Os dois primeiros incisos tratam dos sites de candidatos ou partidos ou coligações.

2.2.4.1 Propaganda no site do candidato, partido ou coligação (art. 57-B, I e II)

> Art. 57-B. A propaganda eleitoral na internet poderá ser realizada nas seguintes formas:
> I – em sítio do candidato, com endereço eletrônico comunicado à Justiça Eleitoral e hospedado, direta ou indiretamente, em provedor de serviço de internet estabelecido no País;
> II – em sítio do partido ou da coligação, com endereço eletrônico comunicado à Justiça Eleitoral e hospedado, direta ou indiretamente, em provedor de serviço de internet estabelecido no País;

As exigências constantes são: (1) endereço eletrônico comunicado à Justiça Eleitoral; (2) hospedado, direta ou indiretamente, em provedor de serviço de internet estabelecido no País. O domínio de segundo nível poderá ser tanto ".com.br" como ".can.br".

Sobre a necessidade de estar hospedado direta ou indiretamente em provedor brasileiro, aparentemente, diz respeito à acessibilidade pelo provedor de hospedagem dos dados referentes ao candidato, partido ou coligação, sem a necessidade de solicitação de autoridade estrangeira. Tal disposição legal parece tentar evitar situação semelhante à julgada pelo STJ, em que determinado prove-

---
40. Recurso Especial 25961-PB. Min. Jose Gegardo Grossi. DJ – Diário de justiça, Data 21.02.2007, p. 116.

dor se recusou a cumprir determinação judicial de quebra de sigilo em caso de investigação criminal por alegar que os dados estavam no exterior.

A hospedagem de *sites* é um serviço que proporciona à pessoas físicas e jurídicas um espaço virtual onde possam armazenar conteúdos que serão expostos na internet.

Mesmo antes de 6 de julho, os candidatos poderão criar seus *sites* pessoais. Contudo, o respectivo conteúdo não poderá trazer incluso imagens, vídeos, textos e demais informações referentes ao projeto da campanha eleitoral, tais como pedidos de voto ou qualquer outra referência à sua candidatura, pois esses dados só podem ser divulgados a partir do dia 06 de julho. Ainda que o art. 36-A, V, introduzido pela Lei 12.891/13, autorize "a manifestação e o posicionamento pessoal sobre questões políticas nas redes sociais".

Atenção, é inafastável a condição de que essa hospedagem seja feita direta ou indiretamente no Brasil, sob pena de o candidato ter sua página suspensa, além das demais sanções previstas em lei.

2.2.4.2 Propaganda através de mensagens eletrônicas (Art. 57-B, III)

> Art. 57-B. A propaganda eleitoral na internet poderá ser realizada nas seguintes formas:
> III – por meio de mensagem eletrônica para endereços cadastrados gratuitamente pelo candidato, partido ou coligação;

De acordo com o disposto, liberada a propaganda, o candidato poderá fazê-la por meio de mensagens eletrônicas para endereços cadastrados gratuitamente pelo próprio candidato, pelo partido ou coligação.

Qual o limite da expressão *mensagem eletrônica*? Apesar de o complemento "endereços cadastrados" sugerir que são apenas mensagens de e-mail, não acreditamos que esse seja o limite. São inúmeras as ferramentas de comunicação existentes no mercado atual, todas espécies do gênero mensagem eletrônica, a exemplo dos mais populares como WHATSAPP, SKYPE, VOXER, VIPER, entre outros.

Diante disso, não se pode questionar a licitude das mensagens eletrônicas enviadas por qualquer meio, desde que obedeça as demais regras de cadastramento e descadastramento. Nem se faz necessário qualquer remendo à lei, por motivos óbvios de interpretação.

Os candidatos, partidos e coligações poderão, portanto, no momento do cadastramento comum dos seus eleitores, solicitar o endereço de e-mail, celular e outros meios eletrônicos de comunicação, para envio de mensagens referentes à campanha e outras informações que quiser compartilhar.

Ressalta-se que a lista de e-mails e outros contatos deve ser obtida *gratuitamente* através do cadastro, sendo absolutamente vedada a utilização de cadastros preexistentes das pessoas relacionadas no art. 24 da Lei 9.504/97.[41]

Em regra, a lei veda a cessão de cadastros de eleitores para o envio de mensagens. O eleitor pode optar em receber mensagens do candidato, o que consagra entre nós a regra do *opt-in*. O tema será retomado quando da análise do art. 57-E da lei eleitoral.

2.2.4.2.1 Mensagens por SMS (Short Message Service)

Curioso caso foi enfrentado pela jurisprudência do TRE-SP. Tratava-se de caso em que determinado candidato enviou mensagens por SMS no dia do pleito eleitoral. O Tribunal entendeu não se tratar de ilicitude, negando procedência ao pedido de perda do mandato eletivo.

> Recurso eleitoral – Eleições 2012 – Prefeito e vice-prefeito – Ação de impugnação de mandato eletivo – Improcedência na origem – Condenação por litigância de má-fé – Alegação de que os réus enviaram, no dia da eleição e mediante empresa contratada, mensagem via telefonia móvel (SMS) a eleitores locais pedindo voto – *Nos autos, comprovado que tal envio efetivamente ocorreu, porém, na véspera do dia de votação – Conduta, a princípio, não vedada* – Aliciamento de eleitores não demonstrado – não infringência aos artigos 39-A e 57-B, II, da Lei das Eleições – Inocorrência de abuso de poder econômico, fraude ou corrupção, requisitos indispensáveis à aime nos termos do art. 14, § 10 da constituição da república – Outrossim, a aime é via inadequada para se perquirir sobre suposto cometimento do crime previsto no art. 334 do Código Eleitoral – Por outro lado, litigância de má-fé afastada – Defender determinado ponto de vista, este passível de interpretação e avaliação, não qualifica de per se a demanda como temerária – Recurso parcialmente provido tão-somente para afastar condenação por litigância de má-fé.[42]

---

41. I – entidade ou governo estrangeiro;
 II – órgão da administração pública direta e indireta ou fundação mantida com recursos provenientes do Poder Público;
 III – concessionário ou permissionário de serviço público;
 IV – entidade de direito privado que receba, na condição de beneficiária, contribuição compulsória em virtude de disposição legal;
 V – entidade de utilidade pública;
 VI – entidade de classe ou sindical;
 VII – pessoa jurídica sem fins lucrativos que receba recursos do exterior.
 VIII – entidades beneficentes e religiosas; (Incluído pela Lei 11.300, de 2006)
 IX – entidades esportivas; (Redação dada pela Lei 12.034, de 2009)
 X – organizações não governamentais que recebam recursos públicos; (Incluído pela Lei 11.300, de 2006)
 XI – organizações da sociedade civil de interesse público. (Incluído pela Lei 11.300, de 2006)
42. Recurso 1502, Acórdão de 06.08.2013, Relator(a) Roberto Caruso Costabile e Solimene, Publicação: DJESP – Diário da Justiça Eletrônico do TRE-SP, Data 13.08.2013.

2.2.4.3 Propaganda através de blogs, redes sociais, "chats" e outros (Art. 57-B, IV)

> Art. 57-B. A propaganda eleitoral na internet poderá ser realizada nas seguintes formas:
>
> IV – por meio de blogs, redes sociais, sítios de mensagens instantâneas e aplicações de internet assemelhadas cujo conteúdo seja gerado ou editado por: (Redação dada pela Lei 13.488, de 2017)
>
> a) candidatos, partidos ou coligações; ou (Incluído pela Lei 13.488, de 2017)
>
> b) qualquer pessoa natural, desde que não contrate impulsionamento de conteúdos. (Incluído pela Lei 13.488, de 2017)

Os *blogs* nada mais são do que *sites* na internet, porém, a manipulação do seu conteúdo principal não fica restrita ao seu administrador, pois outras pessoas, de acordo com a política do *blog*, podem alimentá-lo com novas informações, seja dando sua opinião sobre determinado assunto, seja postando uma nova discussão, elaborando questionamentos, respondendo perguntas, comentários etc. Num *site* normal o candidato apenas expõe as informações, enquanto no *blog* que funcionará com um diário *on-line*, ele poderá interagir com os eleitores.

As redes sociais, gênero das quais os *blogs* são espécie, assim como os *sites* de mensagens instantâneas, foram reconhecidas como um dos mais importantes instrumentos da campanha eleitoral do atual Presidente dos Estados Unidos, Barack Obama. *Sites* como *Facebook*, *X* e outros assemelhados, são espaços onde se pode criar uma página pessoal (*perfil*) que possibilita o armazenamento de fotos, vídeos e a integração de todas as pessoas que também possuam a sua página pessoal nesse espaço.

O *X* é uma modalidade de rede social que permite o envio e a leitura de atualizações pessoais na linha do tempo formada pelos perfis que se segue. A mensagens digitadas possuem um limite de até 280 caracteres (chamados *tweets*). Ao abrir uma página no *X*, a pessoa passa a ter "seguidores", pessoas interessadas em acompanhar cada atualização feita pela pessoa a que seguem.

O *Instagram* conta com um extenso número de adeptos, permite a postagem de fotos e vídeos, ambos com legenda. Após as postagens, o dono do perfil e seus seguidores podem interagir com comentários e marcar outras pessoas para que essas também vejam e emitam suas opiniões.

Assim como essas referidas, existem inúmeras outras redes menos populares que também podem ser utilizadas na campanha eleitoral, desde que respeitados os outros limites impostos pela legislação analisados no item seguinte.

Eleitores simpatizantes também estão autorizados a criar páginas dedicadas a prestigiar o seu candidato favorito.

O candidato deverá ficar atento para a criação antecipada de perfis nas redes sociais, principalmente pelo fato de que outras pessoas podem fazê-lo de forma extemporânea apenas para prejudicá-lo. Assim como haverá os simpatizantes, haverá os adversários.

2.2.4.3.1 Propaganda antecipada no X

Em setembro de 2013 o TSE mudou o entendimento da corte acerca da propaganda eleitoral no X. Até as eleições de 2012, firmava o entendimento e sustentava a aplicação de multas por propaganda antecipada até então Twitter, como ocorreu com o ex-candidato à vice-presidência da República Índio da Costa que foi multado por pedir votos antes do tempo.

Novo rumo foi dado após o julgamento do Recurso Especial Eleitoral 74-64 de relatoria do Ministro Dias Tófoli, onde o Deputado Federal Rogério Marinho questionava multa aplicada pelo TRE/RN. O ministro destacou que "não há de se falar em propaganda eleitoral realizada por meio de X, uma vez que essa rede social não leva ao conhecimento geral e indeterminado as manifestações nela divulgadas." Segue seu inteiro teor:

> Recurso Especial Eleitoral 74-64/RN. Relator: Ministro Dias Toffoli. Ementa: Recurso especial. Propaganda eleitoral antecipada. Divulgação de discursos proferidos em evento partidário por meio do Twitter. Twitter é conversa entre pessoas. Restrição às liberdades de pensamento e expressão. Não configuração da propaganda extemporânea. 1. O Twitter consiste em uma conversa entre pessoas e, geralmente, essa comunicação está restrita aos seus vínculos de amizade e a pessoas autorizadas pelo usuário. 2. Impedir a divulgação de um pensamento ou opinião, mesmo que de conteúdo eleitoral, no período vedado pela legislação eleitoral, em uma rede social restrita como o Twitter, é impedir que alguém converse com outrem. Essa proibição implica violação às liberdades de pensamento e de expressão. 3. Não há falar em propaganda eleitoral realizada por meio do Twitter, uma vez que essa rede social não leva ao conhecimento geral as manifestações nela divulgadas. 4. A divulgação no Twitter de manifestação de cunho eleitoral no âmbito de evento partidário não tem o condão de caracterizar propaganda eleitoral extemporânea. 5. Recurso especial provido.[43]

Foi dado provimento ao recurso por cinco votos a dois, liberando o parlamentar da punição por ter iniciado sua propaganda eleitoral no X antes da data estipulada na legislação. Vencidos os ministros Marco Aurélio e Laurita Vaz, limitaram-se à observação de que era necessário reconhecer "a alta penetração" das comunicações através da rede mundial de computadores.

Duas questões devem ser observadas nessa questão. A primeira é a limitação dos efeitos da decisão que não vincula os tribunais regionais, ou seja, represen-

---
43. DJE de 15.10.2013. Noticiado no Informativo 24/2013.

tações por propaganda antecipada no X ainda podem gerar obrigações e multas aos apressados. Esse entendimento pertence apenas ao TSE até o momento.

A segunda repousa na grande possibilidade de nova mudança de entendimento na corte eleitoral suprema. O X, ao contrário do que foi afirmado no voto vencedor, representa uma forte ferramenta de disseminação da propaganda eleitoral. Os usuários podem escolher os perfis que deseja seguir, mas as mensagens que ele verá pode ter origem de um perfil que ele não segue. Isso acontece pela opção de retweet (RT) forcecida pelo aplicativo. Assim, se eu sigo os perfis A, B e C, e eles seguem o X, Y e Z, e retweetam as mensagens desses últimos, elas também aparecerem pra mim, formando uma rede sem fim.

Sem falar que é possível visitar perfis de pessoas que o usuário não segue e repetir a corrente de RT's, o que pode dar um alcance incomensurável àquela aparentemente inofensiva frase.

Nesse sentido, recomenda-se prudência aos interessados na propaganda eleitoral no twitter, as notícias de que este meio está liberado para uso eleitoral à qualquer tempo, pode gerar complicações antecipadas aos candidatos, partidos e coligações.

2.2.4.3.2 Mensagens em sites de redes sociais de eleitores elogiando o atual prefeito/chefe do executivo

Trata-se de decisão proferida pelo TRE-MT. Ante à alegação de que terceiro houvesse realizado propaganda irregular ao elogiar o prefeito antes do prazo previsto para propaganda eleitoral, compreendeu o tribunal se tratar de legítimo exercício da liberdade de expressão.

> Recurso eleitoral – Propaganda eleitoral realizada na Internet – Utilização de rede social – Facebook – Não caracterização – Inexistência de propaganda irregular – *Existência apenas de manifestação de preferência política sem afronta ao ordenamento jurídico e à igualdade de oportunidades ente os candidatos. Recurso conhecido e não provido.*
>
> 1. A utilização por parte de eleitores de perfis e comunidades em sites de relacionamento na Internet, tais como Facebook, Orkut e MySpace para enaltecerem ou criticarem candidatos não configura propaganda eleitoral.[44]

2.2.5 Vedações legais expressas a determinadas formas de propaganda eleitoral na Internet (art. 57-C)

Conforme salientado anteriormente, apesar da existência de movimentos em busca da garantia de liberdade absoluta na internet, como se fosse um "território

---

44. Recurso Eleitoral 40827, Acórdão 22241 de 25.09.2012, Relator(a) Sebastião de Arruda Almeida, Publicação: PSESS – Publicado em Sessão, Data 25.09.2012.

sem lei", é certo que os interessados diretos na propaganda fiquem atentos aos limites que a legislação apresenta a essa modalidade de promoção da campanha eleitoral.

Afinal, a violação do disposto no artigo 57-C, que trata das vedações expressas à propaganda paga e condutas equiparadas, sujeita o responsável pela divulgação da propaganda e, quando comprovado seu prévio conhecimento, o beneficiário, a multa nos termos do parágrafo segundo do mesmo dispositivo.[45] Com efeito vamos à análise de alguns desdobramentos de cada um dos comandos normativos precedentes.

2.2.5.1 Propaganda paga (art. 57-C, caput)

> Art. 57-C. É vedada a veiculação de qualquer tipo de propaganda eleitoral paga na internet, excetuado o impulsionamento de conteúdos, desde que identificado de forma inequívoca como tal e contratado exclusivamente por partidos, coligações e candidatos e seus representantes. (Redação dada pela Lei 13.488, de 2017)

Já se enfrentou anteriormente as diferenças entre publicidade, propaganda e *marketing*. Concluiu-se que embora no dia a dia o uso dos vocábulos seja indistinto, tecnicamente cada um deles guarda acepções diversas, com cargas semânticas distintas.

Em igual medida, o termo "propaganda paga". Isto porque, é cediço que nem toda relação jurídica onerosa é paga e nem toda relação jurídica gratuita é benéfica.[46] No direito do consumidor, por exemplo, é útil a distinção entre relação jurídica remunerada diretamente e indiretamente. Um serviço que é fornecido aparentemente de forma gratuita na verdade pode carregar uma onerosidade jurídica profunda, atraindo a qualificação da situação jurídica das partes como consumidor e fornecedor. É o caso dos sites de redes sociais, como visto, onde o usuário não paga diretamente para consumir o serviço prestado, mas os dados extraídos de sua navegação constituem o principal capital do fornecedor, aliás da maioria de grande parte dos modelos de negócios da Internet hoje.

Em igual monta, a aplicação de tais conceitos no universo da propaganda eleitoral, que se vale cada dia mais de técnicas sofisticadas de marketing para atrair o voto do eleitor, exigindo-se do intérprete grande esforço no sentido de preservar a cláusula basilar das *free and fair elections*.[47]

---

45. Art. 57-C. [...] § 2º A violação do disposto neste artigo sujeita o responsável pela divulgação da propaganda e, quando comprovado seu prévio conhecimento, o beneficiário à multa no valor de R$ 5.000,00 (cinco mil reais) a R$ 30.000,00 (trinta mil reais). (Incluído pela Lei 12.034, de 2009)
46. Termo utilizado aqui no sentido de negócios jurídicos benéficos, em que apenas uma das partes obtém vantagens pecuniárias na execução do ato. Típico exemplo é o contrato de doação pura.
47. "Forçoso, portanto, ao Juiz, ao Promotor, ao Advogado, empreender e desenvolver um esforço exegético, de minuciosa interpretação do verdadeiro conteúdo e sentido reverberado ao público por

Autoridades eleitas escolhidas mediante eleições frequentes, justas e livres é uma das condições necessárias à implementação e concretização das chamadas poliarquias democráticas do mundo contemporâneo, nos termos de Robert A. Dahl. Assim como a liberdade de expressão de candidatos e eleitores e a existência de fontes alternativas de informação para a livre formação da vontade política.[48]

Desta forma, se o conceito de propaganda "paga" for o mesmo de "remunerada", como compreendido pelo Direito do Consumidor, de fato chegar-se-ia ao absurdo da proibição de propaganda eleitoral em qualquer site de rede social, haja vista haver consumo de publicidade (seja em banner, seja em vídeo) ao mesmo tempo que o potencial eleitor tem contato com sua mensagem política.

Contudo, tal conclusão praticamente aniquilaria o potencial da Rede para promoção de um debate democrático, haja vista constituir importantíssimo veículo de comunicação, cuja consolidação parece ser um caminho sem volta. Logo, o que se deve ter em mente é que o escopo legal é o de não permitir que haja pagamento direto por parte do candidato para a veiculação de propaganda política, promovendo-se links patrocinados,[49] por exemplo.

Como é notório e foi amplamente debatido no capítulo anterior, a Internet hoje é concebida dentro do "conceito" de web 2.0. Portanto, o conteúdo é produzido pelo usuário e organizado pelo provedor de modo oferecer serviços para dois lados: o usuário, que deixa seus dados cuja análise revela seus potenciais preferências e o anunciante, que contrata os serviços dos provedores para que seu

---

essas mensagens publicitárias com propósito eleitoral, a fim de se garantir, repisese por necessário, a paridade de armas no processo eleitoral e resguardar o princípio isonômico entre os candidatos". MADRUGA, Sidney Pessoa. Propaganda eleitoral. Espécies. Propaganda antecipada. Propaganda na internet. *Revista Brasileira de Direito Eleitoral* – RBDE. Belo Horizonte, ano 5, n. 8, jan./jun. 2013. Biblioteca Digital Fórum de Direito Público Cópia da versão digital. p. 6.

48. Cf. DAHL, Robert. A. *A democracia e seus críticos*. Trad. Patrícia de Freitas Ribeiro; rev. de trad. Aníbal Mari. São Paulo: WMF Martins Fontes, 2012. p. 376.
49. Eleições 2012 – Recurso – Propaganda eleitoral – Internet – Representação – Suposta violação ao art. 57-C, § 2º, da Lei 9.504/1997 – Veiculação de matéria publicitária em link patrocinado, pago, no site de relacionamentos Facebook – Irrelevância da retirada da propaganda – Aplicação de multa na forma solidária ao candidato e à coligação – Art. 241 do CE – Precedente – Provimento parcial.

"*A divulgação de link patrocinado no site de relacionamentos Facebook configura a realização de propaganda paga na Internet (art. 57-C da Lei 9.504/1997).*

De acordo com o parágrafo único do art. 40-B da Lei 9.504/1997, a responsabilidade estará demonstrada "se as circunstâncias e as peculiaridades do caso específico revelarem a impossibilidade de o beneficiário não ter tido conhecimento da propaganda".

Aplica-se solidariamente a multa prevista no § 2º do art. 57-C da Lei 9.504/1997 quando a conduta praticada for única, não for possível determinar a participação de cada um dos responsáveis pela sua ocorrência e o benefício dela decorrente for comum a uma chapa ou a mais de um candidato e seu partido/coligação" (TRESC. Acórdão 28.102, de 03.04.2013, Rel. Juiz Ivorí Luis da Silva Scheffer.

Recurso contra decisões de juízes eleitorais 57182, Acórdão 28215 de 27.05.2013, Relator(a) Carlos Vicente da Rosa Góes, Publicação: DJE – Diário de JE, t. 98, Data 03.06.2013, p. 5-6. Grifamos.

produto ou serviço seja oferecido para quem tem maior potencial de consumo.[50] É o conceito de relevância na Web, conforme se salientou.

Não obstante, a aplicação da noção relevância aplicada ao marketing dirigido na elaboração de filtros de conteúdo com regras semelhantes à de propaganda política pode ferir de morte as eleições livres. Afinal, concluir que um usuário gosta mais de camisas verdes do que de amarelas e oferecê-lo camisas verdes a preços atrativos é uma coisa, mas concluir que determinado usuário tem predileções políticas para partido X ou Y e fomentar que consuma apenas informações do seu partido político aniquila o debate. Eli Pariser alerta para os riscos deste cenário de personalização também no campo político:

> Tudo isso significa que nosso comportamento se transformou numa mercadoria, um pedaço pequenino de um mercado que serve como plataforma para a personalização de toda a internet. [...] os sites conseguem apresentar diante de nós os produtos mais relevantes enquanto sussurram uns com os outros às nossas costas. [...] *Porém, como veremos, as consequências da personalização sobre o modo como consumimos notícias, como tomamos decisões políticas e até como pensamos serão ainda mais drásticas.*[51]

No mundo dos negócios, se você não está pagando, você é a mercadoria.[52] Já se repisou que a filosofia empresarial é a de que não há almoço grátis, e a Internet é um ambiente regido em sua esmagadora maioria por interesses mercadológicos. Portanto, vedar a propaganda paga na Internet é uma tentativa louvável de promover um debate livre dos abusos do poder econômicos. Porém, sem uma

---

50. Assim, exemplificativamente, anuncia o próprio Facebook.
    Como funciona a publicidade no Facebook:
    Empresas pagam ao Facebook para mostrar anúncios para pessoas que podem estar interessadas em suas mensagens. Veja um exemplo:
    1 Uma empresa cria um anúncio – Imagine que uma academia abriu no seu bairro. O dono cria um anúncio, convidando as pessoas para um treino gratuito.
    2 O Facebook é pago para exibir o anúncio. O dono envia o anúncio para o Facebook e descreve quem deve vê-lo: pessoas que moram por perto e que gostam de correr.
    3 As pessoas certas veem o anúncio. Você verá o anúncio caso more na cidade e goste de correr. Disponível em: https://www.facebook.com/about/ads/?campaign_id=366925476690229&placement=egot&extra_1=not-admgr-user#relevance. Aceso em: 17 abr. 2014.
    Contudo, a rede social é pouco clara no tocante ao uso do conceito para a propaganda política:
    "III. Criação e posicionamento de anúncios" [...] Anúncios não podem ter conteúdo que explore questões políticas ou assuntos polêmicos para uso comercial. Além disso, o texto do anúncio deve ter uma gramática adequada e o uso de todos os símbolos, números ou letras deve aderir ao seu significado real."
51. PARISER, Eli. *O filtro invisível*: o que a Internet está escondendo de você. Trad. Diego Alfaro. Rio de Janeiro: Zahar, 2012. p. 45-46.
52. GOODSON, Scott. FORBES. *If You're Not Paying For It, You Become The Product*. Disponível em: http://www.forbes.com/sites/marketshare/2012/03/05/if-youre-not-paying-for-it-you-become-the-product/. Acesso em 18 abr. 2014.

compreensão global de como funciona a Rede hoje por parte dos intérpretes, é possível que a letra da lei não seja suficiente para coibir as ilicitudes perpetradas por aqueles que programam os softwares que a fazem funcionar.

Contudo, a parte final do dispositivo destaca a possibilidade de impulsionamento de conteúdos em contextos eleitorais, com a condição de que essa prática seja identificada de maneira clara e contratada exclusivamente por partidos, coligações, candidatos e seus representantes.

O termo "impulsionamento de conteúdos" refere-se à prática de amplificar a visibilidade de determinadas mensagens ou informações em plataformas digitais, como redes sociais, por meio de recursos pagos. Isso geralmente envolve a promoção de postagens para atingir um público mais amplo do que seria alcançado organicamente.

A exceção estabelecida destaca a importância da transparência no uso do impulsionamento de conteúdos durante períodos eleitorais. Para que essa prática seja permitida, é necessário que a identificação do impulsionamento seja clara e inequívoca. Isso significa que o eleitor deve conseguir facilmente distinguir entre o conteúdo orgânico e aquele que está sendo promovido através de financiamento.

Além disso, a condição de que o impulsionamento seja contratado exclusivamente por partidos, coligações, candidatos e seus representantes visa garantir que a divulgação paga esteja sob controle direto das entidades envolvidas no processo eleitoral. Isso busca evitar a influência externa não autorizada e assegurar que a comunicação digital durante a campanha eleitoral seja transparente e alinhada com as estratégias e mensagens definidas pelos atores legítimos do processo democrático.

Essa exceção busca equilibrar a liberdade de expressão e divulgação de informações com a necessidade de proteger a integridade do processo eleitoral, promovendo a transparência e a responsabilidade no uso das ferramentas digitais durante campanhas políticas.

2.2.5.2 *Propaganda paga por equiparação: veiculação onerosa ou gratuita à propaganda eleitoral na Internet (art. 57-C, § 1°)*

O abuso da propaganda eleitoral em descumprimento ao determinado na legislação pode levar a punições eleitorais que variam de uma simples multa até a cassação do registro do candidato beneficiado quando verificada a potencialidade de influir no resultado do pleito, conforme disposto no artigo 22, XIV da Lei Complementar 64/90.

A Lei 9.504/97, em seu art. 57-C, determina ser vedada qualquer tipo de propaganda eleitoral paga na internet, excetuado o impulsionamento de conteúdos, salvo o impulsionamento de conteúdos, com a ressalva de que deve ser identificado de forma inequívoca como tal e contratado exclusivamente por partidos, coligações e candidatos e seus representantes.

O § 1º, I e II do referido artigo, por sua vez, estabelece que é vedada, ainda que gratuitamente, a veiculação de propaganda eleitoral na internet em algumas hipóteses:

> Art. 57-C É vedada a veiculação de qualquer tipo de propaganda eleitoral paga na internet, excetuado o impulsionamento de conteúdos, desde que identificado de forma inequívoca como tal e contratado exclusivamente por partidos, coligações e candidatos e seus representantes.
>
> § 1º É vedada, ainda que gratuitamente, a veiculação de propaganda eleitoral na internet, em sítios:
>
> I – de pessoas jurídicas, com ou sem fins lucrativos;
>
> II – oficiais ou hospedados por órgãos ou entidades da administração pública direta ou indireta da União, dos estados, do Distrito Federal e dos municípios.

Salienta-se que a lei prevê a sanção para as práticas mencionadas no parágrafo como se fosse propaganta eleitoral paga, equiparando-a, na prática.[53]

Segue a análise pormenorizada de cada um deles:

2.2.5.2.1 Sites de pessoas jurídicas, com ou sem fins lucrativos

Conforme salientado, a primeira regra não pode ser interpretada absolutamente, haja vista que redes sociais também são sites administrados por pessoas jurídicas que provêm o serviço de hospedagem de dados e sistematização do conteúdo gerado de acordo com as preferências dos usuários.[54]

---

53. § 2º A violação do disposto neste artigo sujeita o responsável pela divulgação da propaganda e, quando comprovado seu prévio conhecimento, o beneficiário à multa no valor de R$ 5.000,00 (cinco mil reais) a R$ 30.000,00 (trinta mil reais).
54. Esta foi a aparente linha de fundamentação rechaçada pelo TRE-MS, mantendo sentença de primeiro grau que considerou válida a propaganda eleitoral na página pessoal do candidato na condição de pessoa natural:
    Ementa: Recurso eleitoral. Propaganda. pleito 2012. Ratificação da rejeição de preliminares. Facebook. Pessoa natural. Rede social gratuita. Divulgação posterior a 05 de julho. Inocorrência de ilicitude. Art. 19, inciso IV, da Resolução TSE 23/370. Decisão mantida. Recurso desprovido.
    Rejeitadas as preliminares de irregularidade de representação e de impossibilidade jurídica do pedido, com exame exaustivo da matéria pela instância singela, ratifica-se tal pronunciamento, considerando que a representação processual, foi regularizada com a juntada de procuração e que, com relação à viabilidade do pedido, a matéria se confunde com o mérito.
    A Resolução TSE 23.370, em seu art. 19, IV, expressamente contempla como propaganda permitida, aquela feita por meio de blogs, redes sociais, sítios de mensagens instantâneas e assemelhados, cujo

Entretanto, a legislação parece se referir a sites (ou contas em redes sociais etc.) cujo conteúdo identifique claramente àquele que acessa o signo distintivo (marca, nome fantasia, nome de domínio) da pessoa jurídica empresária ou não. E tal proibição, por óbvio, abrange fundações, associações e outras pessoas jurídicas, ostentem ou não a condição de OS ou OSCIP.[55] Além disso, deve ser interpretada no sentido de evitar a publicidade subliminar do candidato para captação irregular de votos.

Por essa razão, já decidiu o TSE que não há *"irregularidade quando sítios da Internet, ainda que de pessoas jurídicas, divulgam – com propósito informativo e jornalístico – peças de propaganda eleitoral dos candidatos"*,[56] salientando o Tribunal que *"[...] a liberdade de expressão deve prevalecer quando a opinião for manifesta por particular devidamente identificado"*.[57] Em outros termos, o escopo legal parece o de evitar a captação irregular de sufrágio não devendo tal vedação constituir restrição ao debate democrático.

---

conteúdo seja gerado ou editado por candidatos, partidos ou coligações ou de iniciativa de qualquer pessoa natural.

Inexiste, portanto, ilicitude na utilização do FACEBOOK com finalidade de propaganda eleitoral, inclusive pelo próprio candidato, eis que se trata inequivocamente de uma rede social, cuja divulgação do conteúdo não demanda pagamento.

Afasta-se, dessarte, a subsunção dos fatos descritos na inicial à norma legal invocada, qual seja, o art. 20, § 2º, da Resolução 23.370/TSE, já que tal artigo trata, em seu *caput*, da veiculação de propaganda paga e, no seu § 1º, da veiculação, ainda que gratuitamente, em determinados sítios, não aplicáveis ao caso concreto (v.g., de pessoas jurídicas ou oficiais), não havendo razão para a incidência da sanção a que se refere seu § 2º, nem à atuação da Justiça Eleitoral prevista no parágrafo único do art. 5º, da mesma Resolução.

Em sendo as publicações posteriores a 5 de julho, tratando-se de rede social de uso gratuito (sem a aplicação de recursos públicos, portanto), afasta-se qualquer ilegalidade na conduta dos recorridos.

Recurso desprovido.

Recurso Eleitoral 36283, Acórdão 7667 de 13.11.2012, Relator(a) Elton Luís Nasser de Mello, Publicação: DJE – Diário da Justiça Eleitoral, t. 708, Data 22.11.2012, p. 10-11.

55. Recurso especial. Pessoa jurídica de direito privado. Organização da sociedade civil de interesse público – OSCIP. Publicação no site www.gazetadenovo.com de calúnia, injúria e difamação. Violação ao art. 45, II e III, §§ 2º e 3º, da Lei 9.504/97. Divergência jurisprudencial. Não configuração. Reexame de fatos e provas. [...]

3. Ademais, na esteira da regulamentação legal sobre propaganda eleitoral na internet (Res-TSE 21.610/2004 e 22.261/2006), anterior aos fatos apurados nestes autos (junho e julho de 2006), a jurisprudência do e. TSE não admite a utilização de sites pessoais com o intuito de veicular propaganda eleitoral proibida, sob pena de se favorecer o desequilíbrio de forças no embate político. (REspe 24.608/PE, Rel. Min. Caputo Bastos, DJ de 22.4.2005) [...]

7. O e. TSE já decidiu que "o estado deve podar os excessos cometidos em nome da liberdade de imprensa sempre que possam comprometer o processo eleitoral." (Rp 1.256/DF, Rel. Min. Ari Pargendler, DJ de 17.10.2006). Limitação que também se aplica à infração perpetrada por meio de jornal eletrônico.

8. Recurso especial eleitoral a que se nega provimento.

Recurso Especial Eleitoral 26378, Acórdão de 19.08.2008, Relator(a) Min. Felix Fischer, Publicação: DJ – Diário da Justiça, Data 08.09.2008, p. 6 RJTSE – Revista de jurisprudência do TSE, v. 19, t. 3, p. 115.

56. Ac.-TSE, de 16.11.2010, no R-Rp 347776.

57. Ac.-TSE, de 17.3.2011, no R-Rp 380081.

2.2.5.2.1.1 Sites de pessoas famosas

Caso curioso é o de pessoas públicas, músicos, atores, atletas e outras "celebridades". Afinal, muitos deles têm sites próprios e sua notoriedade no mercado midiático atrai atenção do grande público. E, naturalmente, grande potencial de voto.

A par de críticas e questionamentos acerca dos rumos da democracia com a entrada de muitos "famosos" para a política, é certo que a restrição do inciso poderia lhes ser estendida, haja vista que a imagem de muitos é regido de maneira empresarial, razão pela qual constituem hipótese de criação Empresas Individuais de Responsabilidade Limitada (EIRELI).[58]

Contudo, tal artifício interpretativo não pode ser utilizado para restringir a participação destes candidatos no processo eleitoral. Afinal, a causa jurídica dos contratos que envolvem cessão de direitos de imagens, direitos autorais etc. são muito diferentes dos contratos de publicidade que visam à elaboração de campanhas eleitorais. Nos primeiros trata-se de exercício da atividade empreendedora decorrente dos bens imateriais (imagem, criação autoral, arena) e os outros à divulgação de ideias que convençam o eleitor a levá-los à condição jurídica de representantes do povo. É evidente que desvios devem ser combatidos, mas não há razão para que o limite se sobreponha nesse caso.

Dessa forma, *verbi gratia*, decidiu o TRE-SP. À época, o candidato Netinho de Paula ofertou promessa de recompensa em forma de "concurso de perguntas e respostas sobre sua vida pessoal", que daria direito ao vencedor do sorteio de acompanhar um dia de sua trajetória eleitoral em busca do posto de Senador. O Tribunal entendeu se tratar de propaganda eleitoral irregular.[59] Não obstante, por maioria, concluiu não haver ilicitude na conduta a ponto de haver revelado intuito de capacitação ilícita de sufrágio (art. 41-A, lei 9504/07).

2.2.5.2.2 Propaganda em sites de pessoas jurídicas, oficiais ou da administração pública

Quanto ao inciso II do mencionado artigo, que assim dispõe: "sites oficiais ou hospedados por órgãos ou entidades da administração pública direta ou

---

58. Código Civil, Art. 980-A § 5º Poderá ser atribuída à empresa individual de responsabilidade limitada constituída para a prestação de serviços de qualquer natureza a remuneração decorrente da cessão de direitos patrimoniais de autor ou de imagem, nome, marca ou voz de que seja detentor o titular da pessoa jurídica, vinculados à atividade profissional. (Incluído pela Lei 12.441, de 2011)
59. Representação. Captação ilícita de sufrágio. Propaganda eleitoral. Oferecimento de prêmio a participante de concurso pela rede mundial de computadores. Convite para participação em evento de campanha. Improcedência da demanda.
Representação 627402, Acórdão de 09.12.2010, Relator(a) Luis Francisco Aguilar Cortez, Publicação: DJESP – Diário da Justiça Eletrônico do TRE-SP, Data 16.12.2010, p. 15.

indireta da União, dos estados, do Distrito Federal e dos municípios", também deixa muitas dúvidas interpretativas.

É o caso da licitude de um *link* em site institucional para site do candidato, e vice-versa. Sobre o tema o TSE decidiu no sentido de que "*link* remetendo a *site* pessoal do candidato não afasta o caráter ilícito da conduta".[60] Porém, também concluiu que entrevista em blog no site institucional, por si só, não foi considerado propaganda antecipada.[61]

No ambiente dos sites de redes sociais, as controvérsias também se multiplicam. Por exemplo, em aresto analisado pelo TRE-AL, onde se considerou lícito o candidato usar o próprio Facebook para divulgar determinado texto, haja vista que a propaganda institucional, para que seja assim considerada, deve ser financiada pelo ente público. Como o candidato falou pelo seu perfil e não pelo oficial da prefeitura, ainda que estivesse claramente enaltecendo seus feitos na condição de prefeito, o Tribunal não aplicou a multa ao candidato.[62]

Em sentido diametralmente oposto, aresto julgado pelo TRE-SC, onde o candidato veiculou *link* direto para sua página oficial de campanha no site da prefeitura e, naturalmente, restou condenado por propaganda institucional.[63]

---

60. Ac.-TSE, de 21.06.2011, no AgR-Respe 838119.
61. Recursos na Representação. Propaganda eleitoral antecipada. Entrevista do Secretário de Cidadania a um blog. Veiculação da matéria no sítio do Ministério da Cultura. Espaço público. Bem público. Impossibilidade de se atribuir a responsabilidade ao agente público titular do órgão. Recurso do Ministro da Cultura provido. Recurso do Ministério Público Eleitoral prejudicado.

    Recurso em Representação 140434, Acórdão de 05.08.2010, Relator(a) Min. Henrique Neves da Silva, Relator(a) designado(a) Min. Cármen Lúcia Antunes Rocha, Publicação: PSESS – Publicado em Sessão, Data 05.08.2010.
62. Recurso inominado. Eleições 2012. Cargo. Prefeito. AIJE. Conduta vedada e abuso de autoridade. Inexistência de publicidade institucional e de uso indevido dos meios de comunicação social. Divulgação de mensagem no Facebook, exaltando atos e realizações a frente da chefia do executivo. Fato que se coaduna a propaganda eleitoral na internet. Amparo nos arts. 57-A e 57-B, IV, da Lei 9.504/97. Sentença de improcedência confirmada. Recurso conhecido e desprovido. Decisão unânime. [...] 2. No caso em exame, verifica-se que o texto foi divulgado em uma página pessoal do Facebook, e não em um sítio eletrônico da Prefeitura ou de algum órgão público do município. 3. Embora o Facebook seja um meio de comunicação social, hoje bastante difundido, a simples divulgação, no ambiente virtual, de um texto contendo o relato de diversas ações empreendidas a frente da Chefia do Executivo Municipal não configura, por si só, o uso indevido dos meios de comunicação social e/ou o abuso de autoridade. 4. De acordo com a Lei 9504/97, em seus arts. 57-A e 57-B, inciso IV, é permitida, após o dia 05 de julho do ano da eleição, a propaganda eleitoral na internet por meio de blogs, redes sociais, sítios de mensagens instantâneas e assemelhados, cujo conteúdo seja gerado ou editado por candidatos, partidos ou coligações ou de iniciativa de qualquer pessoa natural.

    5. Recurso desprovido.

    Recurso Eleitoral 34156, Acórdão 9591 de 25.03.2013, Relator(a) Sebastião Costa Filho, Publicação: DEJEAL – Diário Eletrônico da Justiça Eleitoral de Alagoas, t. 54, Data 26.03.2013, p. 5.
63. Recurso Eleitoral – Representação – Propaganda Eleitoral – Internet – Veiculação de propaganda eleitoral em sítio oficial do município (Lei 9.504/1997, Art. 57-C, § 1º, II) – Conduta ilícita comprovada – Imposição da penalidade de multa – Sentença mantida – Desprovimento.

2.2.5.2.2.1 Curtidas por conta pessoa jurídica em rede social ao perfil oficial do candidato

Caso curioso foi objeto de análise pelo TRE-MG. Determinada fundação curtiu página oficial no Facebook de candidato a prefeito. Como se sabe, a partir desse momento, parte dos seguidores do perfil oficial de campanha do candidato foram notificados do evento, facilitando o contato com a página oficial da fundação. Resta então a dúvida se houve ou não propaganda eleitoral em site de pessoa jurídica.

A controvérsia se impõe à medida que uma simples "curtida" no Facebook, além de tornar notória a publicação, pode também denotar forma subliminar de manifestação de determinada posição política e, eventualmente, de propaganda eleitoral.

Por essa razão, a turma julgadora se dividiu.

O relator entendeu que: "Restou comprovado que aludida Fundação "curtiu" uma postagem de conta de candidato no Facebook, *circunstancia que não se confunde com veiculação propaganda*".[64]

Entretanto, houve pedido de vista, inaugurando-se a divergência. Dos argumentos para a manutenção da condenação destaca-se a asseveração do Juiz Maurício Bernardes:

> Por sua vez, é sabido que, no Facebook, quando uma pessoa curte a página de outra, essa ação é divulgada em destaque na página daquela que curtiu, e cria automaticamente um link para a página que foi curtida. {...} E, se alguém clica no link, é direcionado imediatamente para a página correspondente. Dessa forma está claro que isso configura a divulgação da candidatura do recorrente, por um meio vedado pela lei, qual seja a página da Internet da pessoa jurídica.

No mesmo sentido o voto do Juiz Carlos Alberto Simões de Tomaz, quem ainda salientou: "[...] após a fundação [...] 'curtir', fica o registro da operação no campo da página 'atividades recentes' da seguinte forma: *fundação Curtiu L. S. Prefeito n. XX*".

Ainda que o tema seja palpitante e enseje controvérsias, certo é que serve de alerta para aqueles que administram a página oficial do candidato (quando não seja ele próprio), urgindo a reflexão prévia acerca das consequências jurídicas das suas curtidas no Facebook.[65]

Recurso contra decisões de juízes eleitorais 64719, Acórdão 28147 de 22.04.2013, Relator(a) Luiz Henrique Martins Portelinha, Publicação: DJE – Diário de JE, t. 74, Data 26.04.2013, p. 5.
64. Grifo no original.
65. Representação. Propaganda eleitoral irregular. Internet. Ação julgada procedente. Condenação em multa.

2.2.5.2.2.2 Impulsionamento por terceiro

Durante as eleições de 2022 para o Governo do Estado do Maranhão, foi verificado o impulsionamento de conteúdo por terceiros em favor de pré-candidato. Nesse caso, já haveria irregularidade pela extemporaneidade do ato, contudo, chama-se atenção ao fato de ser também ilegal o impulsionamento por terceiros.

Os artigos 57-B, IV e 57-C deixam evidente que o impulsionamento é vedado a terceiros, sendo autorizado somente aos candidatos, partidos e coligações. Assim, o TSE aplicou multa tanto ao terceiro quanto ao pré-candidato que se beneficiou do impulsionamento irregular:

> Embargos de declaração. Agravo interno. Recurso especial. Eleições 2022. Governador. Representação. Propaganda eleitoral extemporânea. Impulsionamento. Rede social. Pré-campanha. Pessoa física alheia ao pleito. Arts. 36, 36-A, 57-B e 57-C da Lei 9.504/97. Conteúdo eleitoral. Meio proscrito. Vedação. Propaganda irregular. Configuração. Candidatos. Prévio conhecimento. Ocorrência. Vício. Contradição. Inexistência. Rejeição .1. No aresto unânime embargado, esta Corte Superior confirmou acórdão do TRE/MA em que se manteve multa individual de R$ 10.000,00 imposta a terceiros e aos respectivos beneficiários (à época pré-candidato à reeleição ao governo do Maranhão em 2022 e seu vice) pela prática de propaganda eleitoral extemporânea mediante impulsionamento de conteúdo (arts. 57-B e 57-C da Lei 9.504/97).2. Inexiste vício a ser suprido. Na espécie, assentou-se que o Tribunal Superior Eleitoral já consignou que, nos termos dos arts. 57-B e 57-C da Lei 9.504/97, o impulsionamento de conteúdos eleitorais é permitido somente aos candidatos, coligações e partidos políticos, vedada sua contratação por pessoa física alheia à disputa, como ocorreu no caso dos autos. 3. Quanto à prévia ciência da propaganda pelos candidatos, diversamente do que foi alegado, consta do aresto, de forma clara e fundamentada, manifestação de que, segundo o TRE/MA, "a veiculação patrocinada foi promovida por pessoas de seu estreito grupo político e contou com a participação deles por meio de imagens e entrevistas cuidadosamente elaboradas para fins de edição e publicação, além de seus perfis pessoais terem sido marcados". Conclusão diversa esbarra no óbice da Súmula 24/TSE. 4. O suposto vício apontado denota propósito de rediscutir matéria já decidida, providência inviável na via aclaratória. Precedentes. 5. Embargos de declaração rejeitados.[66]

[...] Mérito. Irrelevância do não pagamento pela propaganda, uma vez que também a propaganda eleitoral gratuita é vedada em sítios de pessoas jurídicas, com ou sem fins lucrativos, conforme art. 57-C, § 1º, I, da Lei 9.504/97. Utilização do Facebook que demonstra a divulgação da candidatura do recorrente, por um meio vedado pela lei; e do prévio conhecimento. Aplicação do art. 241 do Código Eleitoral. Recursos a que se nega provimento. (Recurso Eleitoral 106302, Acórdão de 05.03.2013, Relator(a) Flávio Couto Bernardes, Relator(a) designado(a) Maurício Torres Soares, Publicação: DJEMG – Diário de Justiça Eletrônico-TREMG, Data 18.03.2013.

66. Embargos de Declaração no Agravo Regimental no Recurso Especial Eleitoral 060043653, Acórdão, Min. Benedito Gonçalves, Publicação: DJE – Diário de Justiça Eletrônico, 05.12.2023.

2.2.6 Vedação ao anonimato (art. 57-D)

O tema do anonimato na Internet sempre foi controverso. Por um lado, há aqueles que, hoje, afirmem que o anonimato na Internet é um mito, uma vez que a própria tecnologia resultou em um ambiente onde não há privacidade alguma e, portanto, é muito fácil ser achado.[67] Conforme salienta Eli Pariser:

> Sem grande aviso ou estardalhaço, o mundo digital está mudando em suas bases. O que um dia foi um meio anônimo em que qualquer pessoa podia ser quem quisesse [...]. Se buscarmos uma palavra como "depressão" no Dictionary.com, o site irá instalar 223 cookies e beacons de rastreamento em nosso computador, para que outros sites possam nos apresentar anúncios de antidepressivos.[68]

Porém, ainda que uma das dimensões do direito fundamental à privacidade seja carregue em si uma opacidade necessária dos comportamentos humanos, nada pode ser tratado de forma absoluta. Isto porque, ainda há muitos que, de fato, compreendem a Rede mundial de computadores como um faroeste, onde não há e nem poderia haver regras. Entretanto, já restou claro que a Internet não é um mundo à parte, mas sim uma parte do mundo. É necessário o justo meio entre os dois lados. No tocante à base da disciplina jurídica da liberdade de expressão, a Constituição da República, por sua vez, consagra a liberdade de expressão mas veda o anonimato. Acerca de suas consequências na seara eleitoral, complementa Sidney Pessoa Madruga:

> A vedação ao anonimato na internet é consequência dessa relativização de princípios, seguindo um sistema de pesos e medidas e que pode ser aplicado em toda a seara eleitoral: buscase garantir o direito a informação, a liberdade de expressão e pensamento, mas em contraponto preservar a lisura das eleições, a higidez do processo eleitoral, o direito a intimi-

---

67. Realidade inclusive compreendida por parte da Jurisprudência: Recurso eleitoral. Eleições 2012. Divulgação de mensagem com conteúdo ofensivo em página pessoal de rede social (Facebook). Comprovação das alegações em ata notarial. Sanção pecuniária prevista no art. 57-D da Lei 9.504/97, inaplicabilidade por ausência de anonimato. Exclusão da multa imposta em sentença. Recurso provido.
    1 – Incabível a imposição da multa, fundada no art. 57-D, da Lei 9.504/97, ainda que fixada no grau mínimo, por ausência de anonimato.
    2 – *Não há que se falar que o dispositivo seria inócuo por considerar apenas as manifestações anônimas como passíveis de aplicação de multa. Com o avanço da tecnologia e dos meios de investigação, é possível identificar de qual computador a mensagem teria sido postada, somado a todos os meios legítimos de prova admitidos em direito, em especial a prova testemunhal.*
    3 – Recurso conhecido e provido, para excluir a imposição de multa.
    TRE-ES. Recurso Eleitoral 25648, Acórdão 169 de 03.04.2013, Relator(a) Gustavo César de Mello Calmon Holliday, Publicação: DJE – Diário Eletrônico da Justiça Eleitoral do ES, Data 12.04.2013, p. 16. Grifamos.
68. PARISER, Eli. Op. cit., p. 11

dade, privacidade e honra daqueles que tomam parte numa campanha eleitoral que, como cediço, possui nuanças que por vezes caminham entre o lícito e o ilícito.[69]

Tal solução foi consagrado pelo art. 57-D da lei eleitoral, que veda o anonimato e garante ao candidato lesado o direito de resposta, a ser analisado em momento oportuno. Assim determina o dispositivo:

> Art. 57-D. É livre a manifestação do pensamento, vedado o anonimato durante a campanha eleitoral, por meio da rede mundial de computadores – Internet, assegurado o direito de resposta, nos termos das alíneas *a*, *b* e *c* do inciso IV do § 3º do art. 58 e do 58-A, e por outros meios de comunicação interpessoal mediante mensagem eletrônica.
>
> § 1º Vetado
>
> § 2º A violação do disposto neste artigo sujeitará o responsável pela divulgação da propaganda e, quando comprovado seu prévio conhecimento, o beneficiário à multa no valor de R$ 5.000,00 (cinco mil reais) a R$ 30.000,00 (trinta mil reais).

Na prática, a questão não é simples, haja vista que tanto a Justiça Eleitoral como os próprios candidatos deveriam zelar pela manutenção de um ambiente propício ao debate democrático. O que algumas vezes não ocorre para nenhum dos lados.

Isto porque, valem-se de um pseudoanonimato propiciado pela tecnologia para a consecução de práticas ardilosas, como propaganda negativa, propaganda antecipada etc. Muitas delas por intermédio dos perfis falsos em redes sociais. Conforme visto anteriormente, há muitas manifestações de perfis falsos. Na Justiça eleitoral, é corriqueira a análise do tema. Nesse sentido, salienta-se que o valor maior é sempre a liberdade de expressão, desde que feita:

> [...] necessidade de extração de elementos que demonstrem a violação das regras eleitorais ou ofendam direito daqueles que participam do processo eleitoral, não sendo suficiente para a suspensão da propaganda pela Justiça Eleitoral a alegação de ser o material anônimo. Se em determinada página da Internet houver uma frase ou um artigo que caracterize propaganda eleitoral irregular, ou mesmo mais de um, todos deverão ser identificados por quem pretenda a exclusão do conteúdo, na inicial da ação que pede tal providência, ainda que seja necessário especificar detalhadamente toda a página; *a determinação de suspensão deve atingir apenas e tão somente o quanto tido como irregular, resguardando-se, ao máximo possível, o pensamento livremente expressado*.[70]

Algumas controvérsias também foram enfrentadas pela jurisprudência. Seguem algumas:

---

69. MADRUGA, Sidney Pessoa. Propaganda eleitoral. Espécies. Propaganda antecipada. Propaganda na internet. *Revista Brasileira de Direito Eleitoral* – RBDE. Belo Horizonte, ano 5, n. 8, jan./jun. 2013. Biblioteca Digital Fórum de Direito Público – Cópia da versão digital. p. 23.
70. Ac.-TSE, de 29.6.2010, no AgR-AC 138443.

2.2.6.1 Perfil falso criado e administrado do comitê de campanha da coligação adversária: IP do local da infração

O caso foi enfrentado pelo TRE-PR. Foi criado perfil falso que denigria a imagem de determinado candidato, quem representou contra a coligação adversaria, requerendo ainda o IP do emissário das mensagens.

Ao contrário do que muitos imaginam, os fornecimentos do IP de onde partiu a criação do perfil falso e sua administração são possíveis, por intermédio de ordem judicial expedida ao provedor de aplicações (dados de navegação) e de acesso (dados de acesso).

Foi o que ocorreu no caso, em que se revelou que o perfil fora criado e administrado de IP do comitê de campanha da coligação adversaria. Por óbvio, o tribunal não acatou a alegação de que se tratava de local com Wi-Fi, e manteve a decisão condenatória.

> Eleições 2012. Recursos eleitorais. Representação. Propaganda eleitoral. Internet. Dois perfis falsos criados no Facebook que contêm propaganda eleitoral de cunho nitidamente ofensivo. Anonimato. Extrapolação da mera crítica. Violação do art. 21, *caput* e parágrafo único, ambos da resolução TSE 23.370/2011. Conjunto probatório que atesta a responsabilidade de particular por um dos perfis e da coligação adversária por outro. Manutenção da r. Sentença. Recursos conhecidos e desprovidos.[71]

2.2.6.2 Determinação de retirada do ar de perfil anônimo "Acorda, [cidade]"

Caso interessante foi julgado pelo TRE-SP. Tratava-se de perfil anônimo "Acorda São Paulo" que passou a manifestar opiniões, também anônimas, sobre a atuação de candidato a prefeito em munício da grande São Paulo. Narra a decisão que algumas opiniões se expressavam em forma de montagens equiparando o candidato a Hitler. A primeira instância julgou improcedente a representação, considerando se tratar de legítimo exercício da liberdade de expressão.

Não obstante, o Tribunal reverteu em parte o *decisum*. *Tendo*-se em vista a impossibilidade de se localizar o responsável pelo perfil, concluindo pela retirada do perfil do ar por parte do representado, o Facebook:

> Recurso eleitoral. Propaganda eleitoral irregular. Natureza negativa. Internet. Facebook. Página com perfil anônimo. Improcedente. Anonimato vedado. Provimento parcial.[72]

---

71. Recurso Eleitoral 23019, Acórdão 45266 de 06.11.2012, Relator(a) Fernando Ferreira de Moraes, Publicação: PSESS – Publicado em Sessão, Data 06.11.2012.
72. Recurso 13447, Acórdão de 25.09.2012, Relator(a) Clarissa Campos Bernardo, Publicação: PSESS – Publicado em Sessão, Data 25.09.2012.

2.2.6.3 Desnecessidade de esgotamento da via administrativa para a retirada de perfil falso do ar no X

Trata-se de controvérsia dirimida pelo TRE-PR. Com efeito, alegou-se que haveria necessidade de esgotamento prévio da via administrativa para que se retirasse perfil injurioso do ar. Entendeu o Tribunal exatamente o contrário, privilegiando a liberdade de expressão.

> Recurso eleitoral. Petição. Eleições 2012. Alegação de perfil falso no twitter com declarações inverídicas capazes de configurar propaganda eleitoral irregular. Desnecessidade de esgotar a via administrativa para excluir da internet referido perfil. Poder judiciário e princípio do acesso à justiça. Arts. 5º, XXXV, da CF e 57-F da Lei 9.504/97. Sentença reformada. Recurso conhecido e provido.[73]

2.2.6.4 Legitimidade passiva da representação eleitoral para retirada de conteúdo: autor e responsável por manutenção do conteúdo indevido

Interessante decisão foi proferida pelo TSE. Isto porque, muitos questionam sobre qual o meio adequado para a retirada de conteúdo proferido por pessoa anônima (perfil falso). Consignou a corte que o conteúdo será analisado, ou seja, não basta que tenha sido a mensagem proferida por usuário não identificado. Daí porque se admite a possibilidade de dupla representação em casos como esses. *In verbis* a íntegra da ementa da decisão:

> TSE. Eleições 2010. Propaganda eleitoral antecipada. Internet. Blog. Ação cautelar. Anonimato. Pseudônimo. Suspensão liminar. Provedor. Responsabilidade. Livre manifestação do pensamento.
>
> 1. As representações eleitorais que apontem irregularidades na utilização da internet como meio de divulgação de propaganda eleitoral podem ser propostas: *(i) – contra a pessoa diretamente responsável pela divulgação tida como irregular, seja por autoria própria, seja pela seleção prévia do conteúdo divulgado; e (ii) – contra o provedor de conteúdo ou hospedagem quando demonstrado que este, em relação ao material incluído por terceiros, foi previamente notificado da irregularidade apontada ou, por outro meio, é possível verificar o seu prévio conhecimento. (iii) – Desta última hipótese, excetua-se o armazenamento da propaganda realizada diretamente por candidatos, partidos e coligações, quando o provedor somente poderá retirar a propaganda após prévia apreciação judicial da irregularidade apontada, sendo ele responsável apenas no caso de descumprimento da decisão judicial.*
>
> 2. Diante de comprovada irregularidade eleitoral, a Justiça Eleitoral pode, por meio de decisão fundamentada, determinar a suspensão de conteúdo veiculado na internet, em representação que identifique o responsável pelo conteúdo ou em ação cautelar que busque identificá-lo.

---

73. Recurso Eleitoral 4505, Acórdão 44046 de 30.08.2012, Relator(a) Fernando Ferreira De Moraes, Publicação: PSESS – Publicado em Sessão, Data 30.08.2012.

3. A identificação do responsável direto pela divulgação não é elemento essencial para determinar a suspensão e não prejudica: *(i) a apuração da responsabilidade para permitir a discussão sobre eventual aplicação de sanção a ser tratada em processo próprio que assegure a defesa; ou (ii) que o próprio responsável venha ao processo e se identifique, pleiteando manter a divulgação.*

4. Para suspender a propaganda pela Justiça Eleitoral não é suficiente a alegação de ser o material anônimo. É necessário que dele se extraiam elementos que demonstrem a violação das regras eleitorais ou ofendam direito daqueles que participam do processo eleitoral.

5. Se em determinada página da internet há uma frase ou um artigo que caracterize propaganda eleitoral irregular, ou mesmo mais de um, todos deverão ser identificados por quem pretende a exclusão do conteúdo, na inicial da ação que pede tal providência, ainda que seja necessário especificar detalhadamente toda a página.

6. *A determinação de suspensão deve atingir apenas e tão somente o quanto tido como irregular, resguardando-se, ao máximo possível, o pensamento livremente expressado.*[74]

2.2.6.5 Vídeos anônimos no Youtube

A regra do anonimato, por óbvio, não se aplica apenas a textos e fotos. Um dos problemas mais comezinhos nas lides acerca de propaganda eleitoral na Internet dizem respeito a vídeos no Youtube e sites semelhantes. Já tivemos oportunidade de enfrentar a natureza jurídica destes sites, chegando à conclusão que a causa principal do negócio é a hospedagem de conteúdo (perante o contratante consumidor) e a disponibilização deste conteúdo em uma interface interativa.

Nesse gênero, é certo que muitas representações são movidas contra o mantenedor deste site, que congloba elementos de rede social, na tentativa de ver excluído o vídeo anônimo. Valem aqui as considerações iniciais acerca do caminho que geralmente se percorre no afã de retirar o conteúdo e responsabilizar seu autor pelo ilícito ali praticado.

O titular da conta deveria estar identificado para a viabilização do exercício do direito de resposta. Caso não esteja, é possível uma notificação extrajudicial, se o site mantiver um canal de comunicação para tal (que deveria manter, já que se trata de relação de consumo) ou via cartório. Não sendo possível, a solução é a via judicial. O tema será retomado em breve, mas é certo que tem pesado nas decisões de vários tribunais o fato de não haver identificação de autor da mensagem como critério para a qualificação do conteúdo do vídeo como ilícito.

Nesse sentido, decisões do TRE-MG:

---

74. Agravo Regimental em Ação Cautelar 138443, Acórdão de 29.06.2010, Relator(a) Min. Henrique Neves da Silva, Publicação: DJE – Diário da Justiça Eletrônico, Data 17.08.2010, p. 103-104 – Grifamos.

Recurso eleitoral. Propaganda eleitoral irregular. Internet. Publicação de vídeo anônimo. Vedação. Art. 5º, IV, da CF/1998. Art. 57-D da Lei 9.504/1997. Impossibilidade de identificação do responsável pela divulgação do vídeo. Acerto do Juízo de 1º Grau ao determinar a retirada do material da página do Youtube.com. Manutenção da sentença. Recurso a que se nega provimento.[75]

Em outro aresto do mesmo Tribunal, a motivação da decisão é a mesma, amparada na jurisprudência do TSE:

Recursos eleitorais. Ação de Investigação Judicial Eleitoral. Abuso de poder econômico e de autoridade. Conduta vedada. Eleições 2012. Improcedência. Determinação de retirada de vídeo da Internet. [...] Anonimato. Vedação. Art. 57-D da Lei 9.504/97. Restrição à liberdade de informação dos veículos de comunicação social. Art. 220, § 1º, da CRFB. Configurada a ofensa à honra dos candidatos e a violação às normas eleitorais, deve ser mantida a exclusão do vídeo. Precedente do TSE. Recursos não providos.[76]

Outros tribunais eleitorais da federação seguem a mesma tendência quando se trata de ilicitudes chancelada pelo anonimato em vídeos no Youtube. Pela profundidade da fundamentação no tocante aos vários aspectos que devem ser ponderados, trechos da ementa de lide dirimida pelo TRE-MS:

[...] Propaganda eleitoral negativa. Veiculação de vídeo no sítio Youtube. Irregularidade. Anonimato. Vedação. Violação a preceito constitucional. Insubsistente. Desprovimento. Manutenção da sentença. [...] Não procede à alegação de que a pessoa pública deve abdicar de uma parcela de seu direito à privacidade e à intimidade, porquanto as críticas e comentários comuns ao ocupante ou pretendente a mandato político devem obedecer aos limites impostos pela legislação. O anonimato é expressamente vedado em qualquer tipo de propaganda eleitoral, nos termos do art. 57-D da Lei das Eleições. A parte ofensora que se utiliza de pseudônimo, protegido pelo anonimato, fato que dificulta eventual direito de resposta ou responsabilização, e a qual a empresa provedora nitidamente assume a responsabilidade por não fazer a identificação daquele que veiculou a mídia rechaçada, deixando de cumprir ordem judicial reiterada, não deve ter seu recurso provido.

A tese de ocorrência de violação a preceito constitucional não subsiste, uma vez que as garantias à liberdade de expressão e manifestação do pensamento não podem ser invocadas como pretexto para evitar o cumprimento de dispositivo legal. [...][77]

---

75. Recurso Eleitoral 42487, Acórdão de 27.02.2014, Relator(a) Maria Edna Fagundes Veloso, Publicação: DJEMG – Diário de Justiça Eletrônico-TREMG, Data 13.03.2014.
76. Recurso Eleitoral 65261, Acórdão de 04.04.2013, Relator(a) Alice De Souza Birchal, Publicação: DJEMG – Diário de Justiça Eletrônico-TREMG, Data 18.04.2013.
77. Pela densidade da fundamentação e desfecho da decisão, convém a análise da ementa completa. Afinal, críticas à parte, verificou-se a possibilidade jurídica de determinação de prisão por desobediência do Diretor do google em caso de descumprimento da ordem judicial. Situação que ocorrera anteriormente em decisão proferida pelo mesmo órgão e mantida pelo mesmo magistrado que relatou o decisum sob análise. G1 - Portal de Notícias da Globo. Diretor-geral do Google no Brasil é detido pela Polícia Federal em SP. Juízes determinaram retirada dos conteúdos do YouTube. Empresa diz que não é responsável pelo conteúdo. 26.09.2012 16h20 – Atualizado em 26.09.2012 22h08. Disponível em: http://g1.globo.

2.2.6.6 Vedação à interpretação analógica do art. 57-D a condutas que não se trate de anonimato

Outro desdobramento do dispositivo sob análise que se sobressai do estudo da jurisprudência diz respeito à tese de aplicação analógica da multa nele prevista a outras hipóteses de propaganda irregular na Internet. Contudo, a tese não encontra guarida pretoriana.

---

com/sao-paulo/noticia/2012/09/pf-de-sao-paulo-detem-diretor-geral-do-google-no-brasil.html. Acesso em: 20 abr. 2014. Ementa:

Recurso eleitoral. Representação. Pedido de efeito suspensivo. Incabível. Preliminar de carência de ação por falta de interesse de agir. Rejeitada. Propaganda eleitoral negativa. Veiculação de vídeo no sítio Youtube. Irregularidade. Anonimato. Vedação. Violação a preceito constitucional. Insubsistente. Desprovimento. Manutenção da sentença.

A ausência de intimação da parte recorrida, pelo juízo a quo, para oferecimento de contrarrazões ao recurso, não obsta o conhecimento da matéria por esta Corte Eleitoral, mormente porque o mérito é favorável àquela (§ 2º do art. 249 do Código de Processo Civil).

A concessão de efeito suspensivo não é cabível em sede de recurso eleitoral, sendo a ação cautelar o meio próprio para tal intento.

Não há falar em falta de interesse de agir em razão do término do período eleitoral, porquanto o interesse do mérito da demanda persiste no que toca à multa aplicada e eleição suplementar será realizada, sendo que a coligação recorrida permanece representando o candidato alvo das afirmações veiculadas no vídeo objeto dos autos, o qual se encontra alojado na internet até a presente data.

A empresa provedora de conteúdo ou de serviços de internet que, tendo ciência da decisão sobre a existência de propaganda irregular, não diligenciar para a cessação dessa divulgação, sujeita-se à penalidade do art. 23 da Resolução TSE 23.367/2011.

Não procede à alegação de que a pessoa pública deve abdicar de uma parcela de seu direito à privacidade e à intimidade, porquanto as críticas e comentários comuns ao ocupante ou pretendente a mandato político devem obedecer aos limites impostos pela legislação.

O anonimato é expressamente vedado em qualquer tipo de propaganda eleitoral, nos termos do art. 57-D da Lei das Eleições. A parte ofensora que se utiliza de pseudônimo, protegido pelo anonimato, fato que dificulta eventual direito de resposta ou responsabilização, e a qual a empresa provedora nitidamente assume a responsabilidade por não fazer a identificação daquele que veiculou a mídia rechaçada, deixando de cumprir ordem judicial reiterada, não deve ter seu recurso provido.

A tese de ocorrência de violação a preceito constitucional não subsiste, uma vez que as garantias à liberdade de expressão e manifestação do pensamento não podem ser invocadas como pretexto para evitar o cumprimento de dispositivo legal.

A decisão do STF proferida na ADI 4.451, suspendendo a eficácia dos incisos II e III do art. 45 da Lei das Eleições, em nada afeta a possibilidade de a Justiça Eleitoral exercer sua plena jurisdição sobre a propaganda eleitoral, seja essa divulgada em rádio, jornal, televisão, internet ou qualquer outro meio, e aplicar as penalidades previstas em lei.

Provimento negado. Sentença mantida. Determinação de intimação da empresa provedora para cumprimento da obrigação de excluir, do site de sua responsabilidade, o vídeo reputado irregular, devendo comunicar e comprovar perante o juízo o cumprimento da obrigação, sob pena de incursão no crime da desobediência, tipificado no art. 347 do Código Eleitoral.

Recurso Eleitoral 26759, Acórdão 7882 de 1º.07.2013, Relator(a) Amaury da Silva Kuklinski, Publicação: DJE – Diário da Justiça Eleitoral, t. 850, Data 11.07.2013, p. 15-16.

No primeiro aresto selecionado, houve a tentativa de se aplicar a multa do artigo 57-D, § 2º, cumulativamente com as sanções previstas no art. 243 do Código eleitoral. Porém, sem sucesso segundo o TRE-MG:

> Recurso Eleitoral. Representação por propaganda eleitoral irregular. Informação inverídica e/ou ofensiva. Folhetos, volantes, santinhos e impressos. Pedido procedente. Condenação em multa. O art. 243 do Código Eleitoral não prevê multa para os casos de propaganda que calunie, difame ou injurie quaisquer pessoas. Repressão limitada à ação penal competente e à reparação do dano moral. O art. 57-D da Lei 9.504, de 30.09.1997 veda o anonimato nas propagandas divulgadas na internet. Norma de caráter restritivo. Impossibilidade de extensão em prejuízo da parte. Inaplicabilidade da multa. Recurso a que se dá provimento, para afastar a multa imposta à recorrente.[78]

Em caso semelhante, desta vez julgado pelo TRE-SP, é possível se extrair a imputação de crime a determinado candidato. Porém, concluiu também o tribunal: "Sanção pecuniária [artigo 57-D, § 2º, da Lei 9.504/1997] é reservada a casos de anonimato. impossibilidade de conferir-se interpretação analógica ou extensiva a esse dispositivo para que abrangidas outras situações. precedentes. desacolhimento ao sustentado pelos recorrentes".[79]

2.2.7 Cadastros eletrônicos (art. 57-E) e o dever de propiciar o descadastramento do eleitor (art. 57-G)

O art. 57-E, § 1º, da Lei 9504/97 proíbe a venda de cadastros eletrônicos, o que não impede que outras pessoas físicas ou jurídicas – desde que não estejam elencadas no rol acima – transfiram para os candidatos o seu cadastro de forma não onerosa.

A violação do disposto no § 2º do mesmo artigo, sujeita o responsável pela divulgação da propaganda e, bem assim, quando comprovado o prévio conhecimento, o beneficiário à multa no valor de R$ 5.000,00 a R$ 30.000,00 (Lei 9.504/97, art. 57-E, § 2º).

Repita-se, a responsabilidade só será imputada ao beneficiário (candidato) quando comprovado seu prévio conhecimento.

Conforme se observa, a lei eleitoral adotou o chamado sistema *opt in*, ou seja, aquele que permite enviar mensagens durante o período de propaganda eleitoral apenas ao eleitor previamente cadastrado. O descadastramento está regulado na lei eleitoral pelo art. 57-G.

---

78. TRE-MG Recurso Eleitoral 55122, Acórdão de 26.02.2013, Relator(a) Maurício Pinto Ferreira, Publicação: DJEMG – Diário de Justiça Eletrônico-TREMG, Data 06.03.2013.
79. Recurso 18808, Acórdão de 11.12.2012, Relator(a) José Antonio Encinas Manfré, Publicação: DJESP – Diário da Justiça Eletrônico do TRE-SP, Data 19.12.2012.

> Art. 57-G. As mensagens eletrônicas enviadas por candidato, partido ou coligação, por qualquer meio, deverão dispor de mecanismo que permita seu descadastramento pelo destinatário, obrigado o remetente a providenciá-lo no prazo de quarenta e oito horas. (Incluído pela Lei 12.034, de 2009)
>
> Parágrafo único. Mensagens eletrônicas enviadas após o término do prazo previsto no *caput* sujeitam os responsáveis ao pagamento de multa no valor de R$ 100,00 (cem reais), por mensagem. (Incluído pela Lei 12.034, de 2009)

Este mecanismo de descadastramento é conhecido como opt-out. O candidato e sua assessoria devem ficar atentos para a sua funcionalidade e eficácia. Se decorrido o prazo de 48 horas, ainda chegarem mensagens para a pessoa que tenha manifestado a vontade de não recebê-las, o responsável pelo envio deverá pagar multa do parágrafo único.

2.2.8 Retirada de conteúdo na Lei Eleitoral (art. 57-F)

O artigo 57-F da lei eleitoral dispõe acerca da extensão ao provedor de "conteúdo ou de serviços multimídia" de retirar o meio utilizado para a divulgação da propaganda eleitoral irregular. *In verbis*:

> Art. 57-F. Aplicam-se ao provedor de conteúdo e de serviços multimídia que hospeda a divulgação da propaganda eleitoral de candidato, de partido ou de coligação as penalidades previstas nesta Lei, se, no prazo determinado pela Justiça Eleitoral, contado a partir da notificação de decisão sobre a existência de propaganda irregular, não tomar providências para a cessação dessa divulgação.
>
> Parágrafo único. O provedor de conteúdo ou de serviços multimídia só será considerado responsável pela divulgação da propaganda se a publicação do material for comprovadamente de seu prévio conhecimento.

Valem aqui todas as considerações longamente tecidas acerca da regra da responsabilidade civil por conteúdo inserido por terceiros em provedores que fornecem tais serviços.

Urge asseverar que, primeiramente, a lei eleitoral não se utiliza da terminologia proposta pelo marco civil da Internet que, à falta de um termo que corretamente rotule e ajude o intérprete a qualificar o serviço prestado pelo provedor (e, naturalmente, a extensão de seus deveres para com os consumidores), usa o termo "conteúdo e serviços multimídia" para designar uma das espécies de provedor que o Marco chama de "provedor de aplicações". Contudo, parece claro que tanto a lei quanto seus intérpretes compreendem que o sentido e alcance da norma levam à conclusão de se aplicar aos provedores de hospedagem e, principalmente, às redes sociais.

Além disso, a lei eleitoral adota aparentemente o sistema de determinação de retirada de conteúdo e atribuição de responsabilidade ao provedor conhecido por "*notice and takedown*", também já trabalhado previamente nesta obra.

Em linhas gerais, o sistema legal parte da (hoje questionável) premissa de que não seria possível ao provedor controlar previamente o conteúdo inserido e, naturalmente, não se lhe poderia atribuir um dever geral de vigilância. Não obstante, uma vez tendo sido notificado do interesse na retirada do conteúdo, seja por parte da vítima ou de terceiro, passa a ter o dever de fazê-lo. Caso não o faça, é possível a atribuição da responsabilidade ao provedor.

Contudo, conforme também se analisou, o Superior Tribunal de Justiça já decidiu que basta que a notificação extrajudicial ao provedor em link por ele disponibilizado e que o prazo razoável para a retirada da informação é 24 horas. Salienta-se, sem necessidade de divulgação da URL, posicionamento adotado também pelo Conselho de Justiça Federal (Enunciado 554, VI Jornada de Direito Civil).

Essa é e parte a sistemática adotada pela lei. Isto porque o *caput* fala em "prazo determinado pela justiça eleitoral", denotando a opção semelhante à do Marco Civil, que deixou ao Judiciário a análise sobre a licitude ou não do conteúdo. A medida até é compreensível quando se trata de legislação eleitoral, haja vista que a Justiça Eleitoral tem poder de política durante o período de propaganda eleitoral. Diferente da Justiça Comum, que julga conflitos de interesses dos quais participam os provedores como fornecedores de serviços a título oneroso, ainda que não remunerados diretamente. Daí porque a diferença ontológica entre o juízo cível e o eleitoral. Contudo, não é a opção legislativa no Marco Civil, frise-se.

2.2.8.1 Incidência de multa administrativa ao provedor

Alguns costumam levantar a tese da aplicação de multa administrativa também ao provedor de aplicações que proporciona a disponibilização de conteúdo com propaganda eleitoral irregular. Entretanto, a jurisprudência do TSE consolidou-se em sentido diverso, valendo a análise do texto transcrito abaixo:

> No mais, verifico que a recorrente não foi responsabilizada pela criação do conteúdo das postagens impugnadas, não havendo se falar em violação do direito à manifestação do pensamento e da liberdade de expressão. A multa foi aplicada em decorrência do não cumprimento da determinação judicial para retirada dos vídeos e matérias ilegais, nos termos do art. 57-F da Lei das Eleições: [...]
>
> No mais, transcrevo trecho do parecer do Ministério Público, cujas razões adoto (fls. 400-401): Inobstante, o motivo pelo qual o recorrente sofreu a imposição de multa não guarda relacionamento com as questões inerentes à liberdade de expressão, ao debate político e à vedação ao anonimato. Com efeito, a penalização fundamentou-se no descumprimento de ordem legítima, emanada de autoridade competente da Justiça Eleitoral, que, liminarmente, determinou a suspensão de exibição do conteúdo objeto da representação. No caso dos autos, o recorrente, por própria conta e risco, decidiu desobedecer a decisão liminar de fls. 65

e ss. – e o fez deliberadamente, sob o argumento de que tal decisão não subsiste, por não ser adequadamente fundamentada, já que inocorrido o anonimato. Essa conduta reveste-se de considerável gravidade, pois demonstra a intenção do recorrente de permanecer refratário a comando exarado pelo Poder Judiciário. Ademais, o recorrente não está sendo responsabilizado por conteúdo veiculado por terceiros. Bem ao revés, ao desobedecer a decisão liminar, sem adotar os meios consentâneos para, eventualmente, cassá-la, o recorrente sujeitou-se à multa prevista para o seu descumprimento.[80]

2.2.8.2 Retirada de conteúdo e indicação expressa da URL

O tema já foi analisado anteriormente quando se tratou da tendência jurisprudencial na esfera privada, relativamente pacificada pelo STJ no sentido de não haver necessidade de indicação da URL quando o conteúdo ilícito é conhecido pelo provedor. Este também é o entendimento na esfera eleitoral. *Verbi gratia*, decisão proferida pelo TRE-AL, em que se conclui que o conhecimento inequívoco do conteúdo por parte do provedor já é suficiente para retirar um perfil falso:

> Embargos de declarção. Eleições 2012. Recurso eleitroal. Exclusão de perfil de rede social. desnecessidade de informação da url.descrição suficiente do veiculador da propaganda vedada.inexistencia de obscuridade e contradição.tentativa de rediscussão da matéria. Improcedencia.[81]

Sempre haverá discordâncias com relação a este posicionamento, principalmente frente à alegação de que não é possível controlar o conteúdo de vídeos, músicas e memes que os usuários postam na Rede. Contudo, conforme já se analisou, a medida que o conteúdo oferecido pelos serviços de aplicações como provedores de busca, redes sociais e etc. é cada vez mais personalizado de acordo com as preferências do usuário, fica cada dia mais difícil a sustentação do argumento de que não há filtragem prévia deste conteúdo. Entretanto, frise-se que um perfil falso, como no caso, é um conteúdo mais estático do que um vídeo, por exemplo. Embora ambos sejam materializados por uma URL, um perfil é muito mais difícil de ser recriado do que um vídeo de ser novamente levado ao ar.

Porém, em tese, a regra deveria ser a mesma: uma vez determinada a retirada do conteúdo, deve o provedor empreender esforços para evitar que o conteúdo fique online. Frise-se, mais uma vez, que o marco civil pretende trazer dispositivo diverso como norma geral, o que, por si só, nada influi na legislação eleitoral, que é norma específica.

---

80. Agravo de Instrumento 231987, Decisão Monocrática de 21.11.2011, Relator(a) Min. Cármen Lúcia Antunes Rocha, Publicação: DJE – Diário de justiça eletrônico, t. 225, Data 30.11.2011, p. 6-10.
81. Embargos de declaração em recurso eleitoral 20192, Acórdão 9726 de 03.07.2013, Relator(a) Luciano Guimarães Mata, Publicação: DEJEAL – Diário Eletrônico da Justiça Eleitoral de Alagoas, t. 122, Data 10.07.2013, p. 7.

2.2.9 Requerimento de suspensão dos *sites* por descumprimento da lei (art. 57-I)

No art. 56 Lei 9.504/97 fica estabelecido que, a requerimento de partido político, coligação, candidato ou do Ministério Público, a Justiça Eleitoral poderá determinar a suspensão, por 24 horas, da programação normal de emissora de rádio ou televisão, quando deixarem de cumprir as disposições legais, observado o rito do art. 96 dessa mesma Lei. É fundamental que o requerimento de suspensão seja instruído com prova da notificação prévia do provedor do *site* sobre a propaganda. No mesmo sentido, o art. 57-I da lei eleitoral.[82]

A questão que resta acerca da análise da norma é a que diz respeitos à abrangência dos efeitos da decisão. Afinal, a lei claramente dispõe que poderá ser suspenso "todo conteúdo informativo dos sítios da internet que deixarem de cumprir as disposições desta Lei, devendo o número de horas de suspensão ser definida proporcionalmente à gravidade da infração cometida em cada caso, observado o limite máximo de vinte e quatro horas". É certo que o comendo normativo em voga se trata de uma segunda sanção que pode ou não ser cumulada com a multa por descumprimento, compelindo o provedor que administra o site a cumprir a determinação.

Dessa maneira, interpretando-se nesse sentido, quando um provedor de hospedagem que administra uma rede social é notificado sob pena de suspensão de conteúdo de todo o site, é a ele que a ordem se dirige e não ao consumidor mantenedor da conta, sob pena de tornar inócuo o escopo pretendido pela norma.

Nesse sentido, decisão do TRE-BA, em que se consignou em seu inteiro teor: "No caso sob exame, não obstante o recorrente não possa ser responsabilizado pela veiculação da propaganda, foi determinado ao mesmo, na condição de provedor, a retirada do conteúdo da publicidade, no prazo de 24 horas, sob pena de incidência das sanções previstas nos arts. 57-F e 57-I da lei das eleições [...]".[83]

---

82. Art. 57-I. A requerimento de candidato, partido ou coligação, observado o rito previsto no art. 96, a Justiça Eleitoral poderá determinar a suspensão, por vinte e quatro horas, do acesso a todo conteúdo informativo dos sítios da internet que deixarem de cumprir as disposições desta Lei. (Incluído pela Lei 12.034, de 2009)

§ 1º A cada reiteração de conduta, será duplicado o período de suspensão. (Incluído pela Lei 12.034, de 2009)

§ 2º No período de suspensão a que se refere este artigo, a empresa informará, a todos os usuários que tentarem acessar seus serviços, que se encontra temporariamente inoperante por desobediência à legislação eleitoral. (Incluído pela Lei 12.034, de 2009)

83. Recurso. Representação. Pedido de efeito suspensivo. Não cabimento. Indeferimento. Preliminar de falta de interesse de agir. Preliminar de nulidade do processo por ausência de citação de litisconsorte passivo necessário. Inocorrência. Propaganda ofensiva à honra de candidato. Vídeo no Youtube. Determinação de retirada com cominação de multa. Possibilidade. Descumprimento. Desprovimento.

Contudo, não houve notícia de aplicação *ipsis literis* do dispositivo, esperando-se, sinceramente, que não tenha que recorrer a jurisprudência brasileira a golpe tão duro à liberdade de expressão decorrente da inércia dos provedores em dar exequatur a decisões judiciais sobre propaganda eleitoral ilícita.

2.2.10 Evolução tecnológica e a regulamentação direta pelo TSE (art. 57-J)

Art. 57-J. O Tribunal Superior Eleitoral regulamentará o disposto nos arts. 57-A a 57-I desta Lei de acordo com o cenário e as ferramentas tecnológicas existentes em cada momento eleitoral e promoverá, para os veículos, partidos e demais entidades interessadas, a formulação e a ampla divulgação de regras de boas práticas relativas a campanhas eleitorais na internet.

A inclusão do art. 57-J à Lei 9.504/97 destaca que o TSE possui amplo poder regulamentador, dando a ele a competência de criar e alterar (dentro dos limites legais) as disposições relacionadas à propaganda eleitoral na internet, assim a promoção da formulação e divulgação de regras de boas práticas é de extrema importância diante da velocidade do avanço tecnológico.

Esse dispositivo reconhece a necessidade de adaptação constante das normas eleitorais às mudanças rápidas e constantes no ambiente digital, tendo em vista que o avanço tecnológico ocorre em um ritmo acelerado, trazendo novas ferramentas e possibilidades para a comunicação online. Ao conceder ao Tribunal Superior Eleitoral a responsabilidade de regulamentar a propaganda eleitoral na internet, o dispositivo permite a rápida adaptação das regras às mudanças no cenário tecnológico, garantindo que as normas estejam sempre atualizadas e eficazes.

---

1. Indefere-se pedido de atribuição de efeito suspensivo a recurso, quando este é formulado no bojo das próprias razões recursais, ante a inadequação da via eleita, bem como em decorrência do disposto no art. 257 do CE e a ausência dos requisitos à sua concessão;

2. Presente o interesse de agir, pois, malgrado já tenha se realizado as eleições municipais, subsiste a possibilidade de condenação ao pagamento de multa pelo descumprimento de decisão judicial que determinou a retirada da propaganda supostamente irregular;

3. Inexiste litisconsórcio passivo necessário e sim facultativo, entre o provedor e o usuário, mormente quando o objeto do processo é apenas a retirada da propaganda;

4. Uma vez constatada a veiculação de matéria ofensiva à honra de candidato e determinada judicialmente a retirada do vídeo, impõe-se ao provedor o cumprimento da decisão, sob pena de multa, nos termos do art. 57-F da Lei 9.504/97. Caso em que não restou demonstrado o cumprimento do comando judicial;

5. Indeferimento do pedido de efeito suspensivo, não acolhimento das preliminares e desprovimento do recurso.

Recurso Eleitoral 24240, Acórdão 645 de 26.06.2013, Relator(a) Saulo José Casali Bahia, Publicação: DJE – Diário da Justiça Eletrônico, Data 03.07.2013.

Cada ciclo eleitoral pode ser marcado por avanços tecnológicos específicos. O dispositivo assegura que as regulamentações sejam ajustadas conforme as novas ferramentas e plataformas digitais que surgem, garantindo que a legislação eleitoral seja relevante e eficaz diante das práticas emergentes na internet.

Assim, a promoção de boas práticas é essencial para assegurar campanhas eleitorais éticas e transparentes na internet. Dada a velocidade com que novas estratégias e desafios surgem online, a formulação e a divulgação de regras de boas práticas ajudam a orientar partidos, candidatos e entidades interessadas sobre como utilizar as ferramentas digitais de maneira ética e responsável.

Além disso, a regulamentação eficaz da propaganda eleitoral na internet é fundamental para garantir transparência e equidade entre os participantes do processo eleitoral. O dispositivo permite que o TSE ajuste suas normas de acordo com as inovações tecnológicas, assegurando que todos os envolvidos estejam sujeitos a regras claras e justas.

Conclui-se, portanto, que a ideia do legislador é de que com o avanço tecnológico, novas formas de comunicação surgem constantemente e que, como vimos, regulamentações específicas podem ser necessárias para lidar com aspectos como redes sociais, mensagens instantâneas e outras plataformas emergentes.

3
OUTROS TEMAS PROBLEMÁTICOS SOBRE DIREITO ELEITORAL E INTERNET

3.1 DISSEMINAÇÃO DE CONTEÚDO FALSO POR MEIO DE REDES SOCIAIS

O ex-Presidente Jair Bolsonaro foi condenado pelo TSE, sendo-lhe aplicada pena de inelegibilidade por 8 (oito) anos. A condenação se deu com base no argumento de abuso de poder político e uso indevido dos meios de comunicação, cometidos em reunião com embaixadores estrangeiros, no Palácio da Alvorada, em 18 de julho de 2022, ocasião em que atacou o sistema eleitoral brasileiro.

Ainda que a condenação não seja diretamente ligada ao uso da internet para propaganda eleitoral, é importante para nós a análise de alguns pontos, uma vez que o evento em questão foi transmitido pelas redes sociais do então Presidente da República.

Assim, um dos argumentos que reforçou a condenação foi o uso das redes sociais para a difusão de conteúdo falso, atentatório ao processo eleitoral, por pré-candidato, de modo que o uso de redes sociais foi fundamental para a maior amplitude e alcance das informações falsas, beneficiando a candidatura do ex-Presidente.

Nesse sentido, podemos analisar alguns excertos da decisão:

> Ação de investigação judicial eleitoral. Eleições 2022. Eleição presidencial. Candidato à reeleição. Reunião com chefes de missões diplomáticas. Palácio da alvorada. Antevéspera das convenções partidárias. Disseminação de informações falsas a respeito do sistema eletrônico de votação. Antagonização institucional com o TSE. Comparativo entre pré-candidaturas. Associação de eventual derrota do primeiro investigado à ocorrência de fraude. Estratégias de mobilização político-eleitoral. Tv brasil. Redes sociais. Ampla repercussão perante a comunidade internacional e o eleitorado. Severa desordem informacional. Desvio de finalidade no uso de bens e serviços públicos e de prerrogativas da presidência da república. Gravidade. Violação à normalidade eleitoral e à isonomia. Uso indevido de meios de comunicação. Abuso de poder político. Responsabilidade pessoal do primeiro investigado. Procedência parcial. Inelegibilidade. Determinações. 1. Trata-se de Ação de Investigação Judicial Eleitoral (AIJE) destinada a apurar a ocorrência de abuso de poder político e uso indevido de meios de comunicação, em virtude de

reunião realizada em 18/07/2022, no Palácio da Alvorada. 2. O evento contou com a presença de embaixadoras e embaixadores de países estrangeiros, que assistiram à apresentação do primeiro investigado, então Presidente da República e pré-candidato à reeleição, a respeito do sistema eletrônico de votação e da governança eleitoral brasileira. Houve transmissão pela TV Brasil e pelas redes sociais do primeiro investigado. (...) 27. Nesse cenário, *o TSE firmou entendimento no sentido de que "o uso de aplicações digitais de mensagens instantâneas, visando promover disparos em massa, contendo desinformação e inverdades em prejuízo de adversários e em benefício de candidato, pode configurar abuso de poder econômico e/ou uso indevido dos meios de comunicação social* para os fins do art. 22, caput e XIV, da LC 64/90" (AIJEs 0601986-80 e 0601771-28, Rel. Min. Luis Felipe Salomão, DJE de 22.08.2022). 28. O Tribunal também assentou a tese de que "*a transmissão ao vivo de conteúdo em rede social, no dia da eleição, contendo divulgação de notícia falsa e ofensiva por parlamentar federal, em prol de seu partido e de candidato, configura abuso de poder de autoridade e uso indevido de meio de comunicação, sendo grave a afronta à legitimidade e normalidade do prélio eleitoral*" (RO-El 0603975-98, Rel. Min. Luis Felipe Salomão, DJE de 10.12.2021). 29. (...). 56. O evento contou com cobertura ao vivo da TV Brasil, emissora pertencente ao conglomerado da Empresa Brasil de Comunicação (EBC), empresa pública que integra a Administração Pública Federal Indireta. É presumível que houve necessidade de algum ajuste às pressas na grade da programação, considerada a curta antecedência com que foi designado o evento. *A gravação ficou disponível nas redes sociais da emissora até a ordem judicial para que fosse retirada do ar, em 23/08/2022.* 57. Houve, também, transmissão do evento pelas redes sociais do primeiro investigado. As visualizações no Facebook e no Instagram, no momento da propositura da ação, ultrapassavam um milhão, contabilizadas somente aquelas diretamente nos citados perfis do candidato à reeleição. Houve, portanto, deliberado direcionamento do conteúdo para alcançar simpatizantes (seguidores) do já notório pré-candidato à reeleição. 58. O conteúdo da mensagem divulgada perante embaixadoras e embaixadores, portanto, não ficou restrito ao Palácio da Alvorada. *O uso dos meios de comunicação, no caso em tela, criou uma multidão de espectadores, os quais puderam assistir ao primeiro investigado, na condição de Chefe de Estado, dirigir-se a uma prestigiosa plateia de Chefes de Missão Diplomática.* (...). 64. As lives foram transmitidas nas redes sociais do primeiro investigado e, ao menos em duas ocasiões, pela emissora Jovem Pan, durante o programa Os Pingos nos Is, normalizando um estado de paranoia injustificada e tornando familiar a prática discursiva que viria a ser exercitada pelo primeiro investigado em 18/07/2022. 65. Assim, a mensagem divulgada em 18/07/2022 não constituiu um fato esporádico, mas um importante marco na estratégia comunicacional do primeiro investigado com suas bases políticas, assegurando sua mobilização permanente. (...); 72.6 os números relativos ao alcance do vídeo na internet não deixam dúvidas de que a transmissão pela TV Brasil e pelas redes sociais potencializou a difusão do discurso de 18/07/2022 e, com isso, da desinformação divulgada pelo primeiro investigado; (...) Ação de Investigação Judicial Eleitoral 060081485, Acórdão, Min. Benedito Gonçalves, Publicação: DJE – Diário de Justiça Eletrônico, 02.08.2023.

3.2 REALIZAÇÃO DE *LIVES* COM CUNHO ELEITOREIRO NAS DEPENDÊNCIAS DE BENS PÚBLICOS E A DESIGUALDADE ENTRE CANDIDATOS

Tal hipótese é mais direcionada a candidatos que buscam reeleição para os cargos que ocupam.

O caso apresentado envolve a análise de um vídeo com quase meia hora de duração, veiculado nos perfis oficiais de campanha do pré-candidato Jair Bolsonaro durante as Eleições de 2022. No vídeo, o candidato explica que pretende realizar transmissões diárias para promover candidaturas de Deputados Federais e Senadores, visando repetir o sucesso de 2018 e formar uma grande bancada.

Durante a transmissão, Bolsonaro aborda temas de sua campanha, ressaltando a importância do pleito e a necessidade de evitar o retorno da esquerda ao poder. A partir de certo momento, inicia um segmento que ele mesmo denomina "horário eleitoral gratuito", no qual solicita votos para aliados em diversos estados, destacando a "afinidade" com o Presidente como critério.

O vídeo foi divulgado nas redes sociais da campanha, e o candidato reconhece, no início da transmissão, que está repetindo uma estratégia utilizada nas Eleições de 2018. Há indícios de que a gravação ocorreu na biblioteca do Palácio da Alvorada, e os investigados alegam caráter privado da transmissão, embasados em um julgado de 2014.

O Tribunal constata que, à luz da compreensão atual sobre os impactos das ações na internet, as redes sociais não são mais consideradas um ambiente privado, sendo enquadradas como "veículos ou meios de comunicação social". A intérprete de libras, que participou da live, já esteve em outras transmissões do Presidente.

A análise preliminar indica que o acesso a bens e serviços públicos, garantidos ao Presidente pelo cargo, foi utilizado em proveito de sua campanha e de candidatos apoiados por ele. O vídeo teve mais de 316.000 visualizações na internet. A conduta é considerada uma violação das normas eleitorais, buscando assegurar o equilíbrio entre os competidores e coibir o uso de bens públicos em favor de determinada candidatura.

Nesse caso, o TSE decidiu pela remoção do vídeo em questão, além da abstenção da realização de lives nos mesmos moldes:

> Ação de investigação judicial eleitoral. Referendo de decisão liminar. Eleições 2022. Presidente. Abuso de poder político. Live semanal. Atual presidente da república. Finalidade de divulgação de atos de governo. Utilização de bens e recursos públicos. Desvirtuamento. Promoção de candidaturas. Intensificação nos dias finais da campanha. Quebra de isonomia. Plausibilidade. Urgência. Requerimento liminar deferido. Decisão referendada. 1. Trata-se de ação de investigação judicial eleitoral – AIJE – destinada a apurar a ocorrência de abuso de poder político, ilícito supostamente perpetrado em decorrência do desvio de finalidade, em proveito de candidaturas, de lives tradicionalmente realizadas por Jair Bolsonaro nas dependências dos Palácios da Alvorada e do Planalto, bens públicos destinados ao uso do Presidente da República. 2. A AIJE não se presta apenas à punição de condutas abusivas, quando já consumado o dano ao processo eleitoral. Assume também função preventiva,

sendo cabível a concessão de tutela inibitória para prevenir ou mitigar danos à legitimidade do pleito. 3. Nesse sentido, prevê o art. 22, I, b, da LC 64/90 que, ao receber a petição inicial, cabe ao Corregedor determinar "que se suspenda o ato que deu motivo à representação, quando for relevante o fundamento e do ato impugnado puder resultar a ineficiência da medida, caso seja julgada procedente". 4. O exercício dessa competência deve se pautar pela mínima intervenção, atuando de forma pontual para conter a propagação e amplificação de efeitos potencialmente danosos. A fim de que essa finalidade preventiva possa ser atingida, a análise da gravidade, para a concessão da tutela inibitória, orienta-se pela preservação do equilíbrio da disputa ainda em curso. 5. Esse exame não se confunde com aquele realizado no julgamento de mérito e não antecipa a conclusão final, que deverá avaliar in concreto os efeitos das condutas praticadas, a fim de estabelecer se são graves o suficiente para conduzir à cassação de registro ou diploma e à inelegibilidade. 6. No caso, alega-se que é notório que o Presidente da República realiza, desde o início de seu mandato, lives semanais, gravadas nas dependências do Palácio do Planalto ou da Alvorada, destinadas a divulgar atos de seu governo. Contudo, conforme link de transmissão indicado pelo autor, em 21.09.2022, o primeiro investigado anunciou que buscaria realizar lives diárias, dedicando "pelo menos metade do tempo para as Eleições pelo Brasil". 7. De pronto, cabe refutar a alegação de violação à privacidade e à inviolabilidade de domicílio, formulada pelos investigados em manifestação prévia. O caso não versa sobre atos da vida privada do Presidente da República ou da intimidade de seu convívio familiar no Palácio da Alvorada, mas sobre a destinação do bem público para a prática de ato de propaganda explícita, com pedido de votos para si e terceiros, veiculados por canais oficiais do candidato registrados no TSE, alcançando mais de 300.000 (trezentas mil) visualizações. 8. O feito provoca necessária reflexão sobre a aplicação das normas eleitorais no ambiente digital. Na atualidade, a internet ganhou enorme relevância como meio de divulgar projetos eleitorais. Nesse cenário, mostra-se legítima a utilização de lives para atrair eleitores e potencializar o alcance da propaganda, estratégia que leva para o mundo virtual os tradicionais comícios, com ganhos de audiência e redução de custos de deslocamento. 9. Não está em questão, assim, a licitude de lives de cunho eleitoral. O que se discute é tão somente o uso de bens e serviços públicos, em especial a residência oficial do Chefe do Executivo, para realizar esses atos de propaganda. 10. *Sob esse enfoque, cabe lembrar que o art. 73, I, da Lei 9.504/97 veda que "bens móveis ou imóveis pertencentes à administração direta ou indireta da União" sejam usados "em benefício de candidato". Foram previstas duas exceções destinadas compatibilizar a rotina dos Chefes do Executivo com sua agenda de candidatos à reeleição (art. 73, § 2º, Lei 9.504/97). 11. A primeira delas diz respeito ao transporte oficial pelo Presidente da República. Nesse caso, a lei permite que o candidato à reeleição e sua comitiva desloquem-se utilizando veículos e aeronaves públicos disponibilizados ao Chefe do Executivo. Porém, há exigência de ressarcimento das despesas, o que fica a cargo do partido político ou coligação que lançou a candidatura. 12. A segunda exceção versa sobre a residência oficial dos governantes, cuja utilização foi autorizada, tomando-se o cuidado sempre relevante de evitar que candidatos à reeleição projetem sua imagem para o eleitorado valendo-se de bens a que outros candidatos não têm acesso. 13. Desse modo, o mandatário que ocupa tais imóveis deve cumprir três exigências: a) somente poderá realizar contatos, encontros e reuniões, ou seja, praticar atos em que se dirige a interlocutores diretos; b) as tratativas devem ser pertinentes à sua própria campanha; e c) por fim, veda-se por completo que tais contatos, encontros e reuniões assumam "caráter de ato público". 14. Conforme se observa, não foi concedida autorização irrestrita que convertesse bens públicos de uso privativo dos Chefes do Executivo, custeados pelo Erário, em bens disponibilizados, sem reservas, à conveniência da campanha à reeleição*. No caso do transporte, o partido político arca com os custos. Quanto à residência oficial, os atos de campanha que a lei autoriza são eminentemente voltados para arranjos internos, permitindo-se ao Presidente receber interlocutores, reservadamente, com o objetivo de traçar estratégias e alianças políticas. 15. Em síntese, a lei não permitiu a realização de atos públicos, em que o candidato se apresenta ao eleitorado com o objetivo de divulgar propaganda. 16. Por exemplo, *jamais seria admissível que o governante, seja Presidente, Governador ou Prefeito, abrisse as portas de uma residência oficial para realizar comício dirigido a 30 ou 300 eleitores. Transportada a ideia para o mundo digitalizado, tampouco podem esses candidatos à reeleição usar o imóvel custeado pelo Erário para realizar live eleitoral que alcança mais de 300.000 (trezentos mil) eleitores e eleitoras.* 17. No caso dos autos, o vídeo, com duração de quase meia hora, foi veiculado em perfis oficiais da campanha, registrados no TSE. Ao explicar o motivo de realizar a transmissão excepcionalmente em uma quarta-feira, Jair Bolsonaro diz que, aproximando-se a "reta final" da disputa, e havendo "muita coisa em jogo", tentará realizar lives todos os dias, dedicando "pelo menos metade" do tempo para promover candidaturas de Deputados Federais e Senadores, com o objetivo de repetir o sucesso de 2018 e formar uma grande bancada. 18. Na primeira parte da transmissão, o primeiro investigado repisa temas de sua pauta de campanha, como o caráter decisivo do pleito vindouro para o rumo do país; a importância de impedir a retomada do poder pela esquerda; e sua receptividade por onde passa, a confirmar que a reeleição é certa. Exalta atos de sua gestão e comenta a viagem internacional a Londres e Nova York. 19. A partir de 14min17s, tem início o que o próprio candidato denomina "horário eleitoral gratuito". Nesse momento, passa a pedir votos para aliados que disputam governos estaduais e vagas no Senado e na Câmara dos Deputados, em todo o país. O critério sempre referido é a "afinidade" com o Presidente. Abre-se espaço para candidato a governador de Goiás para falar na live e em seguida Jair Bolsonaro anuncia que tem em vista um grande ato de campanha para 1º.10.2022.20. Não há dúvidas do teor eleitoral das mensagens que foram divulgadas em redes sociais da campanha. É o próprio candidato que anuncia, no início da transmissão, que está repetindo estratégia que utilizou durante as Eleições 2018.21. Quanto ao local em que foi feita a gravação, há indícios, a partir das imagens captadas, que foram realizadas nas conhecidas dependências da biblioteca do Palácio da Alvorada. Em sua manifestação, os investigados não refutaram os indícios, apenas afirmaram o caráter privado da transmissão, com amparo em julgado de 2014.22. À luz da atual compreensão do TSE – e de toda a sociedade – quanto aos impactos de atos praticados na internet, não mais se sustenta a percepção das redes sociais como ambiente privado. Em julgado paradigmático das Eleições 2018, foram elas expressamente enquadradas como "veículos ou meios de comunicação social", para os quais migraram maciçamente as campanhas a fim de se beneficiar da ampla repercussão de conteúdos no ambiente público digital. 23. Também se constata que a intérprete de libras é a mesma que participou de diversas outras lives realizadas ao longo do mandato do atual Presidente. Os investigados alegam que a atuação se deu fora do horário de trabalho da servidora, ponto cuja controvérsia não é suficiente para acarretar a revogação da liminar, já que não afastada a informação sobre o local de gravação da live. 24. Os elementos presentes nos autos são suficientes para concluir, em análise perfunctória, que o acesso a bens e serviços públicos, assegurado a Jair Messias Bolsonaro por força do cargo de Chefe de Governo, foi utilizado em proveito de sua campanha e de candidatos por ele apoiados. O alcance do vídeo na internet ultrapassa 316.000 (trezentas e dezesseis mil) visualizações. 25. *O emprego de bens e serviços públicos inacessíveis a qualquer dos demais competidores na campanha do candidato à reeleição, conduta cujos substanciais indícios foram trazidos aos autos e é tenden-*

te a ferir a isonomia do pleito. 26. A toda evidência, a hipótese que o §2º do art. 73 da Lei 9.504/97 considera lícita é diversa do que se constata nos autos. A live do dia 21.09.2022 consistiu em ato ostensivo de propaganda, veiculado pela internet em diversos canais do candidato, com nítido propósito de fazer chegar ao eleitorado o pedido de voto para si e terceiros. 27. A conduta amolda-se à regra geral do art. 73, I, da Lei 9.504/97 e deve ser coibida em favor do equilíbrio entre os competidores. 28. Assentada a plausibilidade do direito, em razão da verossimilhança da alegação de que a live de cunho eleitoral foi feita no Palácio da Alvorada e contou com a participação de intérprete de libras que acompanha o Presidente no exercício do mandato, conclui-se também pela urgência da concessão de medida que faça cessar os impactos anti-isonômicos do desvio de finalidade em favor das candidaturas dos investigados. 29. Tutela inibitória antecipada deferida, para determinar a remoção de vídeo da live de 21.09.2022 dos canais de propaganda dos investigados e impor que o Presidente, candidato à reeleição, se abstenha de realizar lives similares em dependências de bens públicos e utilizando-se de serviços a que tem acesso em função de seu cargo, sob pena de multa. 30. Decisão liminar referendada.

Referendo na Ação de Investigação Judicial Eleitoral 060121232, Acórdão, Min. Benedito Gonçalves, Publicação: DJE – Diário de Justiça Eletrônico, 07.11.2022.

3.3 DEBATES POLÍTICOS ATRAVÉS DA INTERNET

Nas eleições de 2024, os debates pela internet devem se apresentar com tanta atração quanto ao realizado pela televisão. Isso ocorre pelo que foi dito na apresentação, nunca se falou tanto de política nas redes sociais, como se fala atualmente.

Desde as eleições de 2012, época em que presenciamos um exponencial aumento dos impactos das redes sociais na política, o que deu dinâmica aos debates de rádio e televisão, foi a repercussão antes, durante e depois, nas redes sociais. Eleitores, cabos eleitorais e simpatizantes declinavam suas opiniões sobre cada pergunta e resposta dada pelos candidatos.

Os candidatos tiveram a oportunidade de observar os comentários e receber um retorno sobre seu desempenho no debate. Alguns optaram por complementar as respostas, esclarecer pontos obscuros e corrigir falhas, outros apenas por acompanhar os comentários e incrementar os discursos futuros.

Engana-se o candidato ou assessor que pensa nas redes sociais como ponto de encontro de pessoas instruídas, de classe alta ou com opinião formada. A abrangência da rede transcendeu as barreiras impostas pela divisão de classes sociais e de seletividade intelectual. Eleitores de todos os grupos sociais, ligados ou não à política, estão conectados e ansiosos por conhecer e, especialmente, por criticar e elogiar os novos candidatos.

Pelo contrário, será uma ótima oportunidade para demonstrar bons projetos e conquistar novos eleitores, desde que bem orientado e nos limites da norma.

No entanto, é preciso estar atento para os limites impostos pela legislação eleitoral, para que não haja complicações indesejadas.

3.3.1 Autorização e forma de realização

O Art. 46 §4° da lei 9504/97 determina que os debates serão realizados segundo as regras estabelecidas em acordo celebrado entre os partidos políticos e a pessoa jurídica interessada na realização do evento, dando-se ciência à Justiça Eleitoral.

Inexistindo acordo, os debates, *inclusive os realizados na Internet* ou em qualquer outro meio eletrônico de comunicação, deverão obedecer às seguintes regras (Lei 9.504/97, art. 46, I, a e b, II e III):

I – nas eleições majoritárias, a apresentação dos debates poderá ser feita:

a) em conjunto, estando presentes todos os candidatos a um mesmo cargo eletivo;

b) em grupos, estando presentes, no mínimo, 3 candidatos;

II – nas eleições proporcionais, os debates deverão ser organizados de modo que assegurem a presença de número equivalente de candidatos de todos os partidos políticos e coligações a um mesmo cargo eletivo, podendo desdobrar-se em mais de 1 dia;

III – os debates deverão ser parte de programação previamente estabelecida e divulgada pela emissora, fazendo-se mediante sorteio a escolha do dia e da ordem de fala de cada candidato.

De acordo com o Art. 36-A da Lei 9504/97, filiados e pré-candidatos podem participar de debates no rádio, na televisão e na internet antes do dia 06 de julho do ano da eleição, apresentando inclusive suas plataformas e projetos políticos. O TSE já se posicionou no sentido de que esse tipo de programação não é considerado propaganda eleitoral antecipada.[1]

No entanto, para que não incidam em violação da legislação eleitoral, imperiosa é a obediência à duas exigências legais: 1) não pedir de voto durante o debate; 2) que o tratamento seja isonômico entre partidos e candidatos.

O descumprimento do disposto na legislação sujeitará a empresa infratora[2] à suspensão, por 24 horas, da sua programação, com a transmissão, a cada

---

1. Consulta 796-36.2010.6.00.0000 – Classe 10 – Brasília – Distrito Federal. Consulente Miro Teixeira. Relator Ministro Marco Aurélio. Na consulta n° 79636, o Consulente Deputado Miro Teixeira questionou sobre a possibilidade e limites de realização de debates pela internet. Como resposta, foi declarada a possibilidade de realização, em qualquer época, de debate na Internet, com transmissão ao vivo, sem a condição imposta ao rádio e à televisão do tratamento isonômico entre os candidatos. (Ac.-TSE, de 16.6.2010)
2. Essa regra de suspensão poderá ser aplicada aos sites, blogs ou perfil dos candidatos nas redes sociais.

15 minutos, da informação de que se encontra fora do ar por desobediência à legislação eleitoral; em cada reiteração de conduta, o período de suspensão será duplicado (Lei 9.504/97, art. 46, § 3º, e art. 56, §§ 1º e 2º).

Os candidatos poderão convidar formalmente seus concorrentes para a realização do debate na internet que poderá ser promovido através de qualquer das ferramentas disponíveis. Pela facilidade de acompanhamento e dinâmica na participação, o Twitter tem se mostrado como um importante meio de realização.

Grupos nos *Facebook*, no *WhatsApp, blogs* e sites também podem ser palco para debates eleitorais, desde que tudo seja realizado nos termos da legislação. Os grupos, como já foram mencionados, são práticos pela facilidade que os convidados têm de sair, caso não estejam interessados em participar.

Sobre o convite aos candidatos, O Art. 46 a Lei 9504/97 autoriza e o TSE já se posicionou sobre a possibilidade de selecionar apenas os candidatos de partidos com representação na câmara dos deputados. Muito já se discutiu sobre esse tratamento diferenciado, porém, o tema já está pacificado, ficando à critério dos organizadores.[3]

A resolução 23.404/14 sequer mencionou os debates eleitorais através da internet, o que não significa que essa prática está sem regulamentação, pelo contrário, fica claro que serão limitadas pelas regras dispostas na lei.

Nesse sentido, ressalta-se o incentivo para que os candidatos e assessores criem uma militância *on-line,* mas, é imprescindível que disponham de uma coordenação por profissionais do direito, do marketing e da informática, para que tudo seja conduzido para o benefício da campanha, não ao seu prejuízo.

3.3.2 Doações de campanha através da Internet

Assim como as outras ferramentas já mencionadas, as doações pela internet serão mais intensas nas eleições de 2014. A legislação autoriza os candidatos a

---

3. "Mandado de Segurança. Liminar. Participação. Debate. Não representação no Congresso. Liminar deferida." NE: Trecho de esclarecimento do julgado: "A única dúvida [...] seria se a empresa resolvesse chamar alguns e não chamar outros. Mas parece que, no caso, foram convidados apenas os que pertencem a partidos que têm representação na Câmara.[...] Foi excluído do debate candidato que não tem representação na Câmara.[...]" TSE – Ac. de 2.10.2008 no MS 4056, rel. Min. Felix Fischer.
"Ação cautelar. Deferimento. Efeito suspensivo. Recurso especial. Acórdão regional. Entrevistas. Candidatos. Pleito. 1. Nos termos do art. 46 da Lei 9.504/97, as emissoras de rádio e televisão, caso optem por realizar debates entre postulantes a cargos eletivos, estão obrigadas a convidar os candidatos cujos partidos tenham representação na Câmara dos Deputados, sendo-lhes facultado convidar os que não se enquadrem nessa situação. [...]. 4. A possibilidade de tratamento diferenciado para candidatos que se encontram em situações distintas está prevista na própria lei eleitoral, como, por exemplo, na distribuição dos tempos reservados para a propaganda eleitoral gratuita. [...]."
TSE – Ac. de 18.9.2008 no AgR-AC 2787, rel. Min. Caputo Bastos.

criarem um *link* entre o seu *site* pessoal e uma página criada especificamente para receber doações dos eleitores, filiados, militantes e simpatizantes, a fim de incrementar a arrecadação de recursos para a campanha.

Para tanto, é *obrigatório* que os candidatos, partidos ou comitês financeiros, atendam os seguintes requisitos:

a) estejam inscritos no Cadastro Nacional de Pessoal Jurídica – CNPJ;

b) providenciem a abertura de uma conta bancária eleitoral específica para a movimentação dos recursos da campanha (art. 22 e 22-A da Lei 9504/97).

Importante observar que os bancos são obrigados a acatar, em até 03 (três) dias, o pedido de abertura de conta de qualquer comitê financeiro ou candidato escolhido em convenção, sendo-lhes vedado condicioná-la à depósito mínimo e à cobrança de taxas e/ou outras despesas de manutenção. (Art. 22, § 1º da Lei 9504/97)

O Art. 23, inciso III, da Lei 9504/97 permite a criação de mecanismo para recebimento de doações no *site* do candidato, partido ou coligação, inclusive com a utilização de cartão de crédito, respeitadas as seguintes exigências:

a) identificação do doador;

b) emissão obrigatória de recibo eleitoral para cada doação realizada;

O art. 23, § 6º, da Lei 9504/97, ainda deixa claro que na hipótese de doações realizadas por meio da internet, as fraudes ou erros cometidos pelo doador sem conhecimento dos candidatos, partidos ou coligações não ensejarão a responsabilidade destes nem a rejeição de suas contas eleitorais.

Essa questão das fraudes pode gerar muita polêmica. Em 2010 quando era novidade, o TSE chegou a modificar a resolução daquela eleição para obrigar os candidatos, partidos ou coligações a devolverem os valores arrecadados nessas condições.

Na resolução para as eleições de 2014, a RES 23.404/14, nada ficou estabelecido. Na verdade, assim como ocorreu com relação aos debates, sequer mencionou sobre o sistema de doações através da internet.

Se for um erro ou falha de sistema, não há maiores elucubrações. Porém, se for uma fraude planejada, aí a questão ganha mais complexidade e gravidade.

Atualmente, a discussão sobre as fraudes envolvendo cartões de crédito e outras transações bancárias pela internet, tem sido bastante intensa entre os especialistas da área e os tribunais. No entanto, na esfera cível, tem prevalecido o entendimento de que o serviço bancário, regido pelo código do consumidor, gera responsabilidade objetiva à instituição financeira[4] e, na esfera penal, a falsificação de cartão de crédito ganhou uma tipificação específica no código penal, após a entrada em vigor da Lei 12.737/12 (art. 298, parágrafo único).

As fraudes eletrônicas envolvendo cartões e contas bancárias estão entre as ocorrências mais frequentes de delitos na internet, e certamente será um fator complicador nas demandas relacionadas à doações através do site do candidato. Criminosos especializados chegam até a comercializar mídias (Cds, DVDs, Pen Drivers) contendo extensas listas com números de cartões de créditos, contas bancárias e suas respectivas senhas, todas obtidas por diversas fraudes em sistema computacional.

Será muito provável, portanto, que cartões de crédito sejam utilizados para doações, sem que os verdadeiros proprietários saibam. E sem que o candidato saiba.

Nesse caso, será necessário analisar a questão sob um tríplice aspecto: A responsabilidade da Instituição financeira; a vítima, dona do cartão e cliente da instituição; e o candidato.

A Instituição financeira, por ter responsabilidade objetiva, terá que restituir o valor à vítima. Se ficar provado que o candidato sabia da fraude, responderá civil, eleitoral e criminalmente. Se o candidato não souber da fraude, não será responsabilizado pelo dano à vítima, não será responsabilizado eleitoralmente, conforme o art. 23, § 6º, da Lei 9504/97, por óbvio, não será responsabilizado criminalmente, porém, considerando a norma de otimização geral da vedação do enriquecimento sem causa, o candidato deverá devolver o valor à instituição financeira.

3.3.2.1 Forma de realização e limites

Cadastrado o CNPJ e aberta a conta específica para recebimento das doações, importante observar os requisitos existentes para o recebimento das doações pela internet, assim como os seus limites, para que sejam consideradas lícitas.

O *site* que receberá as doações deverá estar hospedado no Brasil (.br). Após a transação e preenchimento de formulário, deverá ser, obrigatoriamente, emitido recibo.[5] Esse regra deve ser bem definida desde o momento da contratação da operadora de cartão ou qualquer facilitador desse recebimento.

---

4. Súmula 479 do STJ: As instituições financeiras respondem objetivamente pelos danos gerados por fortuito interno relativo a fraudes e delitos praticados por terceiros no âmbito de operações bancárias. Sobre o tema v. ADI 2591/DF.
5. Modelo do Recibo.

As doações pela internet poderão ser feitas através de transferências bancárias *online* ou através de cartão de crédito e ficam limitadas:

a) no caso de pessoa física, a dez por cento dos rendimentos brutos auferidos no ano anterior à eleição;

b) no caso em que o candidato utilize recursos próprios, ao valor máximo de gastos estabelecido pelo seu partido, na forma da Lei.

Fica registrado que apenas pessoas físicas estão autorizadas a fazer *doação eleitoral através da internet*, sendo vedado o parcelamento ou a doação através de cartões emitidos no exterior. Está vedada também a doação através de cartão corporativo ou empresarial.

Pessoas jurídicas, portanto, não estão autorizadas a realizar doações através da internet. Sobre o tema, à título de informação, é importante ressaltar que o STF iniciou o julgamento da ADI 4650 proposta pelo Conselho Federal da Ordem dos Advogados do Brasil, onde se questionou a constitucionalidade dos dispositivos da legislação eleitoral que autorizam doações feitas por pessoas jurídicas.

Até o fechamento da presente obra, o julgamento encontrava-se suspenso por um pedido de vista feito pelo ministro Gilmar Mendes, mas com um placar irreversível de seis votos pela procedência da ação, contra um voto de divergência. Ou seja, caminha-se para um momento onde serão proibidos os financiamentos de campanha por pessoas jurídicas.

Embora desejável, a decisão não valerá para as eleições de 2014. Primeiro por questões principiológicas que determinam que essas mudanças só sejam aplicadas nas eleições subsequentes, a exemplo do que houve com a Lei da ficha limpa. Segundo, pelo fato da OAB ter pedido a modulação dos efeitos da decisão da ADI, que em regra tem eficácia retroativa (*ex tunc*), para que seus efeitos só valham depois dessas eleições.[6]

De todo modo, a decisão é de suma importância para a sociedade brasileira que sofre com o desequilíbrio das eleições. Os financiamentos eleitorais por pessoas jurídicas geram uma série de consequências deletérias, que vão desde a corrupção, até o enfraquecimento da democracia.

Com a proibição, inicia-se uma limpeza moral que há muito nosso processo eleitoral reclama. Não só as doações de pessoas jurídicas precisam ser proibidas, mas os de pessoas físicas também necessitam de reforma. Os limites por porcen-

---

6. A Modulação dos efeitos da decisão é um instrumento previsto no art. 27 da Lei 9868/99 que relativiza a eficácia retroativa das decisões dos julgamentos do STF. Por maioria de dois terços dos ministros, é possível restringir a eficácia da declaração para que só tenha validade após seu trânsito em julgado ou outro momento que seja determinado.

tagem, como está atualmente, vai variar de acordo com a capacidade econômica do doador. O limite deve ser definido por um valor fixo.

Com essas e outras modificações pontuais, será diminuída a interferência do poder econômico na escolha dos representantes. Ricos e pobres disputarão os pleitos eleitorais com base em ideais e propostas, mas, para isso, exige-se a mais relevante das alterações, a de comportamento dos eleitores, que devem valorizar-se como verdadeiros cidadãos e não troquem ou vendam essa qualidade por nenhum preço.

3.3.3 Autorização e forma de realização

O Art. 46 da lei 9504/97 determina que os debates serão realizados segundo as regras estabelecidas em acordo celebrado entre os partidos políticos e a pessoa jurídica interessada na realização do evento, dando-se ciência à Justiça Eleitoral.

Inexistindo acordo, os debates, *inclusive os realizados na Internet* ou em qualquer outro meio eletrônico de comunicação, deverão obedecer as seguintes regras (Lei 9.504/97, art. 46, I, a e b, II e III):

> *I – nas eleições majoritárias, a apresentação dos debates poderá ser feita:*
>
> *a) em conjunto, estando presentes todos os candidatos a um mesmo cargo eletivo;*
>
> *b) em grupos, estando presentes, no mínimo, 3 candidatos;*
>
> *II – nas eleições proporcionais, os debates deverão ser organizados de modo que assegurem a presença de número equivalente de candidatos de todos os partidos políticos e coligações a um mesmo cargo eletivo, podendo desdobrar-se em mais de 1 dia;*
>
> *III – os debates deverão ser parte de programação previamente estabelecida e divulgada pela emissora, fazendo-se mediante sorteio a escolha do dia e da ordem de fala de cada candidato.*

De acordo com o Art. 36-A da Lei 9504/97, filiados e pré-candidatos podem participar de debates no rádio, na televisão e na internet antes do dia 06 de julho do ano da eleição, apresentando inclusive suas plataformas e projetos políticos. O TSE já se posicionou no sentido de que esse tipo de programação não é considerada propaganda eleitoral antecipada.[7]

No entanto, para que não incidam em violação da legislação eleitoral, imperiosa é a obediência à duas exigências legais: 1) não pedir de voto durante o debate; 2) que o tratamento seja isonômico entre partidos e candidatos.

---

7. Consulta 796-36.2010.6.00.0000 – Classe 10 – Brasília – Distrito Federal. Consulente Miro Teixeira. Relator Ministro Marco Aurélio.

O descumprimento do disposto na legislação sujeitará a empresa infratora[8] à suspensão, por 24 horas, da sua programação, com a transmissão, a cada 15 minutos, da informação de que se encontra fora do ar por desobediência à legislação eleitoral; em cada reiteração de conduta, o período de suspensão será duplicado (Lei 9.504/97, art. 46, § 3º, e art. 56, §§ 1º e 2º).

Os candidatos poderão convidar formalmente seus concorrentes para a realização do debate na internet que poderá ser promovido através de qualquer das ferramentas disponíveis. Pela facilidade de acompanhamento e dinâmica na participação, o TWITTER tem se mostrado como um importante meio de realização.

Grupos nos facebook, no Whatsapp, blogs e sites podem também ser palco para debates eleitorais, desde que tudo seja realizado nos termos da legislação. Os grupos, como já foram mencionados, são práticos pela facilidade que os convidados têm de sair, caso não estejam interessados em participar.

Ressalta-se, nesse sentido, o incentivo para que os candidatos e assessores criem uma militância *on-line*, mas disponham de uma coordenação por profissionais do direito, do marketing e da informática, para que tudo seja conduzido para o benefício da campanha, não ao seu prejuízo.

3.3.4 Candidato de partido sem representação na Câmara

> Mandado de Segurança. Liminar. Participação. Debate. Não representação no Congresso. Liminar deferida." *NE:* Trecho de esclarecimento do julgado: "A única dúvida [...] seria se a empresa resolvesse chamar alguns e não chamar outros. Mas parece que, no caso, foram convidados apenas os que pertencem a partidos que têm representação na Câmara.[...] Foi excluído do debate candidato que não tem representação na Câmara.[...]
>
> Ac. de 2.10.2008 no MS 4056, rel. Min. Felix Fischer.

3.3.5 Tratamento diferenciado em debate

> Ação cautelar. Deferimento. Efeito suspensivo. Recurso especial. Acórdão regional. Entrevistas. Candidatos. Pleito. 1. Nos termos do art. 46 da Lei 9.504/97, as emissoras de rádio e televisão, caso optem por realizar debates entre postulantes a cargos eletivos, estão obrigadas a convidar os candidatos cujos partidos tenham representação na Câmara dos Deputados, sendo-lhes facultado convidar os que não se enquadrem nessa situação. [...]. 4. A possibilidade de tratamento diferenciado para candidatos que se encontram em situações distintas está prevista na própria lei eleitoral, como, por exemplo, na distribuição dos tempos reservados para a propaganda eleitoral gratuita. [...].
>
> Ac. 18.9.2008 no AgR-AC 2787, rel. Min. Caputo Bastos.

---

8. Essa regra de suspensão poderá ser aplicada aos sites, *blogs* ou perfil dos candidatos nas redes sociais.

3.3.6 Debates da Internet antes de 16 de agosto

Na consulta 79636, de relatoria do Ministro Marco Aurélio, o Consulente Deputado Miro Teixeira questionou sobre a possibilidade e limites de realização de debates pela internet. Como resposta, foi declarada a possibilidade de realização, em qualquer época, de debate na Internet, com transmissão ao vivo, sem a condição imposta ao rádio e à televisão do tratamento isonômico entre os candidatos. (Ac.-TSE, de 16.6.2010).

3.4 DA REPRODUÇÃO VIRTUAL DAS PÁGINAS DO JORNAL IMPRESSO

O artigo 43 da Lei 9.504/97 autoriza, até a antevéspera das eleições, a divulgação paga, na imprensa escrita, e a reprodução na internet do jornal impresso, de até 10 (dez) anúncios de propaganda eleitoral, por veículo, em datas diversas, para cada candidato, no espaço máximo, por edição, de 1/8 (um oitavo) de página de jornal padrão e de 1/4 (um quarto) de página de revista ou tabloide.

Para que essa publicação seja legítima, conforme está previsto no § 1º do mesmo artigo, deverá constar do anúncio, de forma visível, o valor pago pela inserção (Lei 9.504/97, art. 43, § 1º). De acordo com o § 2º, por sua vez, a inobservância do disposto neste artigo sujeita os responsáveis pelos veículos de divulgação e os partidos, coligações ou candidatos beneficiados à multa no valor de R$ 1.000,00 a R$ 10.000,00 ou equivalente ao da divulgação da propaganda paga, se este for maior (Lei 9.504/97, art. 43, § 2º).

Respeitar integralmente o formato gráfico e o conteúdo editorial da versão impressa significam que os candidatos não poderão fazer quaisquer alterações como grifos, negritos, destaques em cores, ou qualquer outra alteração do conteúdo.

4
PERSPECTIVAS E REFLEXÕES PARA 2024

4.1 O USO DE INTELIGÊNCIA ARTIFICIAL

O avanço da inteligência artificial (IA) trouxe consigo uma série de benefícios, mas também apresenta desafios significativos, especialmente quando aplicado em contextos eleitorais. Um dos riscos mais evidentes é o uso de técnicas de manipulação, como os *deepfakes*, que podem comprometer a integridade do processo democrático.

Os *deepfakes*, alimentados por algoritmos de aprendizado profundo, têm a capacidade de criar conteúdo audiovisual sintético de alta qualidade, substituindo rostos e vozes de maneira extremamente convincente. Isso levanta preocupações substanciais em relação às eleições, onde a confiança nas informações é essencial para uma tomada de decisão informada por parte dos eleitores.

Um dos principais riscos associados ao uso de *deepfakes* em eleições é a disseminação de informações falsas e manipulação da opinião pública. Candidatos podem ser alvo de vídeos falsos que os retratam dizendo ou fazendo coisas que nunca ocorreram. Essa desinformação pode ter impactos significativos, minando a confiança dos eleitores, distorcendo debates e influenciando negativamente os resultados eleitorais.

Além disso, os *deepfakes* podem ser usados para criar narrativas falsas sobre candidatos, manipulando a percepção do público sobre suas qualidades e intenções. Essa forma avançada de manipulação digital pode ser explorada por atores mal-intencionados, comprometendo a legitimidade do processo eleitoral e ameaçando a estabilidade das democracias.

Outro ponto crítico é o potencial para intensificar divisões sociais e políticas. O uso de *deepfakes* para criar declarações falsas ou cenas fictícias pode alimentar conflitos e polarização, exacerbando tensões já presentes na sociedade. Isso pode levar a um ambiente político mais hostil e dificultar o estabelecimento de consensos e diálogos construtivos.

Diante desses riscos, torna-se imperativo que os órgãos reguladores e as instituições responsáveis pela condução de eleições estejam atentos e desenvolvam estratégias eficazes para enfrentar o problema. Isso inclui a implementação de medidas de verificação de autenticidade de conteúdo, educação digital para os eleitores, e a criação de políticas específicas para lidar com a disseminação de *deepfakes* durante o período eleitoral.

Em última análise, o uso de inteligência artificial, especialmente na forma de *deepfakes*, apresenta desafios significativos para a integridade das eleições. A sociedade precisa estar preparada para enfrentar esses desafios, garantindo que as ferramentas digitais avançadas não se tornem instrumentos de manipulação e desinformação que comprometam a essência democrática dos processos eleitorais.

A campanha eleitoral Argentina de 2023 se destaca como a primeira na região a incorporar amplamente o uso da IA, especialmente na produção de vídeos que ganharam grande visibilidade nas redes sociais, como Instagram, TikTok e YouTube. De acordo com fontes da equipe de estrategistas que assessora o candidato peronista Sergio Massa, a IA desempenha um papel crucial na campanha, sendo utilizada por especialistas que incluem brasileiros, americanos e espanhóis.

Na contrapartida, fontes da campanha do então candidato de direita radical (agora Presidente), Javier Milei, negaram explicitamente o uso de IA, embora tenham admitido que apoiadores do partido *La Libertad Avanza* faziam uso de sistemas populares, incluindo Midjourney e Dall-e. Após o último debate entre os dois candidatos, a campanha de Massa lançou um vídeo nas redes sociais abordando um episódio marcante na história argentina: o afundamento do cruzador ARA Belgrano em 2 de maio de 1982, durante a Guerra das Malvinas, resultando na morte de 323 argentinos.

O vídeo, apresentado em animação, retrata soldados argentinos na embarcação e, em seguida, a então primeira-ministra britânica, Margaret Thatcher, dando a ordem de atacar o Belgrano. O narrador, representando Milei, afirma que Thatcher foi um dos grandes líderes na história da humanidade. O vídeo conclui com uma mensagem de Massa, proferida durante o debate, enfatizando a ideia de que um país não deve ser liderado por alguém que admira seus inimigos. Essa estratégia ilustra como a IA está sendo empregada para criar narrativas impactantes e influenciar a percepção pública durante o processo eleitoral argentino.

Nesse sentido, autoridades, sobretudo do Judiciário se mostraram preocupados e combativos aos efeitos maléficos do uso da tecnologia. Resta ver quais serão os efeitos do uso da IA nas eleições brasileiras e qual será a resposta institucional, sobretudo do TSE.

4.2 O USO DE *BOTS* E A OS DISPAROS EM MASSA

Conforme vimos no capítulo 2, a veiculação de propaganda eleitoral paga na internet é vedada, sendo, contudo, autorizado o impulsionamento de conteúdo, caso respeitados alguns parâmetros.

O problema se dá quando são utilizados mecanismos de disparo em massa de conteúdo e a utilização de perfis automatizados em redes sociais para promover um candidato ou prejudicar outro, os *bots*.

O uso de *bots* e disparos em massa nas redes sociais representa uma ameaça considerável para a integridade e estabilidade das eleições em democracias, conforme Levitsky e Ziblatt.[1] Essas práticas, muitas vezes associadas a estratégias de manipulação digital, podem minar os fundamentos democráticos ao distorcer o debate público, influenciar a opinião dos eleitores e comprometer a equidade do processo eleitoral.

Podemos então destacar algumas das possíveis consequências buscadas por aqueles que utilizam de tais subterfúgios em se tratando de uma corrida eleitoral:

1. Desinformação em Escala

Os *bots* são capazes de disseminar desinformação em larga escala, alcançando um público vasto em tempo recorde. Ao programar esses programas para divulgar informações falsas sobre candidatos, partidos ou questões eleitorais, os agentes manipuladores podem influenciar a percepção pública e distorcer o entendimento dos eleitores.

Assim, o uso de *bots* e o disparo em massa nas redes sociais está intrinsecamente correlacionado à disseminação de desinformação em eleições, representando uma ameaça significativa para a integridade do processo democrático. Exemplos concretos dessas práticas podem ser observados em eleições passadas, como o uso de *bots* para difundir notícias falsas sobre candidatos, gerar debates fictícios nas redes sociais e influenciar a percepção pública sobre temas-chave.

Essas estratégias são especialmente perigosas, pois comprometem a capacidade dos eleitores de tomar decisões informadas, minando a confiança nas instituições democráticas e ameaçando a legitimidade dos resultados eleitorais.

---

1. LEVITSKY, Steven; ZIBLATT, Daniel. *Como as democracias morrem*. Rio de Janeiro: Zahar, 2018.

2. Manipulação de Tendências e Debate

O uso massivo de *bots* pode criar a ilusão de tendências e debates inflamados, amplificando artificialmente certas opiniões e perspectivas. Isso não apenas distorce a realidade, mas também contribui para a polarização, já que as visões extremas são muitas vezes promovidas em detrimento de posições mais moderadas.

3. Engajamento Falso nas Redes Sociais

Bots são frequentemente utilizados para simular um alto nível de engajamento em publicações, criando a impressão de apoio popular ou rejeição veemente a determinados candidatos. Esse engajamento falso pode influenciar a percepção da opinião pública e, assim, moldar as escolhas dos eleitores.

4. Ataques Coordenados e Manipulação da Agenda

A programação de *bots* permite a realização de ataques coordenados visando desestabilizar candidaturas ou promover agendas específicas. Isso pode resultar em distorções significativas na narrativa política, prejudicando a discussão legítima de questões importantes.

5. Fraude Eleitoral Online

O uso de *bots* em disparos em massa pode ser empregado para criar contas falsas e realizar ações fraudulentas online, como votações manipuladas em enquetes eleitorais ou promoção de candidaturas de maneira artificial.

Assim, segundo os autores já citados, essas práticas digitais representam uma ameaça direta à saúde do sistema democrático, minando a confiança dos cidadãos nas instituições e no processo eleitoral. A manipulação digital, por meio de *bots* e disparos em massa, compromete a equidade e a transparência nas eleições, distorcendo o funcionamento legítimo do processo democrático.

Para preservar a integridade das eleições, é essencial que as democracias implementem regulamentações e medidas eficazes de combate à manipulação digital, promovendo a transparência, responsabilidade e a conscientização sobre os riscos associados ao uso indevido dessas tecnologias.

No sentido de coibir a desinformação eleitoral, a própria Resolução do TSE prevê sanções:

> Art. 9º A utilização, na propaganda eleitoral, de qualquer modalidade de conteúdo, inclusive veiculado por terceiras(os), pressupõe que a candidata, o candidato, o partido, a federação ou a coligação tenha verificado a presença de elementos que permitam concluir, com razo-

ável segurança, pela fidedignidade da informação, sujeitando-se as pessoas responsáveis ao disposto no art. 58 da Lei 9.504/1997, sem prejuízo de eventual responsabilidade penal. (Redação dada pela Resolução 23.671/2021)

Ainda que a Resolução não trate diretamente da desinformação no ambiente virtual, é sabido que a capacidade de alcance da informação se tornou muito maior na última década graças à evolução da internet, sobretudo das redes sociais, como temos demonstrado ao longo deste livro.

Nesse sentido, políticos e apoiadores, inclusive pessoas jurídicas, podem ser responsabilizados pela utilização de meios consistentes de criação e reprodução massiva de desinformação (situação agravada daquela vista no capítulo anterior).

Assim, está sendo construída em tempo real a jurisprudência acerca do tema e podemos exemplificar com a determinação de perda de monetização e exclusão de conteúdo on-line após a verificação de que se tratava de esquema de produção e disseminação massiva de conteúdos falsos por meio digital:

> Ação de investigação judicial eleitoral. Eleições 2022. Presidente. Uso indevido de meios de comunicação. Abuso de poder político. Abuso de poder econômico. Redes sociais. Perfis, canais e sites, inclusive mantidos por pessoas jurídicas. Produção e difusão massificada e veloz de conteúdos falsos. Ecossistema de desinformação em benefício de determinada candidatura. Remoção de conteúdo. Decisões reiteradas. Insuficiência. Momento crítico do período eleitoral. Prudente mitigação de danos ao processo eleitoral. Requerimento liminar parcialmente deferido. Decisão referendada. 1. Trata-se de ação de investigação judicial eleitoral – AIJE – destinada a apurar a ocorrência de uso indevido dos meios de comunicação, abuso de poder político e abuso de poder econômico, ilícitos supostamente perpetrados em decorrência da utilização de dezenas de perfis em redes sociais, inclusive mantidos por pessoas jurídicas, para, de forma orquestrada, produzir e difundir exponencialmente conteúdos desinformativos com o objetivo de direcionar a opinião político-eleitoral de seus seguidores e influenciar no resultado da disputa presidencial. 2. A AIJE não se presta apenas à punição de condutas abusivas, quando já consumado o dano ao processo eleitoral. Assume também função preventiva, sendo cabível a concessão de tutela inibitória para prevenir ou mitigar danos à legitimidade do pleito. 3. Nesse sentido, prevê o art. 22, I, b, da LC 64/90 que, ao receber a petição inicial, cabe ao Corregedor determinar "que se suspenda o ato que deu motivo à representação, quando for relevante o fundamento e do ato impugnado puder resultar a ineficiência da medida, caso seja julgada procedente". 4. O exercício dessa competência deve se pautar pela mínima intervenção, atuando de forma pontual para conter a propagação e amplificação de efeitos potencialmente danosos. A fim de que essa finalidade preventiva possa ser atingida, a análise da gravidade, para a concessão da tutela inibitória, orienta-se pela preservação do equilíbrio da disputa ainda em curso. 5. Esse exame não se confunde com aquele realizado no julgamento de mérito e não antecipa a conclusão final, que deverá avaliar in concreto os efeitos das condutas praticadas, a fim de estabelecer se são graves o suficiente para conduzir à cassação de registro ou diploma e à inelegibilidade. 6. No caso, a petição inicial foi instruída com farta prova documental, composta por links, prints, estatísticas de busca do Google – que indicam possível relação de causalidade entre picos

de pesquisa e o disparo massivo de conteúdos falsos e extremamente apelativos – e mapa e tabelas das interações entre os diversos perfis e canais. Foram indicados numerosos exemplos de conteúdos ilícitos derrubados por ordem judicial, mas que seguiram disponibilizados em canais do Telegram. Foi também juntado estudo técnico fruto do monitoramento das redes sociais dos investigados em dois períodos de 2022, um deles de 15/08 a 30/09, abarcando a campanha do primeiro turno. 7. O material apresentado, que confere densidade a fatos públicos e notórios relativos à atuação nas redes de Carlos Bolsonaro e diversos apoiadores do atual Presidente, fornece indícios de uma conduta concertada para a difusão massificada e veloz de desinformação, que tem como principal alvo o candidato Luiz Inácio Lula da Silva. 8. A forte capacidade de mobilização de alguns dos investigados tem sido explorada para gerar uma espécie de resistência estrutural às decisões do TSE que determinam a remoção de notícias falsas. Nesse sentido, foi demonstrado que materiais já reputados ilícitos seguem armazenados em canais de Telegram, para serem acessados a qualquer tempo e novamente compartilhados, criando um ciclo de perpetuação de fake news. 9. Os esquemas de difusão de notícias fabricadas para influir indevidamente no pleito, identificados a partir das Eleições 2018, ganharam mais complexidade, encontraram formas elaboradas de financiamento e, infelizmente, confirmaram o potencial danoso da exposição massificada e vertiginosa das pessoas a conteúdos falsos. A sofisticação da aparência e das táticas de distribuição de notícias inverídicas coloca milhões de pessoas em um estado permanente de alerta, à espera da próxima "grande revelação". São nefastos os efeitos sobre a formação da vontade eleitoral, que depende de um ambiente sadio, onde divergências possam ser apresentadas com respeito aos fatos. 10. *Observa-se que a remoção de conteúdos, mesmo quando célere, não tem sido suficiente para conter o avanço da desinformação. Sendo iminente a realização do segundo turno, justifica-se a adoção de providências para mitigar danos ao processo eleitoral.* 11. Apesar desse desafiador cenário, vejo a necessidade de ponderar o exercício da liberdade de opinião com a preservação da normalidade eleitoral, para definir medidas que, de forma proporcional, se mostrem indispensáveis e efetivas para inibir a prática de condutas ilícitas. 12. A jurisprudência, salvo em caso de anonimato, tem se guiado no sentido de determinar a remoção de conteúdos específicos, e não de sites, canais ou perfis inteiros (Rel. Min. Maria Cláudia Bucchianeri, referendo de liminar em 13.10.2022). Nessa linha, entendo que, no que diz respeito à rede de interações de pessoas físicas que tem como ponto central o terceiro investigado, deve-se facultar a este, nos mesmos moldes assegurados na AIJE 0601513-76 (decisão de admissibilidade de 16/10/2022), que se manifeste preliminarmente sobre a utilização de seus perfis e canais, bem como sobre a alegada coordenação do grupo, sem prejuízo da apresentação de defesa. 13. Quanto à atuação de pessoas jurídicas, tem-se elementos suficientes para a adoção de providências imediatas, com duração circunscrita ao período que antecede o segundo turno das eleições. 14. Em fenômeno recente, que escapa à vedação de veiculação de propaganda eleitoral em sítios eletrônicos de pessoas jurídicas (art. 57-C, § 1º, da Lei 9.504/97), novas roupagens têm sido escolhidas para conferir maior credibilidade a mensagens de cunho político-eleitoral que, no fundo, se confundem com o discurso de determinado candidato. Para esse fim, a opção por canais com aparência jornalística congrega a facilidade de criar nas redes perfis que permitam a comunicação "um-para-muitos" e a aparência de isenção, que favorece o ganho de prestígio nas redes. 15. Não se trata, no ponto, de jornais que legitimamente ostentam preferências políticas e que naturalmente se inclinam, em sua leitura crítica dos fatos, a uma determinada corrente. *O fenômeno referido tem estreita relação com a produção de notícias falsas orientadas a apresentar uma visão ideológica como se fosse uma verdade factual.* O empreendimento comercial, nesses casos, fica em segundo plano, tornando-se prioritária a possibilidade de influenciar escolhas políticas e eleitorais dos cidadãos, inclusive por estímulo à radicalização. 16. Na hipótese, não se discute, em abstrato, a possibilidade ou não de serem mantidos sites, canais e perfis que pretendam conferir aparência jornalística a conteúdos ideologicamente orientados. *O que se examina, concretamente, é a necessidade de inibir ou mitigar os efeitos anti-isonômicos da movimentação de recursos por quatro provedores de conteúdo, mantidos por pessoas jurídicas, que assumiram comportamento simbiótico em relação à campanha midiática do primeiro investigado. 17. Destaco, nesse sentido, que essas empresas: a) possuem canais no YouTube que contam com milhões de inscritos e são fortemente monetizados; b) já figuraram em ações judiciais ou inquéritos (STF e TSE) destinados a apurar a disseminação de fake news com impacto no processo eleitoral; c) funcionam como produtoras e/ou promotoras de conteúdo consistentemente favorável ao primeiro investigado, composto inclusive por notícias falsas ou gravemente descontextualizadas, que, ao ser distribuído em outras redes sociais de forma massiva contribuíram para o desvirtuamento do debate político, em prejuízo do candidato da coligação autora, conforme demonstram picos de busca do Google; d) reiteradamente utilizam as decisões do TSE determinando a derrubada de conteúdos como combustível para estimular a desconfiança em relação ao sistema de votação; e) recebem recursos financeiros de assinaturas dos canais, de publicidade paga e de investimentos oriundos de pessoas que compartilham a ideologia dos seus proprietários, retroalimentando a estrutura empregada na produção e consumo de conteúdos inverídicos; f) aplicam vultosos recursos em impulsionamento nas redes, potencializando o alcance e a distribuição de notícias e documentários que essencialmente reverberam o discurso eleitoral do candidato que apoiam, influindo diretamente no pleito, em razão do momento eleitoral. 18. Diante desses elementos, é pertinente determinar, até que se realize o segundo turno, a desmonetização dos citados canais, bem como a vedação do impulsionamento de conteúdos político-eleitorais, especialmente envolvendo os candidatos em disputa, seus partidos e apoiadores. 19. Também até o segundo turno, deve-se suspender a exibição do documentário sobre o ataque sofrido pelo primeiro representado em 2018, cuja estreia se encontrava marcada para seis dias antes da eleição. A semana de adiamento não caracteriza censura. Apenas evita que tema reiteradamente explorado pelo candidato em sua campanha receba exponencial alcance, sob a roupagem de documentário que foi objeto de estratégia publicitária custeada com substanciais recursos de pessoa jurídica. 20. Tutela inibitória antecipada parcialmente deferida, para determinar que, até 31/10/2022, sejam suspensas, sob pena de multa: a) a monetização dos quatro canais mantidos por pessoas jurídicas referidas na inicial; b) o impulsionamento de conteúdos político-eleitorais por essas empresas; c) a exibição do documentário indicado. 21. Decisão liminar referendada. 22. Em vista de indícios de descumprimento de decisões de remoção de conteúdo proferidas em representações por propaganda irregular, seja dada ciência do teor da petição inicial aos Ministros e Ministras responsáveis pela matéria, para as providências que entenderem necessárias.* Referendo na Ação de Investigação Judicial Eleitoral 060152238, Acórdão, Min. Benedito Gonçalves, Publicação: DJE – Diário de Justiça Eletrônico, 10.03.2023.

Contudo, como vemos na decisão, a própria Corte reconhece que a simples determinação da remoção de conteúdo não é suficiente, tendo em vista que a velocidade e capacidade de difusão das informações presentes nas postagens é maior que aquelas de sua exclusão.

Estamos, portanto, em um momento crucial de mudanças para o aumento da proteção das eleições e seus resultados em face dos aspectos nefastos do mau uso da tecnologia da informação e comunicação.

4.3 RESOLUÇÃO PARA AS ELEIÇÕES DE 2024 (RESOLUÇÃO 23.732/2024)

Com base no art. 57-J da Lei 9.504/97, o TSE adaptou mais uma vez a Resolução 23.610/2019 para regulamentar a propaganda eleitoral com base nos avanços tecnológicos, como vimos em nossa tabela comparativa em relação à Lei 9.504/1997.

Conforme exposto no item 4.1, a IA é um dos grandes pontos de preocupação e nesse sentido um dos destaques da nova Resolução. Destacamos, então, mais uma vez aquilo que a Resolução para as eleições de 2024 (Resolução 23.610/2019 com as alterações promovidas pela Resolução 23.732/2024) apresenta como meios de coibir atos atentatórios à lisura do processo eleitoral, naquilo que diz respeito à propaganda eleitoral na Internet.

Impulsionamento

O impulsionamento de conteúdo político-eleitoral será autorizado durante a pré-campanha sob as mesmas condições estabelecidas para a campanha, com a proibição de solicitação explícita de votos e a necessidade de manter moderação e transparência nos gastos. O provedor de aplicação responsável pelo impulsionamento deve disponibilizar ferramentas transparentes, incluindo informações sobre a publicidade, valores e responsáveis pelos pagamentos.

Adicionalmente, o conteúdo político-eleitoral veiculado antes do início oficial da campanha deve obedecer às diretrizes de transparência e informar os cidadãos sobre o uso de tecnologias digitais para manipulação de imagens e sons.

Art. 3º-B. O impulsionamento pago de conteúdo político-eleitoral relacionado aos atos previstos no *caput* e nos incisos do art. 3º desta Resolução somente é permitido durante a pré-campanha quando cumpridos cumulativamente os seguintes requisitos:

I – o serviço seja contratado por partido político ou pela pessoa natural que pretenda se candidatar diretamente com o provedor de aplicação;

II – não haja pedido explícito de voto;

III – os gastos sejam moderados, proporcionais e transparentes;

IV – sejam observadas as regras aplicáveis ao impulsionamento durante a campanha.

Art. 3º-C. A veiculação de conteúdo político-eleitoral em período que não seja o de campanha eleitoral se sujeita às regras de transparência previstas no art. 27-A desta Resolução e de uso de tecnologias digitais previstas nos arts. 9º-B, *caput* e parágrafos, e 9º-C desta Resolução, que deverão ser cumpridas, no que lhes couber, pelos provedores de aplicação e pelas pessoas e entidades responsáveis pela criação e divulgação do conteúdo.

Desinformação

Se a propaganda eleitoral online propagar desinformação que prejudique a integridade do processo eleitoral, os juízes mencionados ficarão vinculados às decisões do Tribunal Superior Eleitoral sobre o mesmo assunto, decidindo sobre a remoção ou manutenção de conteúdos idênticos. Qualquer exercício do poder de polícia que vá além do previsto pode resultar em reclamação ao Tribunal Superior Eleitoral.

A classificação de conteúdos por agências de verificação de fatos que tenham acordo com o Tribunal Superior Eleitoral será conduzida de maneira independente e sob responsabilidade dessas agências. Essa classificação pode ser usada como referência para avaliar a violação do dever de cuidado mencionado no artigo principal.

> Art. 9º A utilização, na propaganda eleitoral, de qualquer modalidade de conteúdo, inclusive veiculado por terceiras(os), pressupõe que a candidata, o candidato, o partido, a federação ou a coligação tenha verificado a presença de elementos que permitam concluir, com razoável segurança, pela fidedignidade da informação, sujeitando-se as pessoas responsáveis ao disposto no art. 58 da Lei 9.504/1997, sem prejuízo de eventual responsabilidade penal.
>
> § 1º A classificação de conteúdos pelas agências de verificação de fatos, que tenham firmado termo de cooperação com o Tribunal Superior Eleitoral, será feita de forma independente e sob responsabilidade daquelas.
>
> § 2º As checagens realizadas pelas agências que tenham firmado termo de cooperação serão disponibilizadas no sítio eletrônico da Justiça Eleitoral e outras fontes fidedignas poderão ser utilizadas como parâmetro para aferição de violação ao dever de diligência e presteza atribuído a candidata, candidato, partido político, federação e coligação, nos termos do *caput* deste artigo.

> Art. 9º-D. É dever do provedor de aplicação de internet, que permita a veiculação de conteúdo político-eleitoral, a adoção e a publicização de medidas para impedir ou diminuir a circulação de fatos notoriamente inverídicos ou gravemente descontextualizados que possam atingir a integridade do processo eleitoral, incluindo:
> I – a elaboração e a aplicação de termos de uso e de políticas de conteúdo compatíveis com esse objetivo;
> II – a implementação de instrumentos eficazes de notificação e de canais de denúncia, acessíveis às pessoas usuárias e a instituições e entidades públicas e privadas;
> III – o planejamento e a execução de ações corretivas e preventivas, incluindo o aprimoramento de seus sistemas de recomendação de conteúdo;
> IV – a transparência dos resultados alcançados pelas ações mencionadas no inciso III do *caput* deste artigo;
> V – a elaboração, em ano eleitoral, de avaliação de impacto de seus serviços sobre a integridade do processo eleitoral, a fim de implementar medidas eficazes e proporcionais para mitigar os riscos identificados, incluindo quanto à violência política de gênero, e a implementação das medidas previstas neste artigo.
> VI – o aprimoramento de suas capacidades tecnológicas e operacionais, com priorização de ferramentas e funcionalidades que contribuam para o alcance do objetivo previsto no *caput* deste artigo.
>
> § 1º É vedado ao provedor de aplicação, que comercialize qualquer modalidade de impulsionamento de conteúdo, inclusive sob a forma de priorização de resultado de busca, disponibilizar esse serviço para veiculação de fato notoriamente inverídico ou gravemente descontextualizado que possa atingir a integridade do processo eleitoral.
>
> § 2º O provedor de aplicação, que detectar conteúdo ilícito de que trata o *caput* deste artigo ou for notificado de sua circulação pelas pessoas usuárias, deverá adotar providências imediatas e eficazes para fazer cessar o impulsionamento, a monetização e o acesso ao conteúdo e promoverá a apuração interna do fato e de perfis e contas envolvidos para impedir nova circulação do conteúdo e inibir comportamentos ilícitos, inclusive pela indisponibilização de serviço de impulsionamento ou monetização.

§ 3º A Justiça Eleitoral poderá determinar que o provedor de aplicação veicule, por impulsionamento e sem custos, o conteúdo informativo que elucide fato notoriamente inverídico ou gravemente descontextualizado antes impulsionado de forma irregular, nos mesmos moldes e alcance da contratação.

§ 4º As providências mencionadas no *caput* e nos § 1º e 2º deste artigo decorrem da função social e do dever de cuidado dos provedores de aplicação, que orientam seus termos de uso e a prevenção para evitar ou minimizar o uso de seus serviços na prática de ilícitos eleitorais, e não dependem de notificação da autoridade judicial.

§ 5º As ordens para remoção de conteúdo, suspensão de perfis, fornecimento de dados ou outras medidas determinadas pelas autoridades judiciárias, no exercício do poder de polícia ou nas ações eleitorais, observarão o disposto nesta Resolução e na Res.-TSE 23.608/2019, cabendo aos provedores de aplicação cumpri-las e, se o integral atendimento da ordem depender de dados complementares, informar, com objetividade, no prazo de cumprimento, quais dados devem ser fornecidos.

Art. 9º-F. No caso de a propaganda eleitoral na internet veicular fatos notoriamente inverídicos ou gravemente descontextualizados sobre o sistema eletrônico de votação, o processo eleitoral ou a Justiça Eleitoral, as juízas e os juízes mencionados no art. 8º desta Resolução ficarão vinculados, no exercício do poder de polícia e nas representações, às decisões colegiadas do Tribunal Superior Eleitoral sobre a mesma matéria, nas quais tenha sido determinada a remoção ou a manutenção de conteúdos idênticos.

§ 1º Aplica-se o disposto no *caput* deste artigo aos casos em que, a despeito de edição, reestruturação, alterações de palavras ou outros artifícios, métodos ou técnicas para burlar sistemas automáticos de detecção de conteúdo duplicado ou para dificultar a verificação humana, haja similitude substancial entre o conteúdo removido por determinação do Tribunal Superior Eleitoral e o veiculado na propaganda regional ou municipal.

§ 2º Para o cumprimento ao disposto no *caput* deste artigo, as juízas e os juízes eleitorais deverão consultar repositório de decisões colegiadas, que será disponibilizado pelo Tribunal Superior Eleitoral pelo sistema de que trata o art. 9º-G desta Resolução.

§ 3º A ordem de remoção de conteúdo expedida nos termos deste artigo poderá estabelecer prazo inferior a 24 (vinte e quatro) horas para cumprimento da decisão, considerando a gravidade da veiculação e as peculiaridades do processo eleitoral e da eleição em curso ou a se realizar, e observará os demais requisitos constantes do § 4º do art. 38 desta Resolução.

§ 4º O exercício do poder de polícia que contrarie ou exorbite o previsto no § 1º deste artigo permitirá o uso da reclamação administrativa eleitoral, observado o disposto nos arts. 29 e 30 da Res.-TSE 23.608/2019.

Art. 9º-G. As decisões do Tribunal Superior Eleitoral que determinem a remoção de conteúdos que veiculem fatos notoriamente inverídicos ou gravemente descontextualizados que atinjam a integridade do processo eleitoral serão incluídas em repositório disponibilizado para consulta pública.

§ 1º O repositório conterá o número do processo e a íntegra da decisão, da qual serão destacados, para inclusão em campo próprio a cargo da Secretaria Judiciária, o endereço eletrônico em que hospedado o conteúdo a ser removido e a descrição de seus elementos essenciais.

§ 2º As ordens de remoção de que trata este artigo serão dirigidas aos provedores de aplicação, que, no prazo designado para cumprimento, deverão, por meio de acesso identificado no sistema, informar o cumprimento da ordem e, desde que determinado, alimentar o repositório com:

I – o arquivo de texto, imagem, áudio ou vídeo objeto da ordem de remoção;

II – capturas de tela contendo todos os comentários disponíveis no local de hospedagem do conteúdo, se existentes;

III – os metadados relativos ao acesso, como IP, porta, data e horário da publicação;

IV – os metadados relativos ao engajamento da publicação no momento de sua remoção.

§ 3º As informações relativas ao número do processo, ao teor das decisões do Tribunal Superior Eleitoral, à data de remoção, à descrição dos elementos essenciais e aos metadados mencionados no inciso IV do § 2º deste artigo ficarão disponíveis para consulta pública, ressalvadas as hipóteses legais de sigilo.

§ 4º Os dados mencionados nos incisos I a III do § 2º deste artigo serão mantidos sob sigilo, sendo seu acesso restrito às juízas e aos juízes eleitorais e às servidoras e aos servidores autorizadas(os) e feito mediante registro de atividades.

> § 5º É dever das juízas e dos juízes eleitorais acompanhar a atualização do repositório de decisões, para assegurar o devido cumprimento do disposto no art. 9º-E desta Resolução.
>
> § 6º Os dados sigilosos constantes do repositório poderão ser compartilhados por decisão fundamentada:
>
> I – de ofício ou mediante requerimento da autoridade competente, para instaurar ou instruir investigação criminal, administrativa ou eleitoral;
>
> II – mediante requerimento da pessoa autora do conteúdo ou por ela atingido, quando necessários ao exercício do direito de defesa ou de ação;
>
> III – nas demais hipóteses legais.
>
> § 7º O compartilhamento ou a publicação indevida dos dados mencionados nos incisos II e III do § 2º deste artigo sujeita a pessoa responsável às sanções pela divulgação de fatos notoriamente inverídicos ou gravemente descontextualizados sobre o sistema eletrônico de votação, o processo eleitoral ou a atuação da Justiça Eleitoral, sem prejuízo da apuração da conduta criminal correspondente ao vazamento de dados sigilosos ou outras relativas ao caso.
>
> § 8º O repositório também conterá as decisões do Tribunal Superior Eleitoral que indeferiram a remoção de conteúdos, hipótese na qual caberá à Secretaria Judiciária incluir, em campo próprio, o endereço eletrônico da publicação.
>
> Art. 9º-H A remoção de conteúdos que violem o disposto no *caput* do art. 9º e no *caput* e no § 1º do art. 9º-C não impede a aplicação da multa prevista no art. 57-D da Lei 9.504/1997 por decisão judicial em representação.

Inteligência Artificial e DeepFake

A propaganda eleitoral, em suas diversas formas, que faz uso de conteúdo fabricado ou manipulado por tecnologias digitais, incluindo inteligência artificial, deve ser acompanhada de uma informação explícita e destacada indicando que o conteúdo foi fabricado ou manipulado, bem como a tecnologia utilizada. O não cumprimento dessa exigência estará sujeito às penalidades previstas no § 1º do artigo 323 do Código Eleitoral, sem prejuízo de outras medidas relacionadas à ilegalidade do conteúdo.

A fabricação ou manipulação de conteúdo político-eleitoral, conforme mencionado, refere-se à criação ou edição de conteúdo sintético que vai além de ajustes destinados à melhoria da qualidade da imagem ou som. É proibido o uso na propaganda eleitoral, em qualquer forma ou modalidade, de conteúdo fabricado ou manipulado que contenha fatos sabidamente inverídicos ou gravemente descontextualizados, com o potencial de prejudicar o equilíbrio da eleição ou a integridade do processo eleitoral, inclusive por meio de impulsionamento.

Após notificação sobre a ilegalidade de conteúdo impulsionado conforme mencionado, o provedor de aplicação de internet responsável pela circulação adotará as medidas necessárias para a apuração e indisponibilização do conteúdo.

Além disso, passa a ser expressamente proibida a utilização de ferramentas tecnológicas para alterar ou criar áudios, imagens, vídeos ou outras formas de mídia com o propósito de disseminar a crença em eventos falsos relacionados a candidatos, candidatas ou ao processo eleitoral.

Art. 9º-B. A utilização na propaganda eleitoral, em qualquer modalidade, de conteúdo sintético multimídia gerado por meio de inteligência artificial para criar, substituir, omitir, mesclar ou alterar a velocidade ou sobrepor imagens ou sons impõe ao responsável pela propaganda o dever de informar, de modo explícito, destacado e acessível que o conteúdo foi fabricado ou manipulado e a tecnologia utilizada. (Incluído pela Resolução 23.732/2024)

§ 1º As informações mencionadas no *caput* deste artigo devem ser feitas em formato compatível com o tipo de veiculação e serem apresentadas: (Incluído pela Resolução 23.732/2024)

I – no início das peças ou da comunicação feitas por áudio; (Incluído pela Resolução 23.732/2024)

II – por rótulo (marca d'água) e na audiodescrição, nas peças que consistam em imagens estáticas; (Incluído pela Resolução 23.732/2024)

III – na forma dos incisos I e II desse parágrafo, nas peças ou comunicações feitas por vídeo ou áudio e vídeo; (Incluído pela Resolução 23.732/2024)

IV – em cada página ou face de material impresso em que utilizado o conteúdo produzido por inteligência artificial. (Incluído pela Resolução 23.732/2024)

§ 2º O disposto no *caput* e no § 1º deste artigo não se aplica: (Incluído pela Resolução 23.732/2024)

I – aos ajustes destinados a melhorar a qualidade de imagem ou de som; (Incluído pela Resolução 23.732/2024)

II – à produção de elementos gráficos de identidade visual, vinhetas e logomarcas; (Incluído pela Resolução 23.732/2024)

III – a recursos de marketing de uso costumeiro em campanhas, como a montagem de imagens em que pessoas candidatas e apoiadoras aparentam figurar em registro fotográfico único utilizado na confecção de material impresso e digital de propaganda. (Incluído pela Resolução 23.732/2024)

§ 3º O uso de *chatbots*, avatares e conteúdos sintéticos como artifício para intermediar a comunicação de campanha com pessoas naturais submete-se ao disposto no *caput* deste artigo, vedada qualquer simulação de interlocução com a pessoa candidata ou outra pessoa real. (Incluído pela Resolução 23.732/2024)

§ 4º O descumprimento das regras previstas no *caput* e no § 3º deste artigo impõe a imediata remoção do conteúdo ou indisponibilidade do serviço de comunicação, por iniciativa do provedor de aplicação ou determinação judicial, sem prejuízo de apuração nos termos do § 2º do art. 9º-C desta Resolução. (Incluído pela Resolução 23.732/2024)

Art. 9º-C É vedada a utilização, na propaganda eleitoral, qualquer que seja sua forma ou modalidade, de conteúdo fabricado ou manipulado para difundir fatos notoriamente inverídicos ou descontextualizados com potencial para causar danos ao equilíbrio do pleito ou à integridade do processo eleitoral. (Incluído pela Resolução 23.732/2024)

§ 1º É proibido o uso, para prejudicar ou para favorecer candidatura, de conteúdo sintético em formato de áudio, vídeo ou combinação de ambos, que tenha sido gerado ou manipulado digitalmente, ainda que mediante autorização, para criar, substituir ou alterar imagem ou voz de pessoa viva, falecida ou fictícia (*deep fake*). (Incluído pela Resolução 23.732/2024)

§ 2º O descumprimento do previsto no *caput* e no § 1º deste artigo configura abuso do poder político e uso indevido dos meios de comunicação social, acarretando a cassação do registro ou do mandato, e impõe apuração das responsabilidades nos termos do § 1º do art. 323 do Código Eleitoral, sem prejuízo de aplicação de outras medidas cabíveis quanto à irregularidade da propaganda e à ilicitude do conteúdo. (Incluído pela Resolução 23.732/2024)

Art. 10. A propaganda, qualquer que seja sua forma ou modalidade, mencionará sempre a legenda partidária e só poderá ser feita em língua nacional, não devendo empregar meios publicitários destinados a criar, artificialmente, na opinião pública, estados mentais, emocionais ou passionais.

§ 1º-A. A vedação prevista no *caput* deste artigo alcança o uso de ferramentas tecnológicas para adulterar ou fabricar áudios, imagens, vídeos ou outras mídias destinadas a difundir a crença em fato falso relacionado a candidatas, candidatos ou à disputa eleitoral

Lives eleitorais

A transmissão ao vivo (*live*) eleitoral, definida como a divulgação digital feita por um candidato, com ou sem a participação de terceiros, com o intuito de promover candidaturas e angariar apoio do eleitorado, mesmo sem um pedido explícito de votos, configura um ato de campanha eleitoral de natureza pública.

Durante o período eleitoral, o uso de transmissões ao vivo para promoção pessoal ou de ações governamentais por um candidato é equiparado à promoção de sua candidatura. As regras referentes à propaganda eleitoral na internet, incluindo a proibição de transmissão ou retransmissão em sites de pessoas jurídicas, são aplicáveis às transmissões ao vivo eleitorais.

> Art. 29-A. A live eleitoral, entendida como transmissão em meio digital, realizada por candidata ou candidato, com ou sem a participação de terceiros, com o objetivo de promover candidaturas e conquistar a preferência do eleitorado, mesmo sem pedido explícito de voto, constitui ato de campanha eleitoral de natureza pública. (Incluído pela Resolução 23.732/2024)
>
> § 1º A partir de 16 de agosto do ano das eleições, a utilização de live por pessoa candidata para promoção pessoal ou de atos referentes a exercício de mandato, mesmo sem menção ao pleito, equivale à promoção de candidatura, nos termos do *caput* deste artigo. (Incluído pela Resolução 23.732/2024)
>
> § 2º É vedada a transmissão ou retransmissão de live eleitoral: (Incluído pela Resolução 23.732/2024)
>
> I – em site, perfil ou canal de internet pertencente à pessoa jurídica, à exceção do partido político, da federação ou da coligação a que a candidatura seja vinculada (art. 29, § 1º, I, desta Resolução); (Incluído pela Resolução 23.732/2024)
>
> II – por emissora de rádio e de televisão (art. 43, II, desta Resolução). (Incluído pela Resolução 23.732/2024)
>
> § 3º A cobertura jornalística da live eleitoral deve respeitar os limites legais aplicáveis à programação normal de rádio e televisão, cabendo às emissoras zelar para que a exibição de trechos não configure tratamento privilegiado ou exploração econômica de ato de campanha (art. 43, I e § 1º, desta Resolução). (Incluído pela Resolução 23.732/2024)

> Art. 43. A partir de 6 de agosto do ano da eleição, é vedado às emissoras de rádio e de televisão, em sua programação normal e noticiário:
>
> (...)
>
> III – dar tratamento privilegiado a candidata, candidato, partido político, federação ou coligação, inclusive sob a forma de retransmissão de live eleitoral de que trata o art. 29-A desta Resolução; (Redação dada pela Resolução 23.732/2024)

Controvérsias sobre o artigo 9º-E

Um dos pontos polêmicos do novo texto da Resolução é acerca da (i)legalidade do art. 9º-E.

O referido dispositivo determina que os provedores serão solidariamente responsáveis, civil e administrativamente, quando não promoverem a indisponibilização imediata de certos conteúdos e contas, durante o período eleitoral.

Segundo alguns juristas, o texto seria ilegal, uma vez que é contrário às disposições do Marco Civil da Internet, que não prevê tais indisponibilizações e suspensões, tendo em vista que a MP que as previa foi rejeitada.

Assim, tal artigo disporia de tais determinações de forma contrária aos princípios do Marco Civil:

> Art. 3º A disciplina do uso da internet no Brasil tem os seguintes princípios:
>
> I – garantia da liberdade de expressão, comunicação e manifestação de pensamento, nos termos da Constituição Federal;
>
> II – proteção da privacidade;
>
> III – proteção dos dados pessoais, na forma da lei;
>
> IV – preservação e garantia da neutralidade de rede;
>
> V – preservação da estabilidade, segurança e funcionalidade da rede, por meio de medidas técnicas compatíveis com os padrões internacionais e pelo estímulo ao uso de boas práticas;
>
> VI – responsabilização dos agentes de acordo com suas atividades, nos termos da lei;
>
> VII – preservação da natureza participativa da rede;
>
> VIII – liberdade dos modelos de negócios promovidos na internet, desde que não conflitem com os demais princípios estabelecidos nesta Lei.

Art. 9º-E. Os provedores de aplicação serão solidariamente responsáveis, civil e administrativamente, quando não promoverem a indisponibilização imediata de conteúdos e contas, durante o período eleitoral, nos seguintes casos de risco:

I – de condutas, informações e atos antidemocráticos caracterizadores de violação aos artigos 296, parágrafo único; 359-L, 359- M, 359-N, 359-P e 359-R do Código Penal;

II – de divulgação ou compartilhamento de fatos notoriamente inverídicos ou gravemente descontextualizados que atinjam a integridade do processo eleitoral, inclusive os processos de votação, apuração e totalização de votos;

III – de grave ameaça, direta e imediata, de violência ou incitação à violência contra a integridade física de membros e servidores da Justiça eleitoral e Ministério Público eleitoral ou contra a infraestrutura física do Poder Judiciário para restringir ou impedir o exercício dos poderes constitucionais ou a abolição violenta do Estado Democrático de Direito;

IV – de comportamento ou discurso de ódio, inclusive promoção de racismo, homofobia, ideologias nazistas, fascistas ou odiosas contra uma pessoa ou grupo por preconceito de origem, raça, sexo, cor, idade, religião e quaisquer outras formas de discriminação;

V – de divulgação ou compartilhamento de conteúdo fabricado ou manipulado, parcial ou integralmente, por tecnologias digitais, incluindo inteligência artificial, em desacordo com as formas de rotulagem trazidas na presente Resolução.

Outros dispositivos importantes

Além dos artigos pormenorizados acima, trazemos abaixo uma tabela com outros dispositivos constantes na minuta da Resolução e que são pertinentes ao nosso objeto de estudo:

Art. 10. A propaganda, qualquer que seja sua forma ou modalidade, mencionará sempre a legenda partidária e só poderá ser feita em língua nacional, não devendo empregar meios publicitários destinados a criar, artificialmente, na opinião pública, estados mentais, emocionais ou passionais (Código Eleitoral, art. 242, e Lei 10.436/2002, arts. 1º e 2º).

(...)

§ 6º-B. Nas eleições municipais em Municípios com menos de 200.000 eleitores, os partidos políticos, as federações, as coligações, as candidatas, os candidatos serão considerados agentes de tratamento de pequeno porte, aplicando-se, no que couber, o disposto na Resolução CD/ANPD 2 de 2022, em especial:

I – a dispensa de indicar encarregado pelo tratamento de dados pessoais, mantida a obrigação de disponibilizar canal de comunicação (art. 11, Resolução CD/ANPD 2 de 2022);

II – a faculdade de estabelecer política simplificada de segurança da informação, que deverá contemplar requisitos essenciais e necessários para o tratamento de dados pessoais, com o objetivo de protegê-los de acessos não autorizados e de situações acidentais ou ilícitas de destruição, perda, alteração, comunicação ou qualquer forma de tratamento inadequado ou ilícito (art. 13, Resolução CD/ANPD 2 de 2022).

§ 7º O tratamento de dados tornados manifestamente públicos pela(o) titular realizado por candidatas, candidatos, partidos políticos, federações ou coligações para fins de propaganda eleitoral deverá ser devidamente informado à(ao) titular, garantindo a esta(este) o direito de opor-se ao tratamento, resguardados os direitos da(o) titular, os princípios e as demais normas previstas na Lei Geral de Proteção de Dados (LGPD).

Art. 27. É permitida a propaganda eleitoral na internet a partir do dia 16 de agosto do ano da eleição (Lei 9.504/1997, art. 57-A). (Vide, para as Eleições de 2020, art. 11, inciso II, da Resolução 23.624/2020)

§ 1º A livre manifestação do pensamento de pessoa eleitora identificada ou identificável na internet somente é passível de limitação quando ofender a honra ou a imagem de candidatas, candidatos, partidos, federações ou coligações, ou divulgar fatos sabidamente inverídicos, observado o disposto no art. 9º-A desta Resolução.

§ 2º As manifestações de apoio ou crítica a partido político ou a candidata ou candidato ocorridas antes da data prevista no *caput* deste artigo, próprias do debate democrático, são regidas pela liberdade de manifestação.

Art. 27-A. O provedor de aplicação que preste serviço de impulsionamento de conteúdos político-eleitorais, inclusive sob a forma de priorização de resultado de busca, deverá:

I – manter repositório desses anúncios para acompanhamento, em tempo real, do conteúdo, dos valores, dos responsáveis pelo pagamento e das características dos grupos populacionais que compõem a audiência (perfilamento) da publicidade contratada;

II – disponibilizar ferramenta de consulta, acessível e de fácil manejo, que permita realizar busca avançada nos dados do repositório que contenha, no mínimo:

a) buscas de anúncios a partir de palavras-chave, termos de interesse e nomes de anunciantes;

b) acesso a informações precisas sobre os valores despendidos, o período do impulsionamento, a quantidade de pessoas atingidas e os critérios de segmentação definidos pela(o) anunciante no momento da veiculação do anúncio;

c) coletas sistemáticas, por meio de interface dedicada (application programming interface – API), de dados de anúncios, incluindo seu conteúdo, gasto, alcance, público atingido e responsáveis pelo pagamento.

§ 1º Para os fins desse artigo, caracteriza conteúdo político-eleitoral, independente da classificação feita pela plataforma, aquele que versar sobre eleições, partidos políticos, federações e coligações, cargos eletivos, pessoas detentoras de cargos eletivos, pessoas candidatas, propostas de governo, projetos de lei, exercício do direito ao voto e de outros direitos políticos ou matérias relacionadas ao processo eleitoral.

§ 2º As medidas previstas nos incisos do *caput* deste artigo deverão ser implementadas:

I – em até 60 (sessenta) dias, a contar da entrada em vigor desta norma, no caso de provedor de aplicação que já ofereça serviço de impulsionamento no Brasil;

II – a partir do início da prestação do serviço de impulsionamento no Brasil, no caso de provedor de aplicação que passe a oferecê-lo após a entrada em vigor desta norma.

§ 3º As medidas previstas no *caput* deste artigo são de cumprimento permanente, inclusive em anos não eleitorais e períodos pré e pós-eleições.

§ 4º O cumprimento do disposto neste artigo é requisito para o credenciamento, na Justiça Eleitoral, do provedor de aplicação que pretenda, nos termos dos §§ 3º e 9º do art. 29 desta Resolução, prestar serviço de impulsionamento de propaganda eleitoral.

Art. 28. A propaganda eleitoral na internet poderá ser realizada nas seguintes formas (Lei 9.504/1997, art. 57-B, I a IV):

(...)

IV – por meio de blogs, redes sociais, sítios de mensagens instantâneas e aplicações de internet assemelhadas, dentre as quais aplicativos de mensagens instantâneas, cujo conteúdo seja gerado ou editado por:

(...)

b) pessoa natural, vedada: (Redação dada pela Resolução 23.732/2024)

1. a contratação de impulsionamento e de disparo em massa de conteúdo nos termos do art. 34 desta Resolução (Lei 9.504/1997, art. 57-J);

2. a remuneração, a monetização ou a concessão de outra vantagem econômica como retribuição à pessoa titular do canal ou perfil, paga pelas(os) beneficiárias(os) da propaganda ou por terceiros.

(...)

§ 1º Os endereços eletrônicos das aplicações de que trata este artigo, incluídos os canais publicamente acessíveis em aplicativos de mensagens, fóruns online e plataformas digitais, salvo aqueles de iniciativa de pessoa natural, deverão ser comunicados à Justiça Eleitoral impreterivelmente:

I – no RRC ou no DRAP, se preexistentes, podendo ser mantidos durante todo o período eleitoral os mesmos endereços eletrônicos em uso antes do início da propaganda eleitoral (Lei 9.504/1997, art. 57-B, § 1º);

II – no prazo de 24 (vinte e quatro) horas a contar de sua criação, se ocorrer no curso da campanha.

§ 1º-A. Os provedores de aplicação que utilizarem sistema de recomendação a usuárias e usuários deverão excluir dos resultados os canais e perfis informados à Justiça Eleitoral nos termos do § 1º deste artigo e, com exceção das hipóteses legais de impulsionamento pago, os conteúdos neles postados.

§ 6º-A. Observado o disposto no § 6º e nos itens 1 e 2 da alínea b do inciso IV do *caput* deste artigo, é lícita a veiculação de propaganda eleitoral em canais e perfis de pessoas naturais que:

I – alcancem grande audiência na internet; (Incluído pela Resolução 23.732/2024)

II – ou participem de atos de mobilização nas redes para ampliar o alcance orgânico da mensagem, como o compartilhamento simultâneo de material distribuído aos participantes, a convocação para eventos virtuais e presenciais e a utilização de *hashtags*.

§ 6º-B. Não se aplica o disposto no inciso II do § 6º-A deste artigo para fins ilícitos, sob pena de responsabilização das pessoas organizadoras, das criadoras do conteúdo, das distribuidoras e das participantes, na proporção de suas condutas, pelos ilícitos eleitorais e penais.

§ 7º Para os fins desta Resolução, inclui-se entre as formas de impulsionamento de conteúdo a priorização paga de conteúdos resultantes de aplicações de busca na internet (Lei 9.504/1997, art. 26, § 2º).

§ 7º-A. O impulsionamento de conteúdo em provedor de aplicação de internet somente poderá ser utilizado para promover ou beneficiar candidatura, partido político ou federação que o contrate, sendo vedado o uso do impulsionamento para propaganda negativa.

§ 7º-B. É vedada a priorização paga de conteúdos em aplicações de busca na internet que:

I – promova propaganda negativa;

II – utilize como palavra-chave nome, sigla, alcunha ou apelido de partido, federação, coligação, candidata ou candidato adversário, mesmo com a finalidade de promover propaganda positiva do responsável pelo impulsionamento;

III – ou difunda dados falsos, notícias fraudulentas ou fatos notoriamente inverídicos ou gravemente descontextualizados, ainda que benéficas à usuária ou a usuário responsável pelo impulsionamento.

§ 7º-C. Sem prejuízo da aplicação do disposto no § 5º deste artigo, as condutas que violarem os §§ 7º-A e 7º-B poderão ser objeto de ações em que se apure a prática de abuso de poder.

(...)

§ 11. É vedada, desde 48 (quarenta e oito) horas antes até 24 (vinte e quatro) horas depois da eleição, a circulação paga ou impulsionada de propaganda eleitoral na internet, mesmo se a contratação tiver sido realizada antes desse prazo, cabendo ao provedor de aplicação, que comercializa o impulsionamento, realizar o desligamento da veiculação de propaganda eleitoral.

Art. 33-B. Cabe aos provedores de aplicação, aos partidos políticos, às federações, às coligações, às candidatas ou aos candidatos, quando realizarem tratamento de dados pessoais para fins de propaganda eleitoral:

I – garantir o acesso facilitado às informações sobre o tratamento de dados, previsto no art. 9º da Lei 13.709/2018, em especial quanto aos dados utilizados para realizar perfilamento de usuárias e usuários com vistas ao microdirecionamento da propaganda eleitoral;

II – garantir o cumprimento dos direitos previstos nos arts. 17 a 20 da Lei 13.709/2018;

III – adotar as medidas necessárias para a proteção contra a discriminação ilícita e abusiva, nos termos do inciso IX do art. 6º da Lei 13.709/2018;

IV – usar os dados exclusivamente para as finalidades explicitadas e consentidas pela pessoa titular, respeitando os princípios da finalidade, da necessidade e da adequação;

V – implementar medidas de segurança técnica e administrativa para proteger os dados pessoais de acessos não autorizados e de situações acidentais ou ilícitas que possam levar à destruição, perda, alteração, comunicação ou difusão dos dados, nos termos do art. 46 da Lei 13.709/2018;

VI – notificar, em caso de incidentes de segurança que possam acarretar riscos ou danos relevantes às(aos) titulares dos dados, a autoridade nacional e às(aos) titulares afetadas(os), nos termos do art. 48 da Lei 13.709/2018.

§ 1º Na propaganda eleitoral, o tratamento de dados pessoais sensíveis ou de dados pessoais que possam revelar dados pessoais sensíveis exige, além do disposto nos incisos do *caput* deste artigo, o consentimento específico, expresso e destacado do titular.

§ 2º No caso de dados pessoais sensíveis a que a candidata ou o candidato tenha acesso pessoalmente em decorrência de seu núcleo familiar, de suas relações sociais e de seus vínculos comunitários, como a participação em grupos religiosos, associações e movimentos, o consentimento específico, expresso e destacado de que trata o § 1º deste artigo somente será exigido para a transferência a terceiros, respondendo o cedente por divulgação ou vazamento.

§ 3º É dever de partidos políticos, federações, coligações, candidatas e candidatos exigir e fiscalizar o cumprimento do disposto neste artigo pelas pessoas e empresas contratadas por suas campanhas.

§ 4º O descumprimento do disposto neste artigo e no § 1º do art. 31 desta Resolução acarretará a remoção do conteúdo veiculado e a comunicação do fato à Autoridade Nacional da Proteção de Dados, a quem compete avaliar a aplicação das sanções previstas no art. 52 da Lei 13.702/2018, sem prejuízo da eventual apuração de ilícitos eleitorais ou crimes.

Art. 33-C. Para os fins previstos nesta Resolução, os partidos políticos, as federações, as coligações, as candidatas e os candidatos devem manter o registro das operações de tratamento de dados pessoais, nele contendo, ao menos:

I – o tipo do dado e a sua origem;

II – as categorias de titulares;

III – a descrição do processo e da finalidade;

IV – o fundamento legal;

V – a duração prevista para o tratamento, nos termos da Lei 13.709/2018;

VI – o período de armazenamento dos dados pessoais;

VII – a descrição do fluxo de compartilhamento de dados pessoais, se couber;

VIII – os instrumentos contratuais que especifiquem o papel e as responsabilidades de controladores e operadores;

IX – as medidas de segurança utilizadas, incluindo boas práticas e políticas de governança.

§ 1º A Justiça Eleitoral disponibilizará modelo para o registro de operações simplificado de que trata o *caput* deste artigo.

§ 2º O registro de operações deverá ser conservado pelas pessoas mencionadas no *caput* deste artigo durante o período eleitoral, permanecendo a obrigação em caso de ajuizamento de ação na qual se apure irregularidade ou ilicitude no tratamento de dados pelas campanhas.

§ 3º Nas ações mencionadas no § 2º deste artigo, a autoridade eleitoral poderá determinar a exibição do registro de operações e de documentos que o corroborem.

Art. 33-D. Nas eleições para os cargos de Presidente da República, Governador, Senador e Prefeito das capitais dos Estados, a Justiça Eleitoral poderá determinar a elaboração de relatório de impacto à proteção de dados nos casos em que o tratamento representa alto risco.

§ 1º Considera-se de alto risco o tratamento de dados pessoais que, cumulativamente:

I – seja realizado em larga escala, assim caracterizado quando abranger número de titulares equivalente a, no mínimo, 10% (dez por cento) do eleitorado apto da circunscrição;

II – envolva o uso de dados pessoais sensíveis ou de tecnologias inovadoras ou emergentes para perfilamento de eleitoras e eleitores com vistas ao microdirecionamento da propaganda eleitoral e da comunicação da campanha.

§ 2º A autoridade eleitoral que concluir necessários os relatórios de impacto na circunscrição expedirá, até o dia 16 de agosto do ano das eleições, ofício dirigido a todos os partidos políticos, federações e coligações que registrarem candidaturas para os cargos mencionados no *caput* deste artigo, informando o prazo em que deverá ser atendida a requisição.

§ 3º Nas eleições gerais, a análise de necessidade do relatório de impacto e a expedição de ofício caberá à(ao) presidente do Tribunal da circunscrição.

§ 4º O relatório de impacto será elaborado sob responsabilidade conjunta da candidata ou do candidato e do partido político, da federação ou da coligação pela qual concorre, devendo conter, no mínimo:

I – a descrição dos tipos de dados pessoais coletados e tratados;

II – os riscos identificados;

III – a metodologia usada para o tratamento e para a garantia de segurança das informações;

IV – as medidas, salvaguardas e instrumentos adotados para mitigação de riscos.

§ 5º As campanhas que não realizarem tratamento de alto risco deverão informar, no prazo de resposta ao ofício, o(s) requisito(s) do § 1º deste artigo que não preenchem.

§ 6º Os relatórios recebidos e as informações prestadas nos termos do § 5º deste artigo serão disponibilizados no site da Justiça Eleitoral para consulta pública.

§ 7º O disposto neste artigo não exclui o exercício simultâneo da competência da Autoridade Nacional de Proteção de Dados prevista no art. 38 da Lei 13.709/2018.

Art. 37. Para o fim desta Resolução, considera-se:

(...)

I – internet: o sistema constituído do conjunto de protocolos lógicos, estruturado em escala mundial para uso público e irrestrito, com a finalidade de possibilitar a comunicação de dados entre terminais por meio de diferentes redes;

II – terminal: o computador ou qualquer dispositivo que se conecte à internet;

III – endereço de protocolo de internet (endereço IP): o código numérico ou alfanumérico atribuído a um terminal de uma rede para permitir sua identificação, definido segundo parâmetros internacionais;

IV – administradora ou administrador de sistema autônomo: a pessoa física ou jurídica que administra blocos de endereço IP específicos e o respectivo sistema autônomo de roteamento, devidamente cadastrada no ente nacional responsável pelo registro e pela distribuição de endereços IP geograficamente referentes ao país;

V – conexão à internet: a habilitação de um terminal para envio e recebimento de pacotes de dados pela internet, mediante a atribuição ou autenticação de um endereço IP;

VI – registro de conexão: o conjunto de informações referentes à data e hora de início e término de uma conexão à internet, sua duração e o endereço IP utilizado pelo terminal para o envio e recebimento de pacotes de dados;

VII – aplicações de internet: o conjunto de funcionalidades que podem ser acessadas por meio de um terminal conectado à internet;

VIII – registros de acesso a aplicações de internet: o conjunto de informações referentes à data e hora de uso de uma determinada aplicação de internet a partir de um determinado endereço IP;

IX – conteúdo de internet: páginas, textos, arquivos, fotos, vídeos, ou qualquer outro elemento digital que possa ser armazenado na internet e que esteja acessível por meio de uma URI (Uniform Resource Indicator), URL (Uniform Resource Locator) ou URN (Uniform Resource Name);

X – sítio hospedado diretamente em provedor de internet estabelecido no país: aquele cujo endereço (URL Uniform Resource Locator) é registrado no organismo regulador da internet no Brasil e cujo conteúdo é mantido pelo provedor de hospedagem em servidor instalado em solo brasileiro;

XI – sítio hospedado indiretamente em provedor de internet estabelecido no país: aquele cujo endereço é registrado em organismos internacionais e cujo conteúdo é mantido por provedor de hospedagem em equipamento servidor instalado em solo brasileiro;

XII – sítio: o endereço eletrônico na internet subdividido em uma ou mais páginas que possam ser acessadas com base na mesma raiz;

XIII – blog: o endereço eletrônico na internet, mantido ou não por provedor de hospedagem, composto por uma única página em caráter pessoal;

XIV – impulsionamento de conteúdo: o mecanismo ou serviço que, mediante contratação com os provedores de aplicação de internet, potencializem o alcance e a divulgação da informação para atingir usuárias e usuários que, normalmente, não teriam acesso ao seu conteúdo, incluída entre as formas de impulsionamento a priorização paga de conteúdos resultantes de aplicações de busca na internet, nos termos do art. 26, § 2º, da Lei 9.504/1997;

XV – rede social na internet: a estrutura social composta por pessoas ou organizações, conectadas por um ou vários tipos de relações, que compartilham valores e objetivos comuns;

XVI – aplicativo de mensagens instantâneas ou chamada de voz: o aplicativo multiplataforma de mensagens instantâneas e chamadas de voz para smartphones;

XVII – provedor de conexão à internet: a pessoa jurídica fornecedora de serviços que consistem em possibilitar o acesso de seus consumidores à internet;

XVIII – provedor de aplicação de internet: a empresa, organização ou pessoa natural que, de forma profissional ou amadora, forneça um conjunto de funcionalidades que podem ser acessadas por meio de um terminal conectado à internet, não importando se os objetivos são econômicos;

XIX – endereço eletrônico: conjunto de letras, números e/ou símbolos utilizados com o propósito de receber, enviar ou armazenar comunicações ou conteúdos por meio eletrônico, incluindo, mas não se limitando a endereço de e-mail, número de protocolo de internet, perfis em redes sociais, números de telefone;

XX – cadastro de endereços eletrônicos: relação com um ou mais dos endereços referidos no inciso XIX deste artigo;

XXI – disparo em massa: estratégia coordenada de envio, compartilhamento ou encaminhamento de um mesmo conteúdo, ou de suas variações, para grande número de destinatárias e destinatários, por qualquer meio de comunicação interpessoal;

XXII – dado pessoal: informação relacionada a pessoa natural identificada ou identificável;

XXIII – dado pessoal sensível: dado pessoal sobre origem racial ou étnica, convicção religiosa, opinião política, filiação a sindicato ou a organização de caráter religioso, filosófico ou político, dado referente à saúde ou à vida sexual, dado genético ou biométrico, quando vinculado a uma pessoa natural;

XXIV – titular: pessoa natural a quem se referem os dados pessoais que são objeto de tratamento;

XXV – controlador: pessoa natural ou jurídica, de direito público ou privado, a quem competem as decisões referentes ao tratamento de dados pessoais;

XXVI – tratamento: toda operação realizada com dados pessoais, como as que se referem à coleta, à produção, à recepção, à classificação, à utilização, ao acesso, à reprodução, à transmissão, à distribuição, ao processamento, ao arquivamento, ao armazenamento, à eliminação, à avaliação ou ao controle da informação, à modificação, à comunicação, à transferência, à difusão ou à extração;

XXVII – consentimento: manifestação livre, informada e inequívoca pela qual a pessoa que é titular concorda com o tratamento de seus dados pessoais para uma finalidade determinada;

XXVIII – eliminação de dados pessoais: exclusão de dado ou de conjunto de dados armazenados em banco de dados, independentemente do procedimento empregado;

XXIX – descadastramento: impedimento de utilização de dados pessoais para fins de envio de comunicações, a pedido da pessoa que é titular;

XXX – operador: pessoa natural ou jurídica, de direito público ou privado, que realiza o tratamento de dados pessoais em nome do controlador;

XXXI – encarregado: pessoa indicada pelo controlador para intermediar a comunicação com a Autoridade Nacional de Proteção de Dados, orientar o pessoal de campanha sobre as práticas a serem adotadas em relação à proteção de dados pessoais e prestar esclarecimentos e tomar providências sobre as reclamações e comunicações formuladas pelos titulares;

XXXII – perfilamento: tratamento de múltiplos tipos de dados de pessoa natural, identificada ou identificável, em geral realizado de modo automatizado, com o objetivo de formar perfis baseados em padrões de comportamento, gostos, hábitos, preferências e de classificar esses perfis em grupos e setores, utilizando-os para análises ou previsões de movimentos e tendências de interesse político-eleitoral;

XXXIII – microdirecionamento: estratégia de segmentação da propaganda eleitoral ou da comunicação de campanha que consiste em selecionar pessoas, grupos ou setores, classificados por meio de perfilamento, como público-alvo ou audiência de mensagens, ações e conteúdos político-eleitorais desenvolvidos com base nos interesses perfilados, visando ampliar a influência sobre seu comportamento;

XXXIV – inteligência artificial (IA): sistema computacional desenvolvido com base em lógica, em representação do conhecimento ou em aprendizagem de máquina, obtendo arquitetura que o habilita a utilizar dados de entrada provenientes de máquinas ou seres humanos para, com maior ou menor grau de autonomia, produzir conteúdos sintéticos, previsões, recomendações ou decisões que atendam a um conjunto de objetivos previamente definidos e sejam aptos a influenciar ambientes virtuais ou reais;

XXXV – conteúdo sintético: imagem, vídeo, áudio, texto ou objeto virtual gerado ou significativamente modificado por tecnologia digital, incluída a inteligência artificial.

5
DAS POSSÍVEIS OCORRÊNCIAS CRIMINAIS NA PROPAGANDA ELEITORAL NA INTERNET

5.1 INTRODUÇÃO SOBRE POSSIBILIDADE DE ENQUADRAMENTO CRIMINAL DA PROPAGANDA ELEITORAL NA INTERNET

Antes de adentramos na explanação sobre quando e como propagandas eleitorais na internet podem virar caso de polícia, é necessário tecer alguns comentários sobre a política criminal eleitoral e sua importância para a defesa do sufrágio.

O Direito Penal e a criminalização, em uma ótica democrática, devem ser sempre analisados perante as demais áreas do direito como *ultima ratio*, obedecendo um papel de proteção dos indivíduos e da sociedade com caráter subsidiário e fragmentado.[1] Isto é, entende-se que o Direito Penal é a forma de intervenção lícita do Estado mais gravosa e violenta sobre os seus cidadãos. Portanto, deve haver uma intervenção mínima,[2] sendo admissível tão somente como última técnica de controle social e jurídico para proteger o bem jurídico tutelado.

Cabível, assim sendo, proceder-se com o entendimento de que a legislação penal eleitoral é estritamente veiculada à proteção de bens jurídicos mais im-

---
1. "Por um lado, proteção subsidiária porque supõe a atuação principal de meios de proteção mais efetivos do instrumental sociopolítico e jurídico do Estado; por outro, proteção fragmentária porque não protege todos os bens jurídicos definidos pela Constituição da República e protege apenas parcialmente os bens jurídicos selecionados para proteção penal." In: CIRINO DOS SANTOS, Juarez. *Direito Penal*: Parte Geral. Florianópolis: Empório do Direito, 2017.
2. A intervenção mínima é reconhecida no âmbito do Direito Eleitoral sem peias. Assim afirma René González de la Vega, doutrinador mexicano, ao dizer que "Surge una más sólida justicia electoral y se diseña un mínimo del mínimo ético político, para sancionar penalmente las conductas electorales ilícitas, de alto grado de intolerabilidad social" (p. 124) e, mais adiante, que "Es en rigor, la rama jurídica que desfila en último lugar; ninguna sociedad, ningún gobierno, pueden sustentar su convivencia y buen desempeño, en los textos penales. Lo contrario sería pensar en una sociedad primitiva, sin destino envidiable, de vida mortificante y, finalmente, bárbara y desconfiada" (p. 229) (GONZÁLEZ DE LA VEGA, René. *Derecho penal electoral*. 3. ed. Cidade do México: Editorial Porrúa, 1994).

portantes, sem disputar espaços com infrações que melhores cabem no sancionamento civil ou administrativo.[3]

A partir dessa premissa e entendido o papel e a importância das eleições, bem como a necessidade de se proteger a lisura, transparência e justiça do pleito, julgou o legislador necessária a criminalização de condutas humanas que possuam uma proporção de injusto para além do enquadramento como infrações administrativas eleitorais.

Obviamente que, quando da criação do Código Eleitoral (1965), não se imaginava a existência, proporção e importância que a internet (criada em 1969), teria perante o eleitorado, nem sua utilização popular e massiva no contexto eleitoral. Mas, ao se observar o contexto histórico, é possível perceber que, mesmo antes de sua criação, a preocupação do legislador já era a mesma dos dias atuais em essência. Qual seja: proteger de informações falsas o eleitorado, proteger a honra e integridade dos candidatos e demais participantes do pleito, e proteger a liberdade e o direito à propaganda eleitoral.

Com esse intuito se cria no Código Eleitoral Brasileiro o capítulo II, destinado a prever "os crimes eleitorais". Neste capítulo estão dispostas todas as condutas que, na análise legislativa, ultrapassam a mera infração administrativa e merecem "punição mais severa",[4] com pequenas modificações e atualizações durante o tempo, sendo, a última modificação legislativa neste capítulo do Código Eleitoral, até a atualização desta obra, ocorrida em 2021.

Como bem se sabe, desde o ano de 1996, o sistema eleitoral brasileiro se modificou drasticamente, ante a implementação das urnas eletrônicas que hoje são 100% de nossos sistema eleitoral e, com isso, vários dos crimes eleitorais que constam no Código Eleitoral perderam seu objeto e razão de ser, porém, seguem lá expostos aguardando uma reforma legislativa que já tarda a vir.

Mesmo assim, não se deixou de aplicar e interpretar o cometimento de crimes eleitorais pelos delitos ali tipificados ao longo dos anos, inclusive, com o aceite da prática desses delitos através da internet e, muitas vezes, até mesmo durante a campanha e propaganda eleitoral. De forma que, a partir do próximo tópico, passaremos a análise dos crimes eleitorais em vigência atualmente e a seu enquadramento nas propagandas eleitorais na internet, afim de identificar os

---

3. GONÇALVES, Luiz Carlos dos Santos. *Crimes Eleitorais e Processo Penal Eleitoral*. 2. Ed. – São Paulo: Atlas, 2015.
4. Utilizou-se aspas para a expressão "punição mais severa", pois, ao se analisar as penas que são impostas aos crimes eleitorais, percebe-se que 95% destes estão o acusado faz jus a acordos através dos chamados institutos despenalizadores, assim, sendo primário e preenchendo os requisitos legais não responderá ao processo penal e nem terá anotação de reincidência ou condenação, mantendo sua primariedade técnica.

riscos de se reproduzir, compartilhar ou criar conteúdos em desconformidade com as regras eleitorais.

5.2 DA NECESSIDADE DE DIFERENCIAÇÃO ENTRE INFRAÇÃO ELEITORAL E CRIME ELEITORAL

Ponto de partida para entendermos os riscos do cometimento de crimes eleitorais se faz a partir da necessidade da diferenciação entre as infrações administrativas e as condutas criminais. Lembrando que, em razão do princípio da independência, condutas consideradas infrações eleitorais também podem ser interpretadas como criminosas, bem como, condutas criminosas também podem ter o reconhecimento de gravidade administrativa eleitoral e gerar sanções para candidatos e partidos políticos.

Para alcançar esse objetivo, é fundamental verificar a legitimidade dos limites estabelecidos pelo Direito Penal. Isso envolve identificar o bem jurídico que se busca proteger e ponderar se ele possui importância significativa o bastante para justificar, mesmo que temporariamente e em determinadas circunstâncias, a restrição à liberdade de expressão, um direito com reconhecimento constitucional incontestável.

Para Fernando Neisser, caso seja reconhecida tal relevância, forçoso perquirir se é necessário que o maquinário do Direito Penal seja colocado à disposição desta finalidade. Em outras palavras, nem todos os bens jurídicos precisam ser protegidos contra qualquer possível ação direcionada a eles. A justificativa para proteção está relacionada à capacidade potencial, mesmo que teórica, de uma ação em particular causar dano ou ameaçar um bem jurídico.[5]

A importância dessa análise de dá, principalmente, quando são analisadas as sanções impostas em cada âmbito perante a gravidade das condutas realizadas.

Não é raro ouvir de especialistas em direito eleitoral que o estudo dos crimes eleitorais é menos importante na área em razão das baixas penalidades quando comparado as sanções constatadas a partir e infrações eleitorais e, na análise geral, a constatação não está toda errada.

Isso se dá por alguns fatores. O primeiro deles, como dito anteriormente é a baixa pena aplicada a grande parte dos crimes eleitorais, o que, pois, em sua grande maioria a pena mínima é menor de 1 (um) ano e a máxima não ultrapassada (5) cinco anos. Assim, os crimes eleitorais que não possuírem possibilidade

---

5. NEISSER, Fernando Gaspar. *Crime e mentira na política*. Belo Horizonte: Fórum, 2016. p. 115.

de realização de acordo através dos institutos despenalizadores,[6] ainda, tem a possibilidade de ter uma possível condenação convertida em pena restritiva de direito, impedindo prisão e também não permitindo a ocorrência de inelegibilidade pela inteligência do item 4, da alínea 'e', do art. 22, da Lei Complementar 64/90 (Lei da Ficha Limpa). Por outro lado, ao adentramos ao estudo de penalização das infrações eleitorais, percebe-se que a sanção de cassação de registro e diploma e a declaração de inelegibilidade, para além das multas eleitorais, tornam a preocupação do agente muito maior quando da ocorrência e acusação de infrações eleitorais.

Para entendermos as diferenças das infrações eleitorais e dos crimes eleitorais temos que, antes de tudo, entender um pouco sobre o bem jurídico tutelado. Pode se dizer que o bem jurídico tutelado nos crimes eleitorais é a lisura e a legitimidade das eleições e do processo eleitoral, a igualdade entre os candidatos e a regularidade da prestação administrativa da Justiça Eleitoral. Tal como nos crimes eleitorais, quando se busca o bem jurídico tutelado nas infrações eleitorais também é a lisura, legitimidade, proteção de igualdade do pleito entre os candidatos e transparência. Tais afirmações são trazidas por julgados do TSE e reafirmados por autores do âmbito eleitoral.[7] Assim, pode-se afirmar que, em regra, as consequências eleitorais para aqueles acusados e condenados por infrações eleitorais pode ser muito mais gravosa do que as penas aplicadas aqueles que respondem e são condenados em crimes eleitorais.

---

6. Os institutos despenalizadores são aqueles previstos na Lei 9099/95, sendo eles: transação penal e suspensão condicional do processo e no art. 28-A do Código de Processo Penal, sendo o Acordo de Não Persecução Penal.
7. Eleições 2016. Agravo regimental. Agravo. Negativa de seguimento. Captação e gasto ilícito de campanha. Art. 30-A da Lei 9.504/97. Desaprovação de contas. Lisura do pleito. Igualdade contendores. Não comprometimento. Cassação do diploma. Relevância jurídica. Ausência. Desprovimento. 2. A representação instituída pelo art. 30-A tem por finalidade apurar condutas dissonantes com as normas que disciplinam a arrecadação dos gastos de recursos. *O bem jurídico que se quer proteger é a lisura da campanha e a igualdade entre os candidatos.* Necessário, ainda, a aferição da relevância jurídica do ilícito, de modo que a aplicação da gravosa sanção de cassação do diploma obedeça à necessária proporcionalidade. 3. Assim, referido comando legal não tem aplicação automática. Para caracterizar o ilícito do art. 30-A da Lei. Minuta do Voto – 01.04.2024 217 das Eleições, mister se faz a análise do conjunto de fatores materiais de cada caso para aferir pontualmente se os postulados da igualdade e da lisura do pleito foram transgredidos. O que se impõe para a perfeição da conduta é que o fato tenha aptidão lesiva ao bem jurídico protegido pela norma. 4. Nessa linha de raciocínio, esta Corte Superior entende que "o postulado da razoabilidade consubstancia parâmetro normativo adequado para aferir a gravidade e a relevância jurídica do ilícito em processos envolvendo a captação ou gasto ilícito de recursos em campanhas eleitorais, a teor do art. 30-A da Lei das Eleições" (AC 151-69/PE, Rel. Min. Luiz Fux, DJe de 19.12.2016). E ainda: RO 12-33/TO, Rel. Min. Luciana Lóssio, DJe de 1.2.2017, e RO 12-39/PR, Rel. Min. Gilmar Mendes, DJe de 03.08.2018. (...) 7. Agravo regimental desprovido. (TSE – Agravo Regimental em Agravo de Instrumento 252, Acórdão, Min. Tarcisio Vieira De Carvalho Neto, Publicação: DJE – Diário de Justiça Eletrônico, 08.11.2018).

A expressão "em regra" deve ser utilizada pois, desde o advento do julgamento do Inquérito 4435,[8] pelo Supremo Tribunal Federal, se afirmou a prevalência da Justiça Eleitoral para julgamento dos crimes comuns praticados em conexão com crimes eleitorais. Com isso, abre-se um leque grande de absorção pela Justiça Eleitoral de crimes com penas altas o que distancia a nova realidade daquela anteriormente vivida.

Assim, tendo em vista que a maioria dos crimes eleitorais tem pena mínima menor de 1 (um ano) e máxima que não ultrapassada 5 (cinco) anos, em regra, a depender da primariedade e do cumprimento dos requisitos legais do acusado, este fará jus a acordos possibilitados pela lei e, ante o aceite e cumprimento das condições impostas, não será necessário responder a um processo penal e nem cumprir uma penalidade propriamente dita, mantendo sua primariedade técnica e bons antecedentes.

Já no caso das infrações eleitorais a análise irá depender da gravidade da conduta praticada, podendo tanto ser interpretada como de baixa gravidade com absolvição ou aplicação de multa a depender do caso e acusação concreta, como possuir efeitos pesados como cassação de registro de candidatura ou diploma (caso eleito), além da penalização por inelegibilidade caso comprovada a gravidade da conduta praticada.

Outra diferenciação entre as ações está no procedimento. Enquanto a ação processual penal vai ter sua base estabelecida, em regra, no Código Eleitoral e subsidiariamente no Código de Processo Penal, as infrações eleitorais terão, quando graves, seu procedimento estabelecido no art. 22, da Lei Complementar 64/90 (Lei da Ficha Limpa), devendo ocorrer a instrução em regra pelo rito sumário, possibilitando as partes produzirem provas orais, perícias e ter sempre respeitado o contraditório e ampla defesa.

5.3 DOS TIPOS PENAIS EM ESPÉCIE E SEU ENQUADRAMENTO QUANDO COMETIDOS DURANTE A PROPAGANDA ELEITORAL NA INTERNET

Ultrapassada a fase de conhecimento procedimental e feitos os apontamentos iniciais, faz-se necessário adentrar na análise dos crimes eleitorais em espécie mais usuais nas propagandas eleitorais na internet.

Os crimes penais em espécie, como dito acima, encontram-se descritos no Código Eleitoral, mas, também há crimes eleitorais na lei de transporte de eleitores (Lei 6.091/74) e na Lei 9.507/97.

---

8. Disponível em: https://www.conjur.com.br/2021-set-17/limite-penal-stf-reafirma-prevalencia-justica-eleitoral-federal/.

Por óbvio que nesta obra não se pretende exaurir todas as possíveis aplicações de crimes eleitorais vigentes na propaganda eleitoral na internet, será feito um pequeno detalhamento dos mais usualmente julgados pela Justiça Eleitoral.

5.3.1 Divulgação de fato sabidamente inverídico

Iniciamos o trabalho com o delito do art. 323, do Código Eleitoral, que assim dispõe:

> Art. 323. Divulgar, na propaganda eleitoral ou durante período de campanha eleitoral, fatos que sabe inverídicos em relação a partidos ou a candidatos e capazes de exercer influência perante o eleitorado:
> Pena: detenção de dois meses a um ano, ou pagamento de 120 a 150 dias-multa.

A partir do texto legal, verifica-se uma cristalina preocupação do legislador com o impacto que informações falsas divulgadas na esfera da comunicação política possam exercer sobre os eleitores.

Para Suzana Camargo Gomes, o bem jurídico tutelado neste artigo é o direito dos cidadãos, dos eleitores, de serem protegidos contra métodos falsos de induzimentos e persuasão, que possam levá-los à adoção de comportamentos distorcidos no que tange ao processo de escolha de candidatos e partidos.[9]

Já para Joel Cândido, ao abordar tal questão, sustenta que o delito "protege a lei, a honra e a ética na propaganda, valores de que os participantes dos embates do processo eleitoral não podem se distanciar". Ou seja, a gravidade do crime reside na possibilidade de eleger "quem não merece" e desvirtuar "os princípios éticos da propaganda".[10]

O tipo penal em questão abarca a possibilidade de cometimento do delito através de divulgação de notícia falsa durante o período de campanha e através da propaganda eleitoral. A jurisprudência tem aceitado o cometimento do crime eleitoral do art. 323, quando cometido por meio de redes sociais ou aplicativos de mensagens.[11]

---

9. GOMES, Suzana de Camargo. *Crimes Eleitorais*. 4. ed. São Paulo: Ed. RT, 2010. p. 142-143.
10. CÂNDIDO, Joel J. *Direito penal eleitoral e processo penal eleitoral*. Bauru: Edipro, 2006. p. 279-280.
11. Recurso criminal eleitoral. Divulgação de fato sabidamente inverídico na propaganda eleitoral. Artigo 323 do Código Eleitoral. Farto conjunto probatório. Autoria e materialidade comprovadas. Liberdade de expressão. Direito que não é absoluto. Exorbitância. Potencial influência perante o eleitorado. Dolo genérico. Sentença mantida. Recurso desprovido. 1. As provas produzidas na fase instrutória evidenciam que o recorrente publicou matéria em blog e no Facebook, de modo que restou configurada a conduta de divulgação de fato que sabia inverídico e capaz de exercer influência perante o eleitorado, prejudicando a liberdade de escolha dos eleitores, o que enseja a subsunção do fato ao tipo descrito no art. 323 do Código Eleitoral. 2. Autoria e materialidade inequívocas. Conjunto probatório forte e coeso, sendo de rigor a manutenção da condenação. 3. O direito à liberdade de expressão não é direito

Certamente o tipo penal também passará a ser imputado, a partir das mudanças implementadas pela Resolução 23.732/2024, principalmente no constante no seu parágrafo 1º, aos casos envolvendo inteligência artificial e *deep fake*, como já comentado em tópico anterior.

Para eventuais dúvidas dos conceitos e possibilidade de utilização de inteligência artificial e *deep fakes*, vale, para melhor entendimento do leitor, uma explicação. Trata-se de novas tecnologias capazes de criar contexto falsos como se fossem reais, com imagem, voz e até movimentos simulando a realidade. Essas novas tecnologias têm sido vistas como as mais perigosas para campanhas eleitorais, pois, consegue inventar contextos convincentes, discursos, e até ligações.

Há no tipo penal, inclusive, possibilidade de aumento de pena para quando forem divulgados os materias falsos por meio de redes sociais ou *lives*.

Em estrita análise do tipo penal, a situação mais grave e que chama atenção na construção da norma é quando, para sua aplicação, há de ser a informação falsa divulgada "capaz de exercer influência perante o eleitorado". Ora, data vênia a quem pense diferentes, mas, em nosso ver, é praticamente impossível se ter certeza da completude da norma sem estarmos diante de uma presunção. Pois, partindo dessa premissa, a norma penal é genérica e abstrata com a indicação do que pode ou não ser capaz de influenciar o eleitorado criada na mente do juízo, da promotoria ou da parte autora, sendo, assim, um risco para a objetividade necessária do Direito Penal. Ou se chega a conclusão de que: "toda notícia falsa tem poder para exercer influência no pleito" ou sempre teremos a necessidade da interpretação pessoal do magistrado do caso.

O tipo penal do art. 323, pode ocorrer por meio virtual, seja através de mensagens encaminhadas por aplicativos de conversa, por publicações em redes sociais ou qualquer outro meio, desde que ocorra na propaganda eleitoral ou durante o período de campanha eleitoral, sendo fatos anteriores ao período eleitoral ou fora da propaganda eleitoral analisados pelo juízo criminal comum, com outro enquadramento penal.

---

de caráter absoluto. Precedente c. TSE. 4. A veiculação de informações sabidamente inverídicas sobre candidato extrapola o direito à liberdade de expressão e o campo da mera liberdade jornalística, configurando a propaganda eleitoral negativa, apta a interferir na decisão do eleitorado. 5. O delito do art. 323 do Código Eleitoral ocorrerá ainda que o agente não tenha a intenção de exercer "influência perante o eleitorado", tendo em vista que tal elementar não exige a ocorrência de dolo específico, mas apenas dolo genérico. 6. Sentença mantida com correção, de ofício, da pena imposta para detenção. 7. Recurso conhecido e não provido. (Tribunal Regional Eleitoral do Paraná. Ação Penal Eleitoral 060001290/PR, Relator(a) Des. Claudia Cristina Cristofani, Acórdão de 13.11.2023, Publicado no(a) DJE 225, data 20.11.2023).

5.3.2 Dos crimes contra a honra

O Código Eleitoral também elenca, tal qual o Código Penal, a possibilidade de ser levado ao juízo eleitoral, situações que ofendam a honra de candidatos, dirigentes partidários ou qualquer outra pessoa desde que fica comprovada que o ato foi praticado na propaganda eleitoral ou com finalidade eleitoral, sendo, tais situações ofensivas, consideradas criminosas.

A grande diferença dos crimes contra honra eleitorais para os crimes contra a honra comuns está no bem jurídico tutelado, que, consequentemente, modifica a legitimidade para ingresso da ação. Explica-se.

O art. 355, do Código Eleitoral, define que as infrações penais definidas nele são ação pública.[12] Diante dessa assertiva, percebe-se que, em âmbito eleitoral, não se tem a possibilidade de o particular ingressar com Queixa-Crime, pois, o bem jurídico tutelado nos crimes eleitorais, mesmo os que forem contra a honra, é a lisura, legitimidade e igualdade do pleito, ou seja, qualquer prejuízo advindo do cometimento de tais delitos transcende a esfera particular para alcançar o coletivo.[13]

Dito isso, vamos fazer uma análise de cada um dos delitos contra honra eleitorais constantes no Código.

5.3.2.1 Da calúnia no âmbito eleitoral

Define o art. 324, do Código Eleitoral, o crime de Calúnia, tal como sendo:

> Art. 324. Caluniar alguém, na propaganda eleitoral, ou visando fins de propaganda, imputando-lhe falsamente fato definido como crime:
> Pena: detenção de seis meses a dois anos, e pagamento de 10 a 40 dias-multa.

Para o cometimento do crime de calúnia, seja comum ou eleitoral, os Tribunais Superiores e a doutrina estabeleceram algumas obrigatoriedades, em

---

12. "[...] Crime eleitoral. Art. 326 do código eleitoral. [...] As ações penais eleitorais, ainda que versem sobre crime contra a honra, são públicas incondicionadas, razão pela qual prescindem da representação do ofendido, não se aplicando o disposto pelo art. 103 do Código Penal. [...]"(Ac. de 15.9.2016 no AgR-AI 23128, rel. Min. Gilmar Mendes).
13. [...] Crimes contra a honra. Ação penal pública incondicionada. Art. 355 do Código Eleitoral. Nulidade. Denúncia. Inexistência. [...] 1. Nos termos do art. 355 do Código Eleitoral, os crimes eleitorais são apurados por meio de ação penal pública incondicionada. 2. Conforme já assentado por esta Corte Superior (Recurso Especial 21.295, rel. Min. Fernando Neves), em virtude do interesse público que envolve a matéria eleitoral, não procede o argumento de que o referido art. 355 admitiria ação penal pública condicionada à manifestação do ofendido ou de seu representante legal. 3. Em face disso, não há falar em nulidade da denúncia, por crime de calúnia previsto no art. 324 do Código Eleitoral, sob a alegação de ausência de representação ou queixa dos ofendidos [...]" (Ac. de 20.5.2008 no RHC 113, rel. Min. Caputo Bastos).

conjunto, quais sejam: a) não se tem calúnia se não há narrativa de crime específico (determinado e tipificado como crime), a mera acusação genérica e abstrata de crime não configura o delito, servindo, contudo para o enquadramento de difamação. Também comete o delito aquele que, sabendo ser falsa a informação a divulga ou propala, o que aumenta a potencialidade lesiva do delito (TSE – AI 132839, rel. Ministro Luiz Fux, DJ 05/10/2015); b) O elemento normativo do tipo, ou seja, a informação propagada ou divulgada deve ser falsa; e, por fim, c) o elemento subjetivo do tipo penal, consistente na vontade consciente de caluniar (*anumius caluniandi*).

Também merece destaque os casos em que o fato narrado na acusação de calúnia é verdadeiro, mas, por algumas situações constantes no código, não é aceita como prova de defesa, sendo elas: i) se, constituindo o fato imputado crime de ação privada, o ofendido, não foi condenado por sentença irrecorrível; ii) II – se o fato é imputado ao Presidente da República ou chefe de governo estrangeiro; iii) III – se do crime imputado, embora de ação pública, o ofendido foi absolvido por sentença irrecorrível. Ou seja, mesmo em casos de ser verdadeira a informação, se a base narrada constitui em uma das situações supra expostas, a prova da verdade não será admitida.

O delito em questão pode ser praticado por meio de redes sociais, aplicativos de conversa, e-mail e demais meios eletrônicos e físicos, e, para seu preenchimento típico deve se atentar para a questão temporal da prática, pois, somente se enquadra o fato como crime eleitoral se ocorrer na propaganda eleitoral ou com finalidade eleitoral (ou seja, tendo o agente dolo de influenciar no pleito).

Outro ponto relevante dos crimes contra honra eleitorais que, por não se tratarem de ação de iniciativa privada, não estão sujeitos aos prazos decadenciais dos crimes contra honra comuns, mas estão sujeitos ao cumprimento dos prazos estabelecidos no Código Eleitoral.

5.3.2.2 Da difamação no âmbito eleitoral

Define o art. 325, do Código Eleitoral:

Art. 325. Difamar alguém, na propaganda eleitoral, ou visando a fins de propaganda, imputando-lhe fato ofensivo à sua reputação:
Pena: detenção de três meses a um ano, e pagamento de 5 a 30 dias-multa.

Sendo parte da família dos crimes contra honra, tal qual a calúnia, a difamação também necessita de alguns elementos obrigatórios para sua confirmação, como: a) o *animus difamandi*, que é o elemento subjetivo do tipo penal (sendo a vontade e consciência da prática do delito); b) o elemento normativo que se baseia na falsidade da divulgação de fato ofensivo, mas, diferentemente da calúnia, na difamação, o fato ofensivo não necessita ser criminoso "mas sim qualquer fato ofensivo à sua reputação. O ilícito imprescinde para sua configuração que o fato desonroso seja atribuído a pessoa determinada ou, ao menos, a um grupo determinado de pessoas. Não se exige, no entanto, a indicação expressa do nome do difamado para que o delito se perfaça, sendo suficiente a individualização do ofensivo através dos fatos falsamente imputados".[14]

O delito pode ser cometido contra qualquer pessoa, não necessariamente candidato,[15] desde que cumprida a finalidade eleitoral. Também se admite que o crime seja praticado por particular em suas redes sociais, aplicativos de mensagens, e-mail, ou qualquer meio de divulgação física ou eletrônica.[16]

Na difamação, a exceção da verdade somente é aceita se ofendido é funcionário público e a ofensa é relativa ao exercício de suas funções, não sendo admitida em outras hipóteses.

5.3.2.3 Da Injúria no âmbito eleitoral

Define o art. 326, do Código Eleitoral:

> Art. 326. Injuriar alguém, na propaganda eleitoral, ou visando a fins de propaganda, ofendendo-lhe a dignidade ou o decoro:
> Pena: detenção até seis meses, ou pagamento de 30 a 60 dias-multa.

O último dos crimes contra honra descritos no Código Eleitoral, a injúria tem algumas particularidades como, por exemplo, a injúria eleitoral real – que não necessariamente será somente verbal ou escrita, podendo ser também física.

---

14. BROZOZA, Edson. *Crimes eleitorais* – Conhecê-los para não cometê-los. Editora Livraria do Advogado. p. 36.
15. [...] 3. Para a configuração do crime de difamação descrito no art. 325 do Código Eleitoral não é necessário que, o agente ou o ofendido seja, candidato, sendo suficiente que o ato seja praticado no âmbito da propaganda eleitoral ou visando a fins de propaganda. [...]" (Ac. de 13.10.2011 no HC 114080, rel. Min. Marcelo Ribeiro).
16. Eleições 2020. Recurso eleitoral. Ação penal. Difamação eleitoral. Publicação. Rede social. Nítida intenção. Ofensa à honra. Finalidade de propaganda negativa. Configurada. Recurso não provido. 1. Configura-se o delito de difamação eleitoral quando o agente veicula em sua rede social conteúdo eleitoral com montagens – por ele produzidas – que buscam imputar à vítima fato ofensivo à sua honra objetiva, sendo, in casu, a referência à existência de lista de pessoas a serem pagas pelo candidato com recursos obtidos por meio de diárias recebidas do Poder Público.2. A divulgação de conteúdo eleitoral, ainda que em rede social privada, não é suficiente a excluir a finalidade de propaganda e, portanto, a depender do contexto, pode configurar o elemento normativo do tipo do art. 325 do Código Eleitoral.3. Recurso conhecido e não provido. Ação Penal Eleitoral 060000467, Acórdão, Des. Thiago Paiva Dos Santos, Publicação: DJE 11.09.2023.

Fatos aviltantes e atentatórios à dignidade como puxão de cabelo, cuspida na direção ou na pessoa, dentre outros são considerados injúria real.

Além disso, a injúria não precisa ser uma ofensa pública, sendo admitida até a injúria única, dirigida somente ao ofendido, diferentemente da difamação que visa o conhecimento do fato difamatório por mais pessoas.

Nas palavras da jurista Susana Camargo:

> Como se sabe na injúria não há fato específico, preciso, determinado, criminoso ou não, ao contrário da calúnia e da difamação. Há na injúria opinião desfavorável sobre o ofendido; atribuição de qualidades negativas ou defeitos; uma avaliação, um juízo sobre alguém; a palavra insultosa, o epíteto, o impropério que leva ao desprezo, ao escárnio ou ludibrio. Ora, a honra é atingida quando é atingida a própria ideia, o conceito de si mesmo, ou então pelo alcance ou comprometimento da consideração, do respeito e da reputação junto ao meio social, assim, respectivamente, a honra subjetiva e a honra objetiva.[17]

Dessa forma, percebe-se que também para caracterização da injúria é necessário o cumprimento dos requisitos somados do: a) *animunis injuriandi*, que é a vontade e consciência de ofender a dignidade ou decoro; b) do elemento normativo que é a existência de externalização pelo acusado do fato ofensivo; porém, ao contrário da difamação e da calúnia, não há fato específico, determinado ou preciso, bastando que do resultado da conduta se extraía a ofensa ao âmago da vítima.

5.3.3 Do § 3º, do art. 326-A, do Código Eleitoral – Propagação de *fake news*

Somando-se ao espírito do artigo 323, que também fala de divulgação de fato sabidamente inverídico, temos, em 2019, a inclusão do §3º, no artigo 326-A, do Código Eleitoral, que assim dispõe:

> Art. 326-A. Dar causa à instauração de investigação policial, de processo judicial, de investigação administrativa, de inquérito civil ou ação de improbidade administrativa, atribuindo a alguém a prática de crime ou ato infracional de que o sabe inocente, com finalidade eleitoral: (Incluído pela Lei 13.834, de 2019)
> Pena: reclusão, de 2 (dois) a 8 (oito) anos, e multa.
> § 3º Incorrerá nas mesmas penas deste artigo quem, comprovadamente ciente da inocência do denunciado e com finalidade eleitoral, divulga ou propala, por qualquer meio ou forma, o ato ou fato que lhe foi falsamente atribuído.

Percebe-se que, neste caso, com pena maior e mais severa, o que se criminaliza é a divulgação de investigação policial, de processo judicial, de investigação

---
17. GOMES, Suzana de Camargo. *Crimes Eleitorais*. 4. ed. São Paulo: Ed. RT, 2010.

administrativa, de inquérito civil ou ação de improbidade administrativa que sabe o divulgador ser inocente o acusado.

Neste caso não está se tratando de qualquer fato sabidamente inverídico, mas de fato que tenha vinculação com procedimento aberto de maneira injusta contra o acusado (vítima).

Como a divulgação do fato inverídico pode ser feito por qualquer meio ou forma, também pode ocorrer durante a propaganda eleitoral na internet, podendo ser meio fácil de comunicação rápida com o público alvo do divulgador do conteúdo.

5.3.4 Inutilizar propaganda eleitoral

Não são somente os crimes de propagação ou de divulgação de fatos que podem ser punidos, mas também a tentativa de dificultar atos de propaganda eleitoral tem punição.

O art. 331, do Código Eleitoral assim dispõe:

> Art. 331. Inutilizar, alterar ou perturbar meio de propaganda devidamente empregado:
> Pena: detenção até seis meses ou pagamento de 90 a 120 dias-multa.

Percebe-se que, aquele que inutiliza, altera ou perturba a propaganda eleitoral permitida por lei comete crime e, tal qual os meios físicos, tais atos pela internet também são punidos.

Em nosso ver, há possibilidade de cometimento de inutilização e perturbação de propaganda eleitoral através da internet, seja com a possibilidade de *hackeamento* de contas em redes sociais de candidatos partidos e apoiadores, seja através da modificação de propaganda por meio de Inteligência Artificial ou *Deep Fake*.

Qualquer que seja a alteração em uma propaganda lícita com o intuito de modificar a visão do eleitor sobre o candidato que realizou o ato de propaganda, mesmo que com fins humorísticos ou sarcásticos, pode, para além de outros crimes, caracterizar o crime de alteração, modificação ou inutilização de meio de propaganda devidamente empregada.

5.3.5 Dos agravamentos e aumentos de pena

Com o crescimento massivo da internet e a facilitação de sua utilização pela grande massa de eleitores, entendeu o legislador como necessário enrijecer as penas dos delitos praticados pela internet, principalmente pelo seu grande alcance e facilitação de sua divulgação, entrando neste espeque, aqueles praticados também através de propaganda eleitoral realizada por meio da internet em suas diversas formas.

Por isso, a reforma da legislação eleitoral de 2021, traz à tona novas causas de aumento de penas aos delitos do art. 323, 324, 325 e 326 do Código Eleitoral, sendo o aumento trazido de 1/3 a metade, para crimes praticados pela internet, redes sociais ou com transmissão em tempo real.

Se fez necessária a implementação objetiva da norma quanto aos crimes praticados pela internet, ante abstração da redação anterior que abarcava somente (qualquer meio que facilitar a divulgação) deixando assim vaga a possibilidade de enquadramento dos crimes postados em páginas pessoais, por exemplo. Com a reforma os crimes com divulgação de *fake news* e também os contra honra eleitoral terão rua pena aumentada a depender do alcance comprovado e gravidade até a metade da pena original do delito.

5.4 PROCESSO PENAL DE ATAQUE

Costumeiramente, em palestras e aulas sobre o tema de processo penal eleitoral, o coautor desta obra, Samuel Falavinha, usa o termo Processo Penal de Ataque, ao se referir a atuação do advogado criminal eleitoral frente aos crimes eleitorais.

Essa afirmação se dá em razão do modo de atuação do advogado de partidos, candidatos e demais atores eleitorais quando se deparam com a ocorrência de um crime eleitoral, principalmente aqueles que são praticados por meio da internet.

Isso porque, mesmo sendo ação penal eleitoral pública incondicionada, ou seja, ser o legitimado para ingressar com a demanda o Ministério Público Eleitoral, ainda assim, o advogado pode ter papel crucial na descoberta do delito, reunião de provas e andamento inicial da investigação ou até da própria ação penal. Tornando possível que o advogado criminalista atuante na esfera eleitoral realize um verdadeiro processo penal de ataque.

Chama-se de ataque pois: a uma, literalmente ataca os opositores e seus correligionários que estiverem realizando campanha de forma ilícita, através do cometimento de crimes eleitorais; a duas, pois, normalmente, ao se deparar com ação de natureza criminal, tende-se a reduzir os ataques ilegais e injustos; a três, por ter o advogado controle sobre o ingresso e poder acompanhar a ação penal por meio do sistema eletrônico. Podendo servir o braço criminal como estratégico para a defesa das candidaturas durante uma campanha eleitoral.

No entanto, para uma atuação no âmbito criminal eleitoral o advogado necessita ter alguns conhecimentos práticos e teóricos que vão além dos comumente praticados no processo penal comum.

5.4.1 Representação eleitoral diretamente ao juízo. Art. 356, do Código Eleitoral

O primeiro conhecimento prático necessário é saber que ao juntar os meios de provas o advogado não encaminhará sua notícia de fato ao Delegado de Polícia ou ao Ministério Público Eleitoral, mas, encaminhará diretamente ao juízo da zona eleitoral competente, por força do art. 356, do Código Eleitoral.[18]

Obviamente que possuindo conhecimento de crime eleitoral, cabe ao Ministério Público Eleitoral a requisição de abertura de inquérito policial ou o ajuizamento da competente ação penal eleitoral. Também, hoje é possível que o Delegado de Polícia Federal instaure de ofício o inquérito, no entanto, essa permissão é recente, trazida a partir do advento da resolução 26.640/2021, permitiu a instauração de inquérito policial de ofício pela autoridade policial, requisição do Ministério Público Eleitoral ou Determinação do Juízo Eleitoral.

Essa notícia de fato produzida pelo advogado, caso esteja bem instruída, pode, inclusive, servir de base única para a denúncia criminal do Ministério Público Eleitoral, que, ao receber os documentos juntados terá 10 (dez) dias para se manifestar pelo arquivamento, realização de diligências ou oferecimento de denúncia.[19]

Outra situação importante é no sentido de que, se o juízo ou o Ministério Público não cumprirem os prazos estabelecidos no Código Eleitoral, poderão ser representados, sendo: a) se o Ministério Público Eleitoral não apresentar a denúncia, pedir instauração de inquérito ou requerer arquivamento no prazo legal, deverá o juízo eleitoral representá-lo, e, ao representa-lo, outro promotor será designado para apresentar a denúncia ou dar andamento no processo.[20] Caso o juiz não faça a representação, de ofício, qualquer eleitor pode representar e

---

18. Art. 356. Todo cidadão que tiver conhecimento de infração penal deste Código deverá comunicá-la ao juiz eleitoral da zona onde a mesma se verificou.
    § 2º Se o Ministério Público julgar necessários maiores esclarecimentos e documentos complementares ou outros elementos de convicção, deverá requisitá-los diretamente de quaisquer autoridades ou funcionários que possam fornecê-los.
19. Art. 357. Verificada a infração penal, o Ministério Público oferecerá a denúncia dentro do prazo de 10 (dez) dias.
20. Art. 357. Verificada a infração penal, o Ministério Público oferecerá a denúncia dentro do prazo de 10 (dez) dias.
    § 3º Se o órgão do Ministério Público não oferecer a denúncia no prazo legal representará contra ele a autoridade judiciária, sem prejuízo da apuração da responsabilidade penal.

requerer ao juízo a representação do órgão do Ministério Público; c) ainda, caso o juízo não o faça, pode ele ser representado por cometimento de crime eleitoral, conforme estabelecido no art. 343, do Código Eleitoral.[21] Além da possibilidade de enquadramento na Lei de Abuso de Autoridade.

5.5 OUTRAS PECULIARIDADES PROCEDIMENTAIS DO PROCESSO PENAL ELEITORAL

Para finalizar o capítulo, e, buscando ajudar aos que buscarem a aplicação da justiça criminal eleitoral, alguns pontos são importantes serem acrescentados a título de contribuição.

As provas colhidas da internet devem ser preservadas por meio de atas notariais ou sistemas de blockchain, tal requisito se faz obrigatório para preservação da validade e autenticidade do que se busca demonstrar.

Como se sabe, publicações, mensagens e outros meios de comunicação virtuais podem expirar, apagar conteúdo ou até alterá-los, de forma que a preservação dos conteúdos da maneira que se deseja demonstrar e comprovar é essencial para a averiguação das provas pelo juízo eleitoral. Esse resguardo se faz de suma importância, principalmente, pelo não aceite de muitos juízos e tribunais de meros prints sem comprovação de autenticidade.

Os prazos eleitorais também possuem celeridade diferente do juízo comum, um advogado atendo aos prazos eleitorais consegue auxiliar o juízo e os servidores na entrega jurisdicional célere e de qualidade.

A partir do julgamento do Inquérito 4435[22] pelo Supremo Tribunal Federal, ficou estabelecido que os crimes comuns conexos com os eleitorais são de competência da justiça eleitoral, assim, havendo crime comum praticado em conexão com crime eleitoral praticado pela internet, a competência de análise e julgamento, inicialmente, é da justiça eleitoral.

---

§ 4º Ocorrendo a hipótese prevista no parágrafo anterior o juiz solicitará ao Procurador Regional a designação de outro promotor, que, no mesmo prazo, oferecerá a denúncia.

§ 5º Qualquer eleitor poderá provocar a representação contra o órgão do Ministério Público se o juiz, no prazo de 10 (dez) dias, não agir de ofício.

21. Art. 343. Não cumprir o juiz o disposto no § 3º do Art. 357:
Pena: detenção até dois meses ou pagamento de 60 a 90 dias-multa.
22. Competência – Justiça Eleitoral – Crimes conexos. Compete à Justiça Eleitoral julgar os crimes eleitorais e os comuns que lhe forem conexos – inteligência dos artigos 109, inciso IV, e 121 da Constituição Federal, 35, inciso II, do Código Eleitoral e 78, inciso IV, do Código de Processo Penal. Disponível em: https://redir.stf.jus.br/paginadorpub/paginador.jsp?docTP=TP&docID=750577279.

A partir das informações trazidas acima, relembrando que não se visa neste momento exaurir o tema de possibilidades criminais através da internet e na propaganda eleitoral na internet, temos que o crescimento exponencial de inteligência artificial, redes sociais, aplicativos, chats, e outras derivações de produtos que vivem em um mundo cada vez mais virtual e online, impedem que saibamos o futuro, mas, seja qual for, o Direito Eleitoral continuará buscando, em meio as inovações e tecnologias, proteger a integridade, transparência, isonomia e legitimidade das eleições.

REFERÊNCIAS

ALCATRAZ, Hubert. *Le droit au respect de l'intimitè face à Internet*. Trabalho apresentado ao III Congresso Mundial da Associação Internacional de Direito Constitucional. Mexico: IACL, 2010. p. 11. Disponível em mídia eletrônica.

ATHENIENSE, Alexandre. *Ter um perfil falso na internet é crime?* Disponível em: http://www.dnt.adv.br/noticias/ter-um-perfil-falso-na-internet-e-crime/. Acesso em: 31 abr. 2014.

BARBAGALLO, Erica Brandinni. Aspectos da responsabilidade civil dos provedores. In: WAISBERG, Ivo. *Conflitos sobre nomes de domínio e outras questões jurídicas da Internet*. São Paulo: Ed. RT, 2003.

BARBOSA, Pedro Marcos Nunes. Liberdade de expressão, Internet e signos distintivos. *Revel Nr. 3 – Revista eletrônica do Instituto Brasileiro de Propriedade Intelectual*. Rio de Janeiro: IBPI, 2010. Disponível em: www.ibpibrasil.org. Acesso em: 04 abr. 2014.

BARBOZA, Heloisa Helena; BODIN DE MORAES, Maria Celina; TEPEDINO, Gustavo e outros. *Código Civil Interpretado conforme a Constituição da República*. 2. ed. rev. e atual. Rio de Janeiro: Ed.Renovar, 2007. v. I.

BASTERRA, Marcela I. *Protección de datos personales*: la garantía del habeas data. Mexico: UNAM, 2008.

BAUMAN, Zygmunt. *Vida para o consumo*. Transformação das pessoas em mercadorias. Trad. Carlos Alberto Medeiros. Rio de Janeiro: Zahar, 2008.

BEÇAK, Rubens; LONGHI, João Victor Rozatti Longhi. *Democracia deliberativa e ciberdemocracia: riscos e desafios para sua implementação*. No Prelo. Aprovado para publicação nos anais do "XXI Congresso Nacional do CONPEDI",

BEÇAK, Rubens. *Reflexões sobre o evolver democrático rumo à sua otimização*: a atualidade da "democracia deliberativa" e suporte teórico. Enfoque histórico-evolutivo. Contribuição à Teoria Geral do Estado. (Tese de livre docência). São Paulo: 2012.

BEM, Leonardo Schmitt de. CUNHA, Mariana Garcia. *Crimes eleitorais*. 3. ed. Belo Horizonte: Editora D'Plácido, 2018.

BENJAMIN, Walter. O narrador. *Obras escolhidas*: magia e técnica, arte e política. São Paulo: Brasiliense, 2004. v. 1.

BENKLER, Yochai. *The wealth of networks*: how social production transforms markets and freedom. New Heaven/London: Yale University Press, 2006.

BERNIER, Chantal. *Online Behavioral Advertising and Canada's Investigation on Facebook*. Speech – 6th July, 2010. Disponível em: http://www.priv.gc.ca/speech/2010/sp-d_20100706_cb_e.cfm. Acesso em: 23 abr. 2014.

BOYD, Dannah M.; ELLISON, Nicole B. *Social network sites*: Definition, history, and scholarship. Journal of Computer-Mediated Communication, 13 (1), article 11. 2007. Disponível em: http://jcmc.indiana.edu/vol13/issue1/boyd.ellison.html Acesso em: 21 abr. 2014.

BRASIL, Sandra. Boca maldita. Pela internet dá para expor intimidades, inventar mentiras e até revelar verdades inconvenientes. E tudo ao alcance de apenas um clique. *Veja*. Edição 2076. 03 de setembro de 2008. Disponível em: http://veja.abril.com.br/030908/p_094.shtml. Acesso em: 31 dez. 2010.

BRASIL. Superior Tribunal de Justiça. Disponível em: http://www.stj.jus.br/SCON/.

BRASIL. Tribunal Superior Eleitoral. Disponível em: http://www.tse.jus.br.

BROZOZA, Edson. *Crimes Eleitorais* – Conhecê-los para não cometê-los. Editora Livraria do Advogado, 2010.

BUSNELLI, Francesco Donato. El daño a la persona. In: GODDARD, Jorge Adame (Coord.). *Derecho civil y romano. Culturas y sistemas jurídicos comparados*. Mexico: UNAM, 2006.

CÂNDIDO, Joel J. *Direito penal eleitoral e processo penal eleitoral*. Bauru: Edipro, 2006.

COMITÊ GESTOR DA INTERNET NO BRASIL. Pesquisa sobre o uso das tecnologias da informação e da comunicação no Brasil : 2005-2009. Coordenação executiva e editorial Alexandre F. Barbosa. São Paulo: Comitê Gestor da Internet no Brasil, 2010.

CONEGLIAN, Olivar. *Lei das eleições comentada*. 5. ed. Curitiba: Juruá, 2008.

CONVENÇÃO DO CONSELHO DA EUROPA SOBRE TRATAMENTO DE DADOS PESSOAIS. Disponível em: http://conventions.coe.int/Treaty/en/Treaties/Html/108.htm. Acesso em: 15 abr. 2014.

COPPA – CHILD ONLINE PRIVACY PROTECCION ACT. Disponível em: http://www.coppa.org/coppa.htm. Acesso em: 25 abr. 2014.

DAL BELLO, Cintia. *Cultura e Subjetividade*: uma investigação sobre a identidade nas plataformas virtuais de hiperespetacularização do eu. Dissertação de mestrado. São Paulo: PUC, 2009.

DEBORD, Guy. *Sociedade do espetáculo*. Trad. Raílton Souza Guedes. São Paulo: Ed. Ebooksbrasil.com, 2003. Disponível em: http://www.ebooksbrasil.org/adobeebook/socespetaculo.pdf. Acesso em: 19 abr. 2014.

DENHAM, Elisabeth. *Speech*: Privacy and the Worldwide Web: How the OPC Investigation of Facebook made Worldwide Waves. Disponível em: http://www.priv.gc.ca/speech/2009/sp-d_20091007_ed_e.cfm. Acesso em: 08 abr. 2014.

DIEZ-PICAZO, Luis. *Derecho de daños*. Madrid: Civitas, 1999.

ECO, Umberto. *Como se faz uma tese em ciências humanas*. 13. ed. Trad. Ana Falcão Bastos e Luis Leitão. Queluz de Baixo: Editora Presença.

FACEBOOK.COM. *Deceased people's profile form*. Disponível em: http://www.facebook.com/help/?page=842. Acesso em: 08 jan. 2011.

FACEBOOK.COM. *Termos de uso*. Disponível em: http://www.facebook.com/#!/terms.php. Acesso em 25 abr. 2014.

FACHIN, Luis Edson. *Teoria crítica do direito civil*. À luz do novo Código Civil brasileiro. 2. ed. rev. e atual. Rio de Janeiro: Renovar, 2003.

FISHER, Willian. Theories of Intellectual Property. In: MUNZER, Stephen (Ed.). *New Essays in the Legal and Political Theory of Property*. Cambridge: Cambridge University Press, 2001. Disponível em: http://www.tfisher.org/. Acesso em: 04 abr. 2014.

FRANCO, Augusto de. *Escola de Redes*: Novas visões sobre a sociedade, o desenvolvimento, a Internet, a política e o mundo glocalizado. Domínio Público: Augusto de Franco para Escola-de-Redes, 2008.

FUKUYAMA, Francis. Social capital, civil society and Development. *Third World Quarterly*, v. 22, n. 1, p 7-20, 2001. Disponível em: http://home.ku.edu.tr/~dyukseker/fukuyama-socialcapital.pdf. Acesso em: 08 abr. 2014.

GOLDSMITH, Jack L. *Against cyberanarchy*. (Occasional Papers from The Law School of The University of Chicago, n. 40, 1998). Disponível em: http://cyber.law.harvard.edu/property00/jurisdiction/cyberanarchy.html. Acesso em: 28 abr. 2014.

GOMES, José Jairo. *Direito Eleitoral*. 8 ed. rev. e atual. São Paulo: Atlas, 2012.

GOMES, José Jairo. *Crimes eleitorais e processo penal eleitoral*. 2. ed. rev., atual. e ampl. São Paulo: Atlas, 2016.

GOMES, Suzana de Camargo. *Crimes Eleitorais*. 4. ed. São Paulo: Ed. RT, 2010.

GOMES, Wilson; MAIA, Rosely C. M. *Comunicação e democracia*. Problemas & perspectivas. São Paulo: Paulus, 2008.

GONÇALVES, Luiz Carlos dos Santos. *Crimes Eleitorais e Processo Penal Eleitoral*. 2. ed. São Paulo: Atlas, 2015.

GRINOVER, Ada Pellegrini; NERY JR., Nelson; WATANABE, Kazuo. *Código Brasileiro de Defesa do Consumidor*: comentado pelos autores do anteprojeto. 9. ed. Rio de Janeiro: Forense, 2007.

HINDMAN, Matthew. *The myth of digital democracy*. Princeton: Princeton University Press, 2009.

International Engeneering Task Force. Disponível em: www.ietf.org. Acesso em: 21 abr. 2014.

KAY, Bradley. Extending tort liability to creators of fake profiles on social networking websites. *Chicago-Kent Journal of Intellectual Property*. v. 10, Issue 1, Fall 2010. Disponível em: http://jip.kentlaw.edu/art/Volume%2010/10%20Chi-Kent%20J%20Intell %20Prop%20 1. pdf. Acesso em: 02 abr. 2014.

LEDESMA, Héctor Faúndez. *Los límites de la libertad de expresión*. Mexico: Unam, 2004.

LEMOS, Ronaldo. *Direito, Tecnologia e cultura*. Rio de Janeiro: Editora FGV, 2005.

LEONARDI, Marcel. *Responsabilidade civil dos provedores de serviço de Internet*. São Paulo: Juarez de Oliveira, 2005.

LESSIG, Lawrence. *The Code 2.0*. New York: Penguin books.

LESSIG, Lawrence. *The future of ideas*: the fate of the commons in a connected world. New York: Random House, 2001.

LEVITSKY, Steven; ZIBLATT, Daniel. *Como as democracias morrem*. Rio de Janeiro: Zahar, 2018.

LEVY, Pierre. *Cibercultura*. São Paulo: Editora 34, 2001.

LEVY, Pierre. *O que é o virtual?* Trad. Paulo Neves. São Paulo: Editora 34, 1996.

LIMBERGER, Têmis. *O Direito à intimidade na era da informática*. A necessidade de proteção dos dados pessoais. Porto Alegre: Livraria do Advogado, 2007.

LÔBO, Paulo. *Direito Civil*: parte geral. São Paulo: Saraiva, 2009.

LONGHI, João Victor Rozatti. *Responsabilidade civil e redes sociais*. Retirada de conteúdo, perfis falsos, discurso de ódio, *fake news* e milícias digitais. 2. ed. Indaiatuba: Editora Foco, 2022.

LONGHI, João Victor Rozatti. Os perfis falsos em redes e a responsabilidade civil dos provedores de aplicação. In: FALEIROS JÚNIOR, José Luiz de Moura; LONGHI, João Victor Rozatti; GUGLIARA, Rodrigo (Org.). *Proteção de dados pessoais na sociedade da informação – entre dados e danos*. Indaiatuba, SP: Editora Foco, 2021.

MARQUES, Claudia Lima; BENJAMIN, Antônio Herman V.; BESSA, Leonardo Roscoe. *Manual de direito do consumidor*. 2. ed. rev., atual e ampl. São Paulo: Ed. RT, 2009.

MARQUES, Claudia Lima. *Confiança no comércio eletrônico e a proteção do consumidor* (um estudo dos negócios jurídicos de consumo no comércio eletrônico). São Paulo: Ed. RT, 2004.

MARTINS, Guilherme Magalhães. *Responsabilidade Civil por Acidentes de Consumo na Internet*. São Paulo: Ed. RT, 2008.

MIRAGEM, Bruno. Responsabilidade por danos na sociedade da informação e proteção do consumidor: defesas atuais da regulação jurídica da Internet. *Revista de Direito do Consumidor*. São Paulo: Ed. RT, ano 18. n. 70. abr./jun. 2009.

MULHOLLAND, Caitlin. *Internet e contratação*: panorama das relações contratuais eletrônicas de consumo. Rio de Janeiro: Renovar, 2006.

NEISSER, Fernando Gaspar. *Crime e mentira na política*. Belo Horizonte: Fórum, 2016.

NÚCLEO DE INFORMAÇÃO E COORDENAÇÃO DO PONTO BR. Sobre o NIC.br. Disponível em: http://www.nic.br/sobre-nic/index.html. Acesso em: 20 abr. 2014.

O'RELLY. Tim. *O que é Web 2.0?* Padrões de design e modelos de negócios para a nova geração de software. Publicado em http://www.oreilly.com/. Trad. Miriam Medeiros. Revisão técnica: Julio Preuss. Novembro 2006 Disponível em: http://www.cipedya.com/web/FileDownload.aspx?IDFile=102010. Acesso em: 14 abr. 2014

PARISER, Eli. *O filtro invisível*: o que a Internet está escondendo de você. Trad. Diego Alfaro. Rio de Janeiro: Zahar, 2012.

RAMAYAMA, Marcos. *Direito eleitoral*. 10. ed rev., ampl. e atual. Com comentários à Lei 12.034 de 29 de setembro de 2009. Niterói: Impetus, 2010.

RECUERO, Raquel. *Redes sociais na Internet*. Porto Alegre: Sulina, 2009.

REGISTRO BR. Disponível em: https://registro.br/cgi-bin/whois/#lresp. Acesso em: 21 abr. 2014.

RODOTÀ, Stefano. *A vida na sociedade da vigilância*: a privacidade hoje. Organização, seleção e apresentação de Maria Celina Bodin de Moraes. Trad. Danilo Doneda e Luciana Cabral Doneda. Rio de Janeiro: Renovar, 2008.

RODRIGUES, Gustavo Alarcon; CARDOSO, Matthäus Marçal Pavanini; MARCHETTO, Patrícia Borba. Algoritmos regulatórios enquanto ferramentas biopolíticas. In: MARCHETTO, Patricia Borba et al. *Temas fundamentais de direito e bioética*: São Paulo: Cultura Acadêmica, 2021. v. 2.

ROHRMANN, Carlos Alberto. *Curso de direito virtual*. Belo Horizonte: Del Rey, 2005.

SCHREIBER, Anderson. A responsabilidade civil como política pública. In: TEPEDINO, Gustavo e FACHIN, Luiz Edson (Coord). *O direito e o tempo: embates jurídicos e utopias contemporâneas* – Estudos em homenagem ao Professor Ricardo Pereira Lira. Rio de Janeiro: Ed Renovar, 2008.

SCHREIBER, Anderson. *Novos paradigmas da responsabilidade civil*. Da erosão dos filtros de reparação à diluição dos danos. 2. ed. São Paulo: Atlas, 2009.

SCHREIBER, Anderson. Os direitos da personalidade e o Código Civil de 2002. In: TEPEDINO, Gustavo; FACHIN, Luiz Edson. *Diálogos sobre Direito Civil*. Rio de Janeiro: Renovar, 2008. v. II.

SIBILIA, Paula. *O show do Eu*. A intimidade como espetáculo. Rio de Janeiro: Nova Fronteira, 2008.

SILVA NETO, Orlando Celso. *Comentários ao Código de Defesa do Consumidor*. Rio de Janeiro: Forense, 2013.

SILVA, Regina Beatriz Tavares da; SANTOS, Manoel J. Pereira dos. (Coord.). *Responsabilidade civil*: responsabilidade civil na Internet e nos demais meios de comunicação. São Paulo: Saraiva, 2007.

SOUZA, Allan Rocha de. *A função social dos direitos autorais*: uma interpretação civil-constitucional dos limites da proteção jurídica. Campos dos Goytacazes: Ed. Faculdade de Direito de Campos, 2006.

SOUZA, Carlos Affonso Pereira de; MAGRANI, Bruno. Nomes de domínio. In: LEMOS, Ronaldo. *Propriedade intelectual*. Roteiro de curso 2010.1. Rio de Janeiro: FGV, 2010.

SOUZA, Sergio Iglesias Nunes de. *Lesão nos contratos eletrônicos na sociedade da informação*. Teoria e prática da juscibernética ao Código Civil. São Paulo: Saraiva, 2009.

TEPEDINO, Gustavo. A tutela da personalidade no ordenamento civil-constitucional brasileiro. In: TEPEDINO, Gustavo. *Temas de Direito Civil*. Rio de Janeiro: Renovar, 2008. t. I.

TWITTER.COM. *Termos de serviço*. Disponível em: http://twitter.com/tos. Acesso em: 21 jan. 2024.

VAIDHYANATHAN, Siva. *The googlization of everything (and why should we worry)*. Berkeley: University of California Press, 2011.

VIACOM. *Brief of amici curiae property law professors in support of plaintiffs-appelants and urging reversal*. Disponível em: http://news.viacom.com/pdf/2010-12-10-IP_Law_profs_Boyden_et_al.pdf. Acesso em: 05 abr. 2014.

VIEIRA, Sonia Aguiar do Amaral. *Inviolabilidade da vida privada e da intimidade pelos meios eletrônicos*. São Paulo: Juarez de Oliveira, 2002.

ZUBOFF, Shoshana. *A era do capitalismo de vigilância* – A luta por um futuro humano na nova fronteira do poder. Rio de Janeiro: Intrínseca. 2021. E-Book.

ANOTAÇÕES